이재호 교수의 사고력 코딩

데이터 사이언스 전문가

도서출판 홍릉

이재호 교수의 사고력 코딩

데이터 사이언스 전문가

인쇄 : 2025년 4월 1일 초판 1쇄
발행 : 2025년 4월 11일 초판 1쇄

저자 : 이재호, 장인표, 백승욱, 정지원, 구은서

발행인 : 송준
발행처 : 도서출판 홍릉

주 소 : 서울시 강북구 인수봉로 50길 10
전 화 : 02-999-2274~5 **팩 스** : 02-905-6729
e-mail : hongpub@hongpub.co.kr
홈페이지 : www.hongpub.co.kr

편집 진행 : 앤미디어(master@nmediabook.com) | **전산 편집** : 앤미디어 | **표지** : 앤미디어

ISBN : 979-11-5600-276-5 (43000)
정 가 : 23,000원

이재호 교수의 사고력 코딩

데이터 사이언스 전문가

이재호, 장인표, 백승욱, 정지원, 구은서 지음

도서출판 홍릉

저자 약력

이재호(경인교육대학교 컴퓨터교육과 교수)

이재호교수는 1989년부터 1996년까지 한국전자통신연구원(ETRI : Electronic & Telecommunication Research Institute)의 선임연구원으로 재직하였으며, 1996년부터 국립 경인교육대학교 컴퓨터교육과에 재직 중이다. 이후 국내 컴퓨터교육과 영재교육 분야에서 왕성한 활동을 하면서 데이터베이스 시스템 총론 등 60여 권의 서적을 저술하였으며, 컴퓨터교육, 정보과학영재교육, 발명영재교육, 융합영재교육 등의 분야에서 300여 편의 학술논문을 발표하였다. 2004년 국내 최초로 현직교사 및 예비교사를 대상으로 하는 전국 교육대학 원격교육연수지원센터의 설립을 주도한 후 초대 센터장을 역임하였으며, 2011년에는 경인교육대학교 부설 융합영재교육연구소(Academy for Convergence : ACE)를 설립한 후 소장으로 활동 중이고, 2014년에는 창의적인 정보문화 환경을 조성하기 위하여 사단법인 한국창의정보문화학회를 창립한 후 학회장으로 활동 중이다. 2020년부터 2022년까지는 국내 정보교육 분야에서 최고의 권위를 자랑하는 사단법인 한국정보교육학회 회장으로 활동하였고, 2020년부터 2024년 2월까지 국내외 영재교육을 선도하는 사단법인 한국영재학회의 회장으로 활동했다. 그리고 2020년부터 2023년까지는 경인교육대학교 부총장겸 교육전문대학원장으로 봉사했다. 현재는 소프트웨어 및 인공지능(AI) 기반의 융합형 교육 프로그램, 실생활과 연계된 SW/AI 코딩 교육 프로그램 등을 연구하고 관련 콘텐츠를 개발 중이다. 대표적인 저서로는 '이재호교수의 사고력 코딩 시리즈'와 '생활 속 ICT의 발견', '생활 속 SW 코딩의 발견 ① –신호등 SW–', '생활 속 SW 코딩의 발견 ② –자동판매기 SW–', '컴퓨터랑 코딩해' 등이 있다.

장인표

장인표 선생은 2013년 교직에 입문하여 현재 갈월초등학교에 근무하는 초등교사다. 현재 경인교육대학교 교육대학원에서 컴퓨터교육 박사과정에 재학 중이다. 다년간 SW와 AI를 연구하며 교사와 학생을 위한 교육을 위해 노력하고 있다. 주요 저서로는 코블과 함께하는 이재호 교수의 AI 메이커 코딩 시리즈 등이 있다.

백승욱

백승욱 선생님은 2007년 교직에 입문하여 현재 동오초등학교에서 교사로 재직 중이다. 경인교육대학교에서 학사 및 석사 과정을 졸업하였다. SW교육 담당 업무와 영재교육에 다년간 경험을 갖고 있으며, 다양한 SW교육 활동을 통해 학생들의 창의성과 사고력을 키우는 데 힘쓰고 있다. 주요 저서로는 이재호 교수의 사고력 코딩 시리즈와 코블과 함께하는 이재호 교수의 AI 메이커 코딩 시리즈 등이 있다.

정지원

정지원 선생은 경기도교육청 소속 초등교사로, 경인교육대학교 교육대학원 AI교육학과 석사를 졸업하고 컴퓨터교육학과 박사과정에서 학업을 이어가고 있다. SW · AI 교수 · 학습 방안을 연구하고 이를 발명 및 영재 교육과 융합하여 학생들의 창의적 사고를 키우는 데 활용해 왔다. SW · AI 기반 교수 · 학습 혁신을 위한 교사 연수를 지원해왔으며, 현재 데이터사이언스 교육의 현장 적용을 위해 노력하고 있다.

구은서

구은서 선생은 경기도교육청 소속 초등교사로, 경인교육대학교 교육대학원에서 석사를 졸업하고 컴퓨터교육학과 박사과정에서 학업을 이어가고 있다. 학생들의 컴퓨팅사고력을 키울 수 있도록 학교 현장에서 SW · AI 교육을 진행하고 있다.

Preface

이재호교수의 사고력 코딩(데이터 사이언스 전문가 탄생) 교재를 출간하면서...

이 책은 '이재호교수의 사고력 코딩' 교재 중 다섯 번째로 출간되는 시리즈다. 첫 번째 시리즈는 '스크래치 3.0'의 출시에 맞추어 출간했었고, 두 번째 시리즈는 인공지능(AI) 교육의 중요성을 인식하고 본격적인 AI 교육이 시작되는 시점에 출간했었으며, 세 번째 시리즈는 진정한 초보 입문자를 위한 교재의 필요성을 인지한 시점에 '스크래치 Jr.'를 기반으로 출간했었고, 네 번째 시리즈는 생성형 AI의 대표주자인 ChatGPT가 발표되면서 생성형 AI를 활용한 코딩 교재가 필요하다는 사실을 인지하고서 출간했었다. 이번에 출간하는 다섯 번째 시리즈는 '데이터 사이언스'에 대한 중요성이 증가하면서 미래 인재인 청소년이 실생활의 문제를 해결하기 위하여 자기주도적으로 데이터 수집, 분석, 정제, 가공 등의 과정을 진행할 수 있는 역량을 갖추어야 하며, 이를 지원하기 위한 교재의 필요성을 인지하고서 출간하게 되었다.

저자들은 본 교재를 이용하는 청소년이 『데이터 사이언스에 기반한 사고력 코딩 역량』을 계발할 수 있도록 책을 구성하고 집필하였다. 이를 위하여 전작 시리즈와 마찬가지로 게임의 퀘스트(Quest) 형식을 적용하였다. 본서의 주인공인 '제이(J)'는 전작에서 활약했던 경험을 바탕으로 'J 아빠'의 어릴 때 꿈인 'J 마트'를 개장하고 운영하는데 '데이터 사이언스' 역량을 발휘하여 성공적인 경험을 공유하게 된다.

청소년 독자는 'J 마트' 개장을 위한 장소 선정, 상품 준비, 이벤트 진행, J 마트의 특성화, J 마트 프랜차이즈 등의 작업을 하면서 데이터 사이언스 역량을 자연스럽게 계발한다. 이뿐만이 아니라 엔트리 플랫폼을 활용한 소프트웨어(SW) 코딩은 물론이고, AI 코딩까지 경험하게 된다. 'J 마트'의 개장부터 성장까지의 과정에서 자연스럽게 『데이터 사이언스에 기반한 사고력 코딩 역량』을 계발할 수 있도록 하였으며, 이 과정에서 '데이터 사이언스' 계발에 도움을 줄 수 있는 다양한 기법들을 사용하였다. 본 교재를 마스터한 청소년은 '데이터과학을 이해하고 미래를 선도할 인재'로 거듭날 것으로 기대한다.

본 교재는 (사)한국창의정보문화학회(http://www.3c.or.kr)의 '창의메이커교육연구회'에 소속된 현직 교사들의 작품이다. 작품 구상은 네 번째 사고력 코딩 교재를 탈고하였던 2024년 1월부터 시작하였으며, 초고 집필 후에 학교 현장에서의 적용과 학생들의 반응을 종합하는 과정을 거쳤기 때문에, 이제야 출간하게 되었다. 『데이터 사이언스에 기반한 사고력 코딩 역량』 교육을 통하여 학생들은 자연스럽게 문제해결력과 창의성을 배양하여 21세기 창의인재로 커나갈 것이다. 본 교재가 미래세대인 학생들의 '데이터 사이언스' 계발에 도움이 되기를 기대한다. 그리고 다음 단계의 교육과정도 곧 출간할 것을 약속하면서, 독자 여러분들의 지속적인 관심과 성원을 기대한다.

2025년 3월 **대표 저자 이재호**

((사)한국창의정보문화학회 회장, 경인교육대학교 컴퓨터교육과 교수)

CONTENTS

CHARACTER

제이

컴퓨터와 게임을 좋아하는 똑똑한 학생. 아빠의 꿈을 알게 되어 아빠의 마트 운영을 적극적으로 돕는다.

제이 아빠

제이의 아빠. 꿈을 이루기 위해 마트를 차리고자 한다. 친절한 마트 사장님이지만, 이름 센스는 꽝이다.

제이 엄마

제이의 엄마. 제이 아빠와 함께 마트를 운영하려고 한다. 누구보다 제이 아빠를 이해하고 응원한다.

수지

제이의 동생. 호기심이 많고 활발하다. 제이와는 전생의 원수라고 해도 믿을 만큼 계속해서 투닥거린다.

이재호 교수

경인교육대학교 교수. 소프트웨어와 컴퓨터사이언스에 관해서 모르는 것이 없다. 제이네 마트가 어려움에 처할 때마다 데이터 사이언스를 전수해 준다.

하늘이

제이와 같은 반 친구. 자칭 '우리반 최고 미녀'로 공부를 잘한다.

가람이

제이와 같은 반 친구. 수학은 잘 못하지만 해맑고 착하다.

Prologue 삽화의 비밀?!

나는야 평범한 초등교사. 조금 다른 점이 있다면 대학원에 다니고 있다는 것이다. 추운 겨울 어느 날, 서울의 한 카페에서 이재호 교수님과 박사과정 대학원생들 사이에 꽤나 진지한 대화가 오갔다.

"교수님, 이 정도면 데이터 사이언스 교재 내용은 어느 정도 정해진 것 같습니다."

"음 괜찮네. 그런데... 교재에 삽화 그릴 사람이 없어. 외부에 맡기면 시간이 너무 오래 걸려서 안 될 거 같은데..."

잠시 고민을 하던 교수님은 곧 밝은 표정으로 나에게 말씀하셨다.

"교재 삽화 좀 그려볼 수 있겠나?"

"네? 제가요? 저는 컴퓨터교육 전공인데요..."

대학 시절 미술 실기 수업에서 C학점을 받던 나에게 교재 삽화를 그린다는 것은 상상조차 해 본 적 없는 일이었다.

"생성형 AI로 그리면 되겠네."

교수님의 말씀에 나를 비롯한 박사과정생들은 '과연 그게 될까...'라는 눈빛으로 서로를 바라보았다. 그렇지만 대학원생에게 불가능은 없는 법! 그렇게 삽화를 맡게 되었다.

독자 여러분, 안녕하세요? 앞 스토리의 평범한 초등교사이자 이 책의 그림 작업을 맡은 삽화가예요. 이 책의 삽화에는 엄청난 비밀이 숨어있어요. 혹시 그 비밀을 알아차리셨나요? 맞아요, 바로 삽화를 생성형 AI가 그렸다는 사실이에요.

생성형 AI로 삽화 작업을 할 때는 등장인물을 일관성 있게 생성하는 것이 중요해요. 같은 인물인데 컷마다 인물이 다르게 생기면 어색해 보이겠죠? 미드저니, 투닝, 위툰, 투툰아니마 등 이미지나 만화를 생성할 수 있는 AI 프로그램이 아주 많아요. 그중 캐릭터를 일관되게 생성해낼 수 있는 기능에 중점을 두어 'Dzine(www.dzine.ai)' 프로그램을 선택했어요. 지금부터 삽화 작업을 어떻게 했는지 함께 알아보아요.

STAGE 0

Prologue 삽화의 비밀?!

함께 알아볼까요? 생성형 AI를 이용하여 그림을 그리는 방법을 알아봅시다.

1 캐릭터 생성하기

교재에서 캐릭터를 생성할 때는 단순하면서도 따뜻한 느낌을 주는 'Minimalist Cutesy' 그림체를 선택하여 작업했어요. 그림체를 선택한 후 캐릭터 시트 프롬프트 입력창에 각 캐릭터의 특징을 작성하여 캐릭터를 생성해요. 프롬프트는 생성형 AI에게 입력하는 명령어예요. 원하는 그림을 정확하게 생성하기 위해서는 프롬프트를 구체적으로 입력해주어야 해요. "10살 남자아이를 그려줘." 보다는 "짧은 검정 머리에 갈색 큰 눈을 가진 10살 남자아이를 그려줘."가 더 좋은 프롬프트예요. 이것보다 구체적으로 작성한다면 더 괜찮은 결과를 얻을 수 있을 거예요.

일반적으로 캐릭터를 생성할 때 입고 있는 옷의 정보는 입력하지 않아요. 옷은 상황에 따라 바꿔 입을 수 있기 때문이에요. 하지만 이 책에서는 같은 캐릭터가 항상 같은 옷을 입고 있도록 하기 위해 프롬프트에 어떤 옷을 입고 있는지 함께 입력했어요. 프롬프트와 생성된 캐릭터 시트를 살펴볼까요?

✚ 실제 프롬프트는 영어로 작성하였으나, 편의상 한국어로 번역하여 제시하였습니다.

캐릭터	프롬프트	생성 결과
제이	10세 남자아이, 동그란 안경, 갈색 후드티, 노란 머리	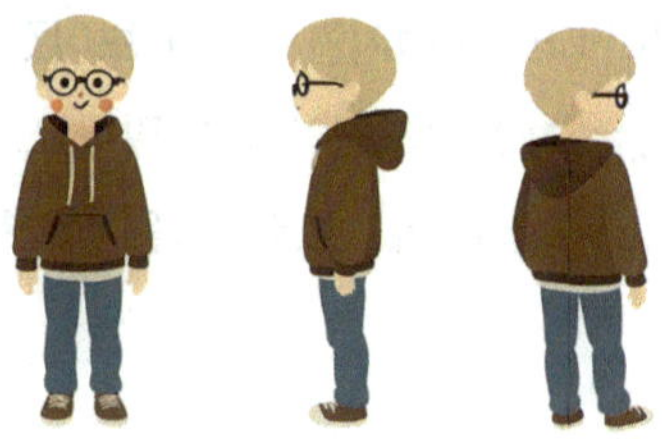

아빠	45세 남성, 아빠, 갈색 머리	
이재호 교수님	50세 남성, 교수, 안경, 검정 머리, 흰색 연구복, 파란 넥타이	
하늘	10세 여자아이, 옅은 갈색의 단발 머리, 분홍색 티셔츠, 노란 치마	
가람	10세 남자아이, 장난꾸러기, 적갈색 머리, 초록색 스웨터, 파란 바지	
제이 동생	7세 여자아이, 노란색 단발머리, 검정색 눈, 노란색 원피스 (삽화 작업 중 원피스를 분홍색으로 수정함)	
제이 엄마	40세 여성, 긴 갈색 머리, 초록색 티셔츠, 청바지	
아빠 친구	45세 남성, 검정색 눈, 짧은 검정 머리, 파란 셔츠	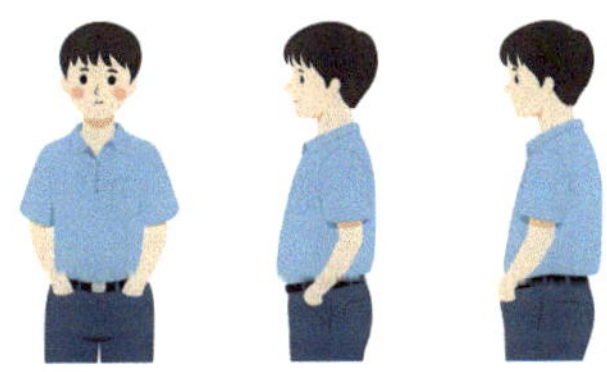

2 배경 생성하기

프롬프트 입력창에 각 컷의 배경을 자세하게 작성하여 원하는 배경을 생성해요. 캐릭터와 비슷한 느낌의 그림체인 'Gentle Adventure'를 사용했어요. 배경만 생성하려 했는데 사람을 포함하여 생성이 되었을 경우 AI 지우개 기능을 사용하여 자연스럽게 지웠어요. 그리고 상황에 따라 배경을 확대하거나 일부 요소를 직접 그려 넣는 등 약간씩 편집하여 사용하였어요. 몇몇 배경들의 프롬프트를 살펴볼게요. 생성 결과로 제시한 그림은 AI 지우개로 사람을 지운 1차 편집본이에요.

배경	제이네 집 부엌	교실	교수님 연구실
프롬프트	식탁이 있는 부엌. 식탁 위는 텅 비어 있다.	책상과 의자가 있는 빈 한국 초등학교 교실	책과 컴퓨터가 있는 연구실
생성 결과			
배경	**마트 외관**	**가득 찬 마트 내부**	**마트 계산대**
프롬프트	빈 마트의 깔끔한 외관. 포인트 색은 빨간색이고, 간판에는 아무것도 없다. 하늘은 푸른색	물건으로 가득 찬 마트 내부. 제품 진열대가 몇 줄 있다.	옆쪽에 컴퓨터가 있는 마트 계산대
생성 결과			

③ 캐릭터 변형 및 배경 합성하기

프롬프트 입력창에 캐릭터의 표정과 움직임을 자세하게 작성하여 원하는 모습의 캐릭터를 생성하고, 레이어 기능을 사용하여 미리 만들어 놓은 배경에 합성했어요. 레이어는 그림 편집을 쉽게 할 수 있도록 도와줘요.

레이어에 대해 좀 더 소개할게요. 레이어는 투명 종이라고 생각하면 쉬워요. 1번 투명종이에 그림을 그리고 그 위에 2번 투명 종이를 올리면 1번에 그렸던 그림이 다 보이겠죠. 그 상태에서 2번 종이에 또 그림을 그리면 어떨까요? 2번 종이에 그린 부분이 보이고, 2번 종이의 빈 부분은 1번에 그렸던 그림으로 보일 거예요.

퀘스트 1의 한 장면을 보며 레이어를 어떻게 사용하는지 살펴보아요.

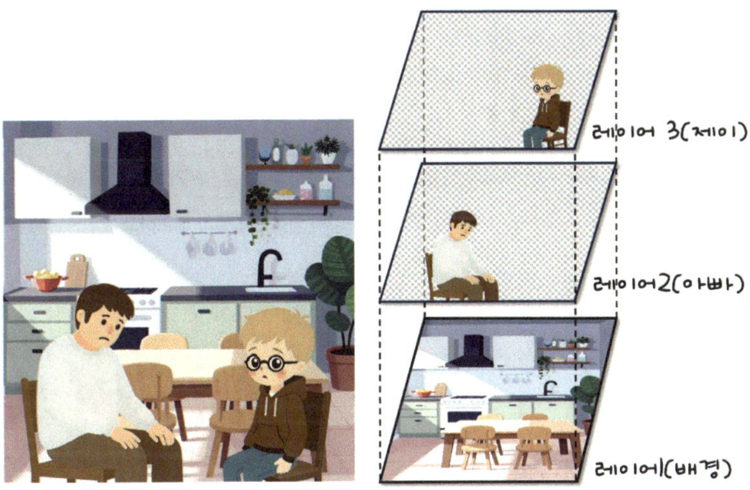

✚ 아빠와 제이가 부엌에 앉아 있는 장면이에요. 이 그림을 만들기 위해서는 제이네 집 부엌을 배경으로 생성하고, 아빠와 제이의 모습을 각각 생성해야 해요. 가장 아래 레이어에는 배경을, 그 위 레이어에는 아빠를, 가장 위 레이어에는 제이를 생성하여 그림을 완성했어요.(레이어의 회색 격자 무늬는 투명하다는 뜻이에요.)

- 제이가 걱정되는 표정으로 의자에 앉아 있다. 옆모습
- 아빠가 지친 표정으로 의자에 앉아 있다.

아빠가 한숨을 쉬며 나무 의자에 앉아 말한다. 앞모습

제이가 의자에 앉아 깨달은 듯한 표정으로 질문한다. 앞모습

아빠가 위쪽을 보며 미소짓는다.

④ 말풍선 작업하기

Dzine에서 생성한 그림을 다운받아 파워포인트에서 말풍선 작업을 했어요. 글씨체는 손글씨 느낌을 낼 수 있는 '온글잎 다경체'를 사용했어요.

Dzine에서 만든 그림에

적절한 모양의 말풍선을 골라 배치하고

대사를 입력하고

효과를 추가하면 완성!

AI를 활용하여 그림을 그리는 것은 어렵지는 않지만 인내심을 필요로 해요. 캐릭터의 표정이 마음에 들지만 동작이 마음에 들지 않을 수도 있고, 그림의 일부(특히 손)를 어색하게 생성해 주기도 해거든요. 그럴 때는 원하는 그림이 나올 때까지 프롬프트를 수정해가며 여러 번 그림을 생성해야 해요. 퀘스트 1에 등장하는 제이 아빠의 회상 장면이에요. 어떤 프롬프트를 거치며 그림을 생성했는지 살펴보아요. 최종적으로 생성된 그림은 퀘스트 1의 스토리에서 확인해보세요.

짧은 갈색 머리, 노란색 스웨터와 청바지를 입은 5살 아이가 있다. 아이가 과자를 가득 안고(with a bunch of snacks) 마트에 서 있다.

짧은 갈색 머리, 노란색 스웨터와 청바지를 입은 5살 아이가 있다. 아이가 과자를 가득 안고(with a bunch of snacks) 큰 웃음을 지으며 마트에 서 있다. 앞에서 본 모습

짧은 갈색 머리, 노란색 스웨터와 파란색 청바지를 입고 빨간색 운동화를 신은 5살 아이가 있다. 아이가 과자를 가득 안고(hugging a bunch of snacks) 웃으며 마트에 서 있다.

그리고 독자 여러분에게 양해를 구할 부분이 있어요. 최대한 인물을 일관성 있게 생성하려고 했지만, 그림체가 약간 바뀐 것 같다거나 옷 색이 갑자기 변한다거나 그림마다 얼굴이 미묘하게 다른 것 같은 느낌을 받을 수 있어요. 아직은 AI가 사람의 언어를 완벽하게 이해하지 못하기 때문이기도 하고, 삽화를 생성할 때 미처 생각하지 못하고 프롬프트에서 놓친 부분이 있기 때문이기도 해요. 간혹 어색한 그림이 나오더라도 넓은 마음으로 이해해주길 바라요.

✚ 4컷 만화에서 옥의 티(오류)를 찾아보는 것도 작은 재미 포인트가 될 거예요!

Quest 01 엔트리 기초

아침 햇살이 창문을 통해 방 안으로 스며들었다. 제이는 눈을 비비며 일어났다. 평소와 다름없이 엄마가 아침을 준비하는 소리가 들렸지만, 오늘은 뭔가 달랐다. 식탁 앞에 앉아 있는 아빠가 너무 지쳐 보였기 때문이다. 제이는 걱정스러운 마음에 아빠에게 다가갔다.

제이는 아침을 준비하고 자리에 앉은 엄마를 바라보았다.

"요즘 아빠 회사 일 때문에 고민이 있으신가 봐."

"아빠가 다른 일을 해볼까하고 고민이 많아서 그래."

제이는 아빠의 말을 듣고 걱정이 되었다. 그러다 생각난 것이 있어 아빠에게 물어보았다.

"다른 일을 하신다면 아빠가 꿈꾸던 일을 하시면 어때요?"

아빠는 잠시 생각에 잠기더니 미소를 지으며 대답했다.

"어릴 적에 동네 마트에 가는 걸 너무 좋아했어. 그래서 어른이 되면 마트 사장이 되어서 먹고 싶은 군것질을 잔뜩하고 싶었지."

제이는 마트 사장님이 된 아빠 모습을 상상해 보았다. 아빠가 원하는 일을 하며 행복해지신다면 좋을 것 같았다. 제이는 아빠의 꿈을 이루기 위해 무엇을 할 수 있을지 생각하며 학교로 향했다.

하아...
아빠,
무슨 일 있으세요?
다른 일을 해 보면 어떨까
고민이 좀 많아.
휴...
아빠가 꿈꾸던 일을
하시는 건 어때요?
아!
저는 마트
사장님이
될 거예요!
그랬었지...

STAGE 1

Quest 01

엔트리 기초

「엔트리로 만나는 데이터 사이언스」

함께 알아볼까요? 엔트리 실행 방법과 기초 사용법에 대해 알아봅시다.

데이터 사이언스를 배우고 활용하기 위해서는 데이터를 다룰 수 있는 교육용 프로그래밍 언어가 필요합니다. 여러분들이 처음 데이터 사이언스를 배우기 위해 사용할 엔트리에 대해 알아봅니다. 이번 퀘스트에서는 엔트리를 실행하는 방법과 기본적인 사용법을 배울 수 있습니다.

키워드

데이터 사이언스 : 우리가 데이터를 통해 중요한 정보를 찾아내어 문제를 해결하는 데 도움을 주기 위해서는 많은 양의 데이터를 분석하고 이해할 수 있어야 합니다. 데이터 사이언스는 이렇게 데이터를 통해 중요한 정보를 찾아내고 문제를 해결하는 기술입니다. 예를 들어, 선생님이 과목별, 단원별, 영역별 평가 점수와 문항별 정답률 등으로 학생들이 어떤 부분을 잘하고, 어떤 부분에서 도움이 필요한지 알아보는 것과 같습니다.

프로그래밍과 코딩 : 우리가 컴퓨터에게 어떤 일을 시키기 위해서는 어떻게 할지 미리 작성하여 알려줘야 합니다. 컴퓨터가 작업을 하도록 순서를 정하여 명령코드로 쓰는 것을 '프로그래밍'이라고 합니다. 학교에서는 프로그래밍이라는 말 대신 코딩이라는 말을 많이 사용합니다. '코딩'은 프로그래밍의 다른 말로 코드를 작성한다는 의미입니다.

프로그래밍 언어 : 컴퓨터는 0과 1로만 모든 것을 이해하기 때문에 일을 시키기 위해서는 사람과 대화를 위한 특별한 언어가 필요합니다. 이렇게 컴퓨터의 프로그램을 작성하기 위해서 만들어진 언어를 '프로그래밍 언어'라고 합니다. 이 책에서는 프로그래밍 언어로 '엔트리'를 배웁니다.

① 엔트리 접속하기

엔트리 사이트는 인터넷 브라우저를 통해 접속할 수 있습니다. 인터넷 브라우저에는 '크롬(Chrome), '사파리(Safari)', '엣지(Edge)' 등 여러 종류가 있으며 그중에서 속도와 안정성 및 호환성이 좋은 '크롬(Chrome)'이나 '엣지(Edge)' 브라우저를 추천합니다. 호환성이란 컴퓨터 프로그램이 서로 잘 작동할 수 있는 능력을 말합니다. 호환성이 좋지 않다면 작동하지 않는 기능이 생길 수도 있습니다. 엣지는 윈도우즈 기본 프로그램으로 설치되어 있으며 크롬은 검색 사이트에서 '크롬 다운로드'를 검색하여 설치할 수 있습니다.

크롬(Chrome) 브라우저 아이콘

엣지(Edge) 브라우저 아이콘

인터넷 브라우저를 실행시켜서 검색창에 '엔트리'를 입력해 검색하거나 주소창에 https://playentry.org/를 입력하여 엔트리 웹사이트에 접속할 수 있습니다.

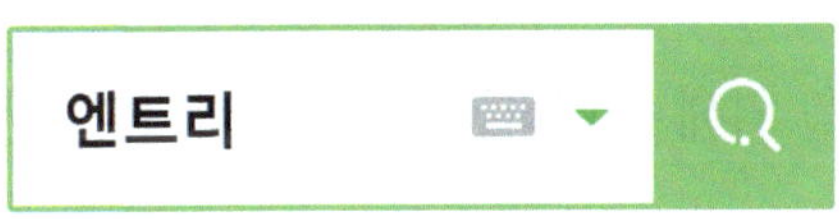

② 엔트리 사이트 살펴보기

엔트리 웹사이트에 접속하여 시작 페이지를 살펴보도록 하겠습니다.

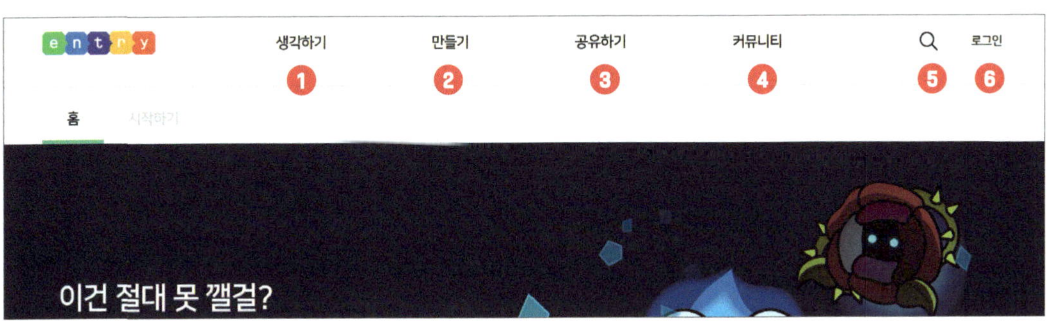

❶ **학습하기 :** 엔트리를 학습할 수 있는 콘텐츠를 통해 소프트웨어 제작 원리를 학습할 수 있습니다.

❷ **만들기 :** 스크래치와 같은 블록형 프로그래밍 언어를 사용하여 프로그래밍을 처음 접하는 사람들도 쉽게 자신만의 창작물을 만들 수 있습니다.

❸ **공유하기 :** 엔트리를 통해 제작한 작품을 다른 사람들과 공유할 수 있습니다. 공유된 작품을 살펴보고 공동 창작도 가능합니다.

❹ **커뮤니티 :** 묻고답하기, 노하우&팁, 엔트리 이야기, 제안 및 건의, 공지사항과 같이 다른 사람들과 엔트리에 대하여 의견을 나누고 정보를 공유할 수 있습니다.

❺ **검색 :** 다른 사람이 만든 작품을 검색할 수 있습니다.

❻ **로그인 :** 엔트리에 가입된 회원은 로그인하여 사용할 수 있습니다.

❸ 엔트리 사이트 로그인 및 가입하기

엔트리에 로그인을 하게 되면 인터넷에서 만들던 작품이나 프로젝트를 저장하여 어디서나 열어볼 수 있으며 다른 사람과 공유할 수도 있습니다. 이러한 이유로 로그인 후 사용하면 좋습니다. 이미 엔트리 아이디가 있거나 네이버 계정이 있다면 로그인하고, 없다면 회원가입이 필요합니다.

로그인 화면 아래 [회원가입하기]를 누르면 가입을 위해 입력하는 창이 생깁니다. 단계별로 필요한 것을 입력해 주면 됩니다.

❶ 1단계에서 이용약관 및 개인정보 수집 및 이용에 대해 동의합니다. 비어있는 ▫를 클릭하여 ✓표시를 해주세요.

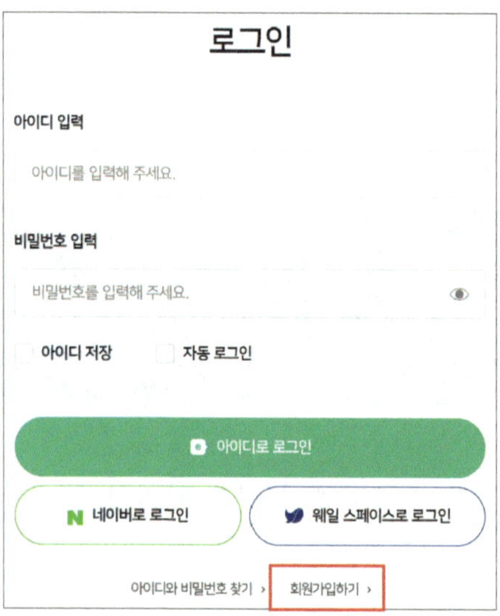

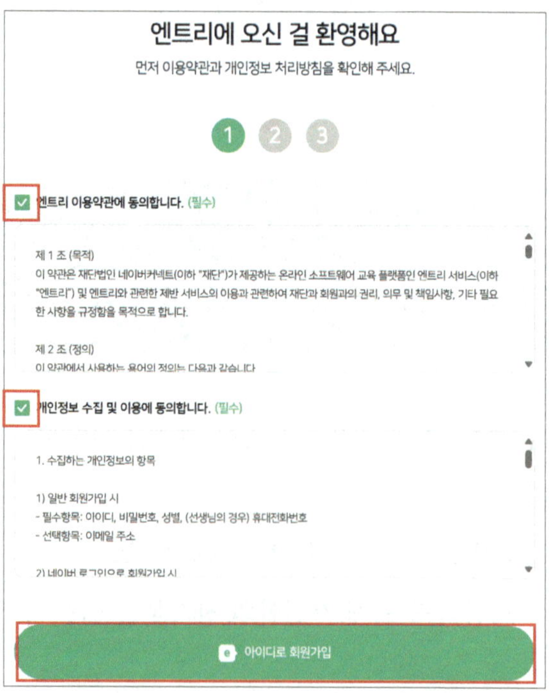

❷ 2단계에서는 자신이 사용할 아이디와 비밀번호를 입력해주세요. 아이디와 비밀번호는 규칙에 맞게 만들어야 합니다. 한글을 사용할 수 없으며 비밀번호가 맞게 입력하였는지 확인하기 위해서 같은 비밀번호를 두 번 입력합니다. 아이디와 비밀번호는 잊지 않도록 따로 기록해 놓으면 좋습니다.

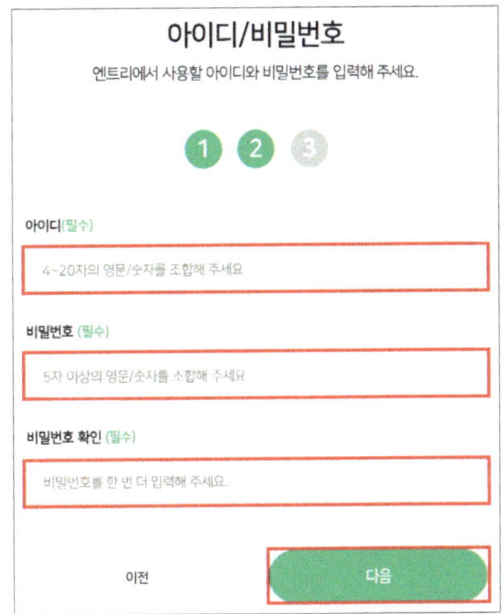

❸ 3단계에서 회원 유형은 가입자가 일반인지 선생님인지 선택해 줍니다. 선생님은 학급 개설이 가능합니다. 성별에서는 남자인지 여자인지를 선택해 주세요. 닉네임은 아이디와 별도로 엔트리에서 사용하는 이름 같은 것입니다. 출생연도는 자기가 태어난 해를 선택하고, 만일 만 14세 미만이라면 보호자 휴대전화로 인증을 받아야 합니다. 보호자 이름과 전화번호를 입력하여 받은 인증번호를 입력합니다. 14세 이상은 [만 14세 이상입니다.]에 체크해 주세요. 이메일은 아이디와 비밀번호를 잊었을 때 이메일을 이용하여 찾을 수 있습니다. 마지막으로 아래 완료를 누르면 가입이 완료됩니다.

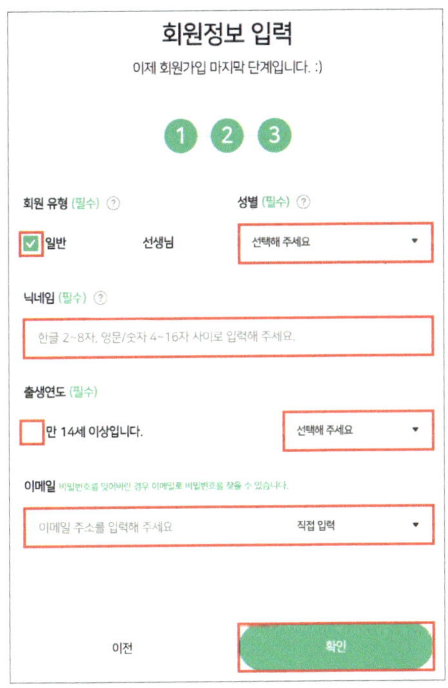

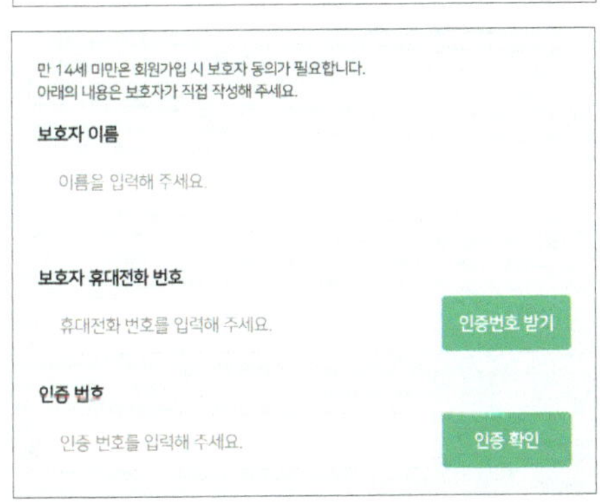

④ 엔트리 작품 만들기 화면 안내

엔트리 사이트 첫 화면 상단 메뉴 중 [만들기] – [작품만들기]를 눌러 만들기를 실행할 수 있습니다.

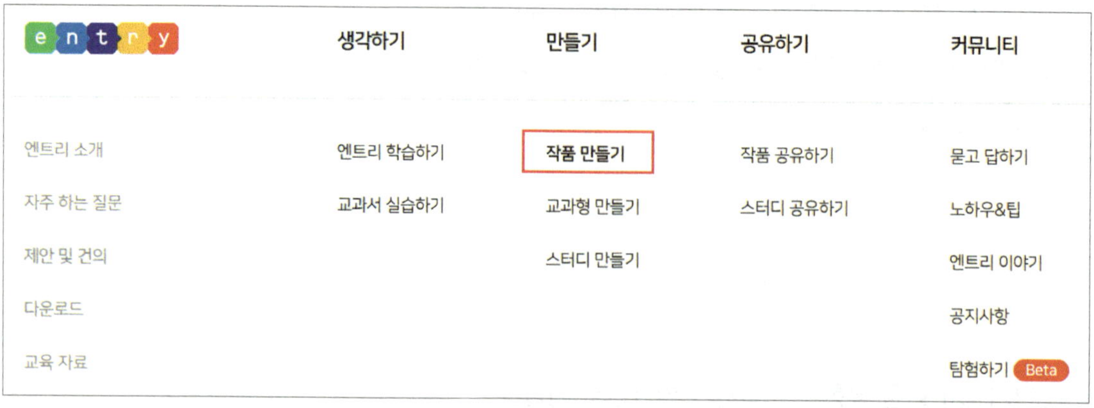

작품 만들기 화면을 살펴보면 상단 메뉴, 실행화면, 오브젝트 목록, 블록꾸러미, 블록조립소 5가지 영역으로 이루어져 있습니다.

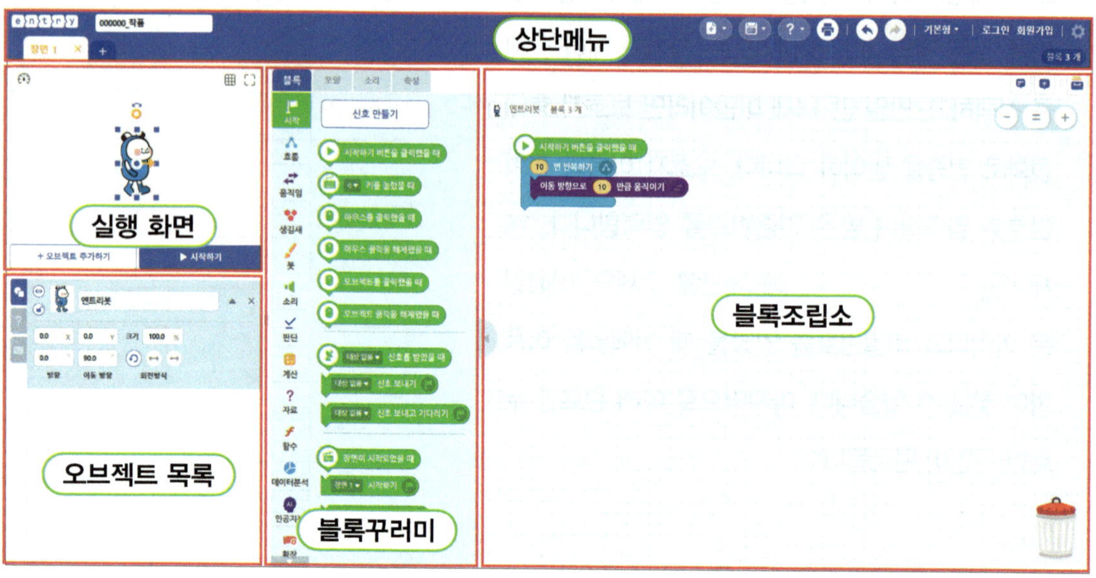

▶ 상단 메뉴

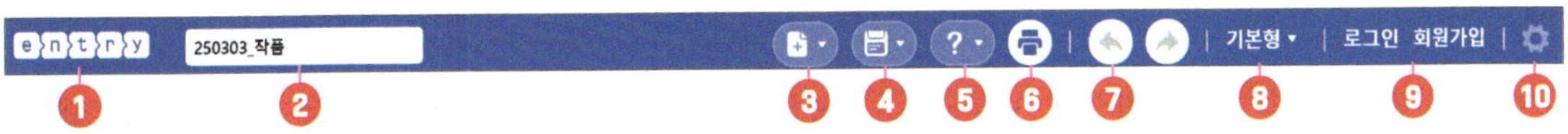

❶ **엔트리 로고** : 엔트리 사이트 첫 페이지로 이동합니다.

❷ **작품 이름** : 작품 이름을 표시하며 바꿀 수 있습니다.

❸ **새로 만들기** : 새로운 작품을 만듭니다.

❹ **저장하기** : 작품을 온라인상에 저장하거나 내 컴퓨터의 파일로 저장합니다.

❺ **도움말** : 도움말을 볼 수 있습니다.

❻ **프린트** : 작품의 이미지/오브젝트/코드를 정리해서 보여주고, PDF파일로 저장할 수도 있습니다.

❼ **되돌리기** : 작품을 바로 이전/이후로 되돌립니다.

❽ **작품 모드 선택** : 기본형/교과형 모드를 선택할 수 있습니다.

❾ **계정** : 로그인과 회원가입을 할 수 있으며 로그인 시 아이디를 눌러 마이 페이지, 회원정보 수정을 볼 수 있습니다.

❿ **설정** : 코딩 모드 전환(블록 코딩 / 엔트리 파이썬)과 언어 변경(한국어/영어)이 가능합니다.

▶ 실행화면

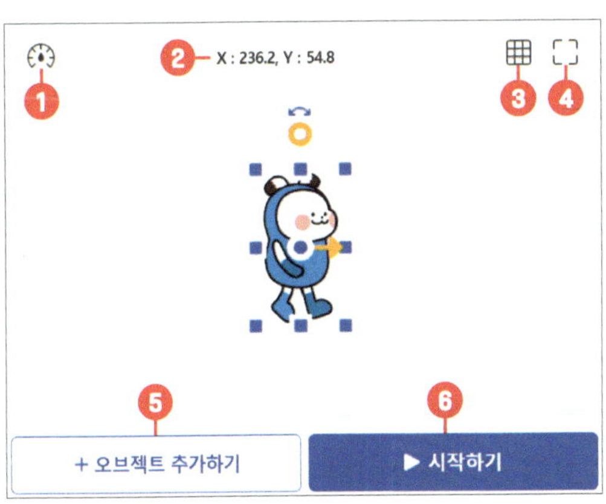

❶ 클릭하면 실행 속도를 조절할 수 있는 막대가 나타납니다.

❷ 실행 화면 위에서 마우스 포인터()의 좌표를 알려줍니다.

❸ 배경에 격자를 표시합니다.

❹ 실행화면을 전체 화면으로 전환합니다.

❺ 오브젝트를 추가합니다.

❻ 실행화면에서 코딩한 작품이 작동합니다.

오브젝트 목록

엔트리에서 오브젝트는 캐릭터, 소리, 코드 등이 합쳐진 프로그램의 단위입니다. 또한 명령을 통해 제어할 수 있는 대상을 말합니다. 실행화면에 보여지는 캐릭터, 물건, 글상자, 배경 등이 모두 오브젝트입니다.

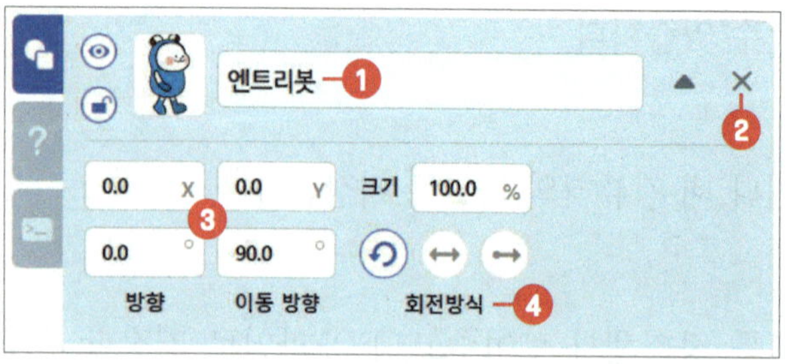

1. 오브젝트 이름을 나타내며 바꿀 수 있습니다.
2. 오브젝트를 삭제합니다.
3. 오브젝트의 좌표, 크기, 방향, 이동 방향을 바꿀 수 있습니다.
4. 오브젝트가 회전하는 방식을 바꿀 수 있습니다(전방향회전/좌우회전/회전없음).

블록꾸러미

블록꾸러미는 오브젝트를 제어할 수 있는 명령어 블록을 모아 놓은 곳입니다. 시작부터 하드웨어까지 14개의 카테고리로 블록들을 분류해 놓았습니다. 카테고리별로 블록의 색이 다르므로 색을 보면 원하는 블록을 찾기 쉽습니다.

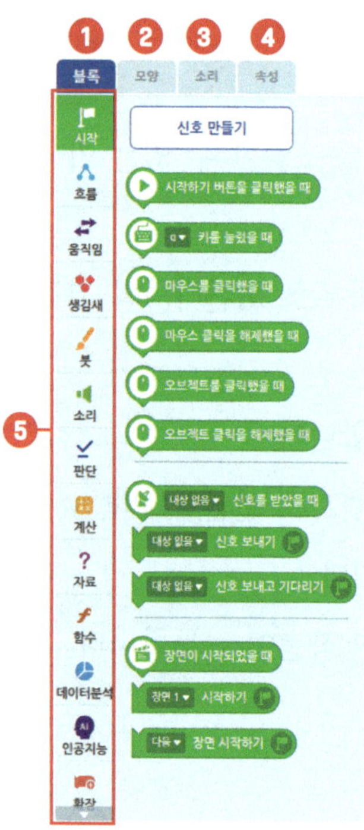

1. 블록 탭으로 명령어 블록을 볼 수 있습니다. 앞으로 사용할 데이터 및 인공지능 관련 명령어도 이 탭에서 불러와 사용할 수 있습니다.
2. 모양 탭으로 오브젝트의 모양을 추가, 삭제, 수정할 수 있습니다.
3. 소리 탭으로 오브젝트에서 사용할 수 있는 소리를 추가할 수 있습니다.
4. 속성 탭으로 변수/리스트/신호/함수를 관리할 수 있습니다.
5. 블록의 카테고리를 고를 수 있습니다. 여러 블록들을 찾기 쉽게 종류에 따라 나눠 놓았으며, 찾기 쉽게 각각 다른 색을 가지고 있습니다.

블록조립소

블록꾸러미에서 블록을 가져다가 블록조립소에서 조립할 수 있습니다. 블록은 마우스로 드래그&드롭(끌어서 가져오기)하여 블록의 모양에 맞게 조립합니다. 엔트리는 교육용 프로그래밍 언어로 블록을 조립하는 방식으로 간단하게 코드를 작성할 수 있습니다. 블록조립소로 가져온 블록 중 필요 없는 블록은 다시 블록꾸러미에 끌어다 놓거나 휴지통에 넣으면 삭제됩니다.

블록조립소에는 코드와 함께 메모도 넣을 수 있습니다. 코딩할 때 이 메모를 주석이라고 합니다. 컴퓨터는 무시하는 내용이지만, 코딩을 하는 사람에게는 매우 중요합니다. 메모는 코드가 무슨 일을 하고 있는지 설명해 줘서, 나중에 코드를 볼 때 무슨 일을 했는지 쉽게 기억할 수 있도록 도와줍니다.

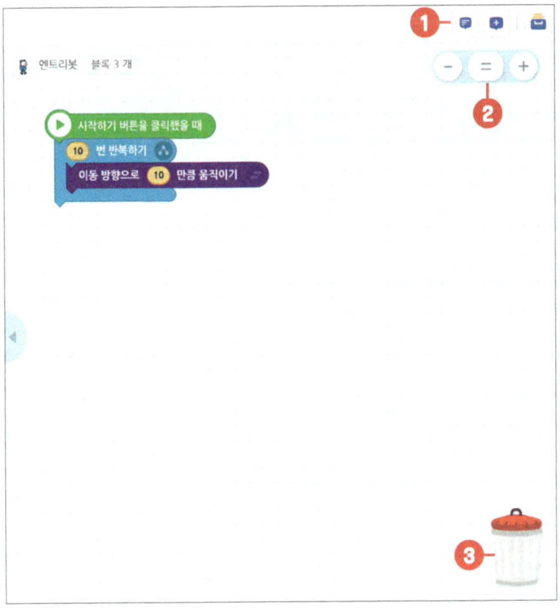

1. 메모를 안 보이게 하거나, 블록에 메모를 추가합니다. 나의 보관함에 만든 코드를 저장할 수도 있습니다.
2. 블록조립소를 확대 축소하여 볼 수 있습니다.
3. 블록을 버릴 수 있는 휴지통입니다. 코드를 끌어다가 휴지통 위에 올리면 삭제됩니다.

엔트리를 둘러보며 지금까지 배운 것을 확인해 봅시다.

요점 정리

◆ 엔트리는 '크롬(Chrome)'이나 '엣지(Edge)' 브라우저로 접속해 줍니다.

◆ 인터넷 브라우저를 실행시켜서 검색창에 '엔트리'를 입력해 검색하거나 주소창에 https://playentry.org/를 입력하여 엔트리 웹사이트에 접속합니다.

◆ 엔트리 사이트 첫 화면 상단 메뉴 중 '회원가입'을 눌러 가입합니다.

◆ 엔트리 사이트 첫 화면 상단 메뉴 중 [만들기] – [작품만들기]를 눌러 작품을 만들 수 있습니다.

퀴즈

Q 엔트리 만들기 화면에서 코딩에 필요한 블록코드들을 종류별로 색깔을 구분하여 모아놓은 영역은 어떤 것일까요?

1. 상단메뉴
2. 실행화면
3. 오브젝트 목록
4. 블록꾸러미
5. 블록조립소

읽기자료

데이터 사이언스와 코딩

데이터 사이언스는 우리가 살고 있는 현재와 미래 사회에서 매우 중요한 역할을 하고 있습니다. 첫째, 데이터 사이언스를 통해 우리가 더 많은 정보를 얻고, 그 정보를 활용하여 문제를 해결할 수 있습니다. 예를 들어, 병원에서는 환자의 데이터를 분석하여 어떤 치료법이 가장 효과적인지 알 수 있고, 학교에서는 학생들의 성적 데이터를 분석하여 어떤 방법으로 가르치는 것이 가장 좋은지 알 수 있습니다.

둘째, 데이터 사이언스는 우리 생활을 더 편리하게 만들어줍니다. 예를 들어, 온라인 쇼핑에서는 우리의 구매 데이터를 분석하여 우리가 좋아할 만한 상품을 추천해줍니다. 또, 교통 시스템에서는 차량의 움직임을 분석하여 교통 체증을 줄이는 방법을 찾을 수 있습니다.

코딩은 데이터를 분석하고 처리하는 데 필요한 도구로 데이터 사이언스에서 매우 중요합니다. 코딩을 통해 우리는 컴퓨터에게 데이터를 어떻게 분석하고 처리할지 명령할 수 있습니다. 예를 들어, 어떤 학생들이 공부를 잘하는지 알고 싶다면, 그 학생들의 데이터를 모아 분석할 수 있는 프로그램을 만들어야 합니다. 코딩을 배우면 이런 프로그램을 직접 만들 수 있습니다.

이처럼 데이터 사이언스와 코딩은 우리가 더 나은 세상을 만드는 데 큰 도움이 됩니다.

Quest 02 데이터 수집하기

제이는 아빠의 꿈을 생각하며 학교에 도착했다. 수업이 시작되고 선생님께서 사회 경제활동과 관련된 모둠별 과제를 내주셨다. 제이는 쉬는 시간에 같은 모둠인 하늘이와 가람이를 만나 과제에 대해 이야기했다.

"설문조사를 만들어서 친구들의 의견을 모아야 하는데 어떤 것을 물어보면 좋을까?"

"음... 경제 관련이니깐 친구들이 어떻게 물건을 사는지 물어보면 좋지 않을까?"

"우리반 친구들의 소비 습관을 조사하는 거야? 좋은데!"

하늘이가 좀 더 구체적으로 과제를 어떻게 할지 생각해 보며 이야기했다.

"그럼 설문지를 만들어서 우리 반 친구들의 소비 습관을 조사해 보도록 하자."

가람이는 힘차게 고개를 끄덕이며 말했다.

"좋아! 그러면 내가 설문지를 나눠줄게. 그리고 친구들에게 물어보는 건 내가 할게!"

"그래, 설문지를 나눠주려면 우선 설문지부터 만들어야겠지."

"그런데 설문지는 어떻게 만들지?"

모두 궁금해하며 이야기를 나누었다.

"일단 모르면 선생님께 여쭤보자!"

소비 습관이란?

「소비」는 우리가 돈을 써서 필요한 물건이나 서비스를 사는 것을 말합니다. 예를 들어, 친구와 아이스크림을 사 먹거나, 새 노트를 사는 것이 소비에 해당합니다. 「소비 습관」은 우리가 물건을 사고, 돈을 쓰는 방식입니다. 예를 들어, 어떤 친구는 매달 새 책을 사는 습관이 있고, 어떤 친구는 매주 과자를 사 먹는 습관이 있을 수 있습니다.

설문조사라면 당연히
인기 조사지! 나를 좋아하는
사람을 조사해 볼까?
야호~!
으이그~!
그걸 뭐하러 조사해?
당연히 0표지!
에휴...
공주병엔
약도 없다는데...
뭐라고?!
메롱~
하하...
음...
경제 관련이니깐
친구들이 어떻게
물건을 사는지 물어보면
좋지 않을까?
우리반 친구들의 소비 습관을
조사하는 거야? 좋은데!
자신 있지!
...
...

STAGE 1

Quest 02

데이터 수집하기

「우리반 학생들의 소비 습관 조사하기」

함께 알아볼까요? 설문으로 데이터를 수집하고 정리하여 표를 만드는 방법을 알아봅시다.

제이와 친구들을 과제를 하기 위해 친구들이 마트에 가면 어떤 물건들을 사는지 조사해 보고자 합니다. 조사를 위해 설문을 작성하고 데이터를 수집하여 표로 만들어야 합니다.
이번 퀘스트에서는 설문 작성 방법을 알아보고 수집한 데이터를 정리하여 표로 만들어봅시다.

키워드

데이터 : 데이터는 아주 간단하게 말하면, 사실값을 의미합니다. 우리 주변에는 여러 가지 사실값이 많이 있습니다. 날씨, 시험 점수, 친구 생일, 좋아하는 음식 등 이러한 모든 것이 데이터입니다. 데이터를 잘 모아서 분석하면, 우리가 더 좋은 결정을 내리거나 문제를 해결하는 데 도움이 됩니다.

설문조사 : 설문 조사는 사람들이 어떤 생각을 가지고 있는지 알아보기 위해 여러 사람에게 같은 질문을 물어보는 것입니다. 예를 들어, 체험학습 선호 장소를 알아보기 위해 '체험학습을 가고 싶은 장소는 어디인가요?'와 같은 질문을 여러 사람에게 할 수 있습니다.

표 : 데이터를 보기 쉽게 가로줄과 세로줄로 나누고, 각 칸에 데이터를 넣어서 정리한 것입니다. 아래의 예시와 같은 것을 표라고 합니다.

과목별 평가 점수

	제이	하늘	가람
국어	79	92	65
수학	82	89	62
과학	91	87	71
사회	69	100	69

학습 흐름

문제 발견

설문조사로 우리반 학생들의 소비습관 조사하기

문제 해결을 위한 방법 탐색

데이터 수집 방법 알아보기
데이터 수집하기(설문지 만들기)

문제 해결

수집된 데이터 정리하기
데이터로 표 만들기

1 문제 해결을 위한 방법 탐색

데이터 수집 방법

데이터를 수집하는 방법은 여러 가지가 있습니다.

1. **설문조사 및 인터뷰** : 친구, 가족 등 여러 사람에게 질문을 하고 그 답변을 모으는 방법입니다. 학교에서 설문지를 배부하는 것과 비슷합니다.
2. **웹 스크래핑** : 인터넷에서 필요한 정보를 자동으로 모으는 방법입니다. 예를 들어, 영화의 개봉 날짜를 여러 웹사이트에서 모으는 것이 있습니다.
3. **센서 데이터** : 온도계나 스마트 워치 같은 장치에서 실시간으로 데이터를 수집하는 방법입니다. 예를 들어, 실외 온도나 걸음 수를 기록하는 것이 있습니다.
4. **데이터베이스 추출** : 이미 저장된 데이터에서 필요한 부분을 꺼내는 방법입니다. 예를 들어, 학교 도서관에서 책 대여 기록을 찾는 것이 있습니다.
5. **API 활용** : 특정 웹사이트나 앱에서 제공하는 서비스를 통해 데이터를 얻는 방법입니다. 예를 들어, SNS에서 최신 게시물을 가져오는 것이 있습니다.
6. **공공데이터** : 정부나 기관에서 제공하는 데이터를 사용하는 방법입니다. 예를 들어, 기상청에서 제공하는 날씨 정보를 활용하는 것이 있습니다.

설문지 작성 및 인터뷰

웹 스크래핑

센서 데이터

데이터베이스 추출

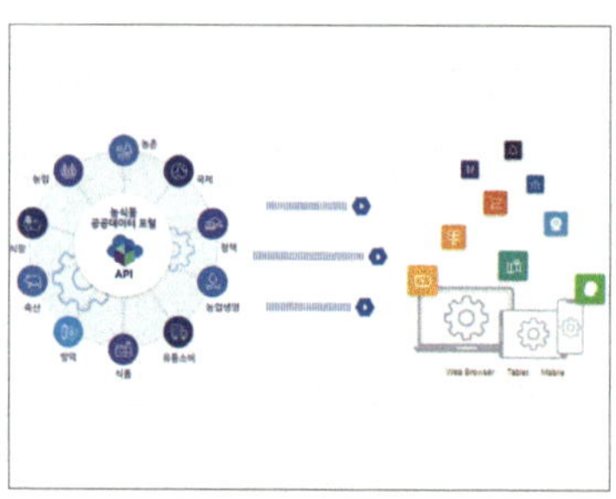

API 활용

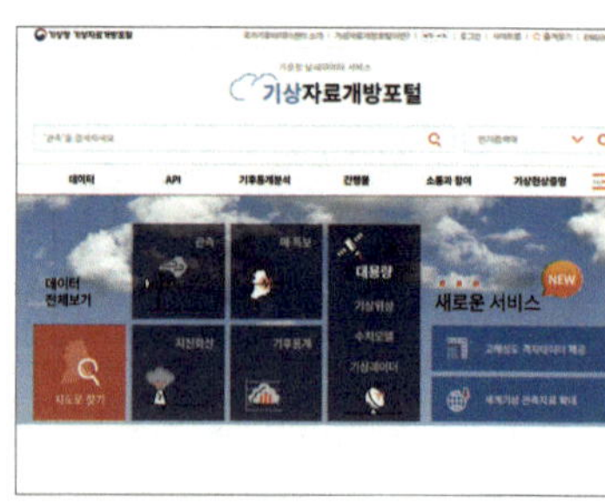

공공데이터

API 활용 이미지 출처 : 농림축산식품 공공데이터 포털
공공데이터 이미지 출처 : 기상청 기상자료개방포털

▶ 설문지 만들기

설문지를 만드는 과정을 살펴봅시다.

1. **주제 정하기 :** 먼저, 설문지의 주제를 정합니다. 주제는 사람들이 쉽게 이해하고 대답할 수 있는 것이 좋습니다.

   (예시) 우리 학교에서 가장 좋아하는 과목 / 가장 좋아하는 운동

2. **질문 만들기 :** 주제를 정했다면, 이제 질문을 만듭니다. 질문은 주제와 관련이 있어야 합니다.

   (예시) 가장 좋아하는 과목은 무엇인가요? / 매주 얼마나 자주 운동을 하나요? / 학교에서 가장 재미있었던 활동은 무엇인가요?

3. **질문 유형 정하기 :** 질문은 여러 가지 유형이 있습니다.

   – **선택형 질문 :** 여러 답변 중에서 하나 또는 여러 개를 선택하도록 합니다.

   (예시) 가장 좋아하는 과목은 무엇인가요? ① 수학 ② 국어 ③ 과학 ④ 사회

   ※ **답변을 하나만 고르는 경우 :** 명확한 선택과 간단한 분석이 필요할 때

   답변을 여러 개 고르는 경우 : 다양한 의견을 반영하거나 복합적인 정보를 수집할 때

   – **서술형 질문 :** 자유롭게 답변을 적도록 합니다.

   (예시) 가장 재미있었던 학교 행사는 무엇인가요? ____________________

   – **등급형 질문 :** 점수를 매겨 답변하도록 합니다.

   (예시) 체육 시간은 얼마나 재미있나요?

   1점(전혀 재미있지 않음)/2점/3점/4점/5점(매우 재미있음)

4. **설문지 디자인하기 :** 설문지를 이해하기 쉽고, 가독성 있게 디자인합니다. 다양한 색을 사용하고, 재미있는 그림을 넣으면 더욱 흥미를 끌 수 있습니다. 또, 글자 크기와 글씨체도 읽기 쉽게 정합니다.

5. **설문지 배포하기 :** 친구들이 설문지에 쉽게 접근할 수 있도록 배포합니다. 온라인 설문지라면 링크를 공유하고, 종이 설문지라면 교실, 학교 게시판에 붙이거나 친구들에게 나눠 줍니다.

6. **응답 수집하기 :** 친구들이 설문지를 작성하도록 시간을 줍니다. 충분한 시간이 지난 후, 응답을 수집합니다. 온라인 설문지는 자동으로 응답이 저장되지만, 종이 설문지는 직접 모아야 합니다.

② 데이터 수집하기(설문지 만들기)

우리 반 학생들의 소비 습관 조사 설문

질문을 잘 읽고 보기 중 하나를 골라 주세요.

1. 물건을 가장 자주 구입하는 곳은 어디인가요?

① 학교 앞 문방구 ② 온라인 쇼핑몰 ③ 마트
④ 편의점 ⑤ 기타 (   )

2. 가장 자주 구입하는 물건은 무엇인가요?

① 간식 ② 학용품 ③ 장난감
④ 책 ⑤ 기타 (   )

3. 새 물건을 구입할 때 주로 어떤 이유로 구입하나요?

① 필요해서 ② 친구가 가지고 있어서
③ 광고를 보고 사고 싶어서 ④ 기타 (   )

4. 일주일에 몇 번 정도 물건을 구입하나요?

① 2번 이하 ② 3~4번
③ 5번 이상 ④ 잘 모르겠어요.

5. 물건을 구입하기 전에 다른 가게와 가격을 비교해 보나요?

① 네, 항상 비교해 봐요. ② 가끔 비교해 봐요.
③ 거의 비교하지 않아요. ④ 전혀 비교하지 않아요.

6. 구입한 물건 중 가장 만족스러웠던 물건은 무엇인가요?

① 간식 ② 학용품 ③ 장난감
④ 책 ⑤ 기타 (   )

설문에 응답해 주셔서 감사합니다.

※ 예시로 주어진 설문지에서는 더 간단한 결과 처리를 위해 선택형 질문을 활용하여 보기 중 하나만 고르도록 하였습니다.

설문지를 만들었다면 아래 체크리스트를 통해 적절한지 확인해 봅니다.

평가 기준	그렇다 : ○ / 아니다 : X
설문 주제가 명확한가요?	
질문을 정확하고 간결하게 만들었나요?	
질문의 수가 적당한가요?	
원하는 정보를 얻기에 질문의 유형이 적절한가요?	
응답자가 쉽게 이해할 수 있도록 작성했나요?	
사전에 충분히 검토를 하였나요?	

3 수집된 데이터 정리하기

▶ 표란 무엇인가요?

표는 데이터를 정리해서 보여주는 방법입니다. 표를 사용하면 여러 가지 정보를 한눈에 보기 쉽게 만들 수 있습니다. 예를 들어, 친구들의 달리기 기록을 표로 정리할 수 있습니다.

▶ 표 만들기

데이터를 수집했다면, 이제 표를 만들어 보겠습니다.

1 표의 기본 구조 : 표는 가로와 세로로 나누어 표기합니다. 가로줄은 '행', 세로줄은 '열'이라고 합니다. 첫 번째 행과 열에는 각각 조사 대상 항목과 구분항목을 넣습니다.

물건을 가장 자주 구매하는 곳

	문방구	온라인 쇼핑몰	마트	편의점	기타	합계
학생 수(명)	3	1	8	7	1	20

2 표 만들기 : 수집한 데이터를 이용해 표를 만드는 방법을 알아보겠습니다.

① 조사 내용에 알맞은 제목을 정합니다.

② 조사 항목의 수에 맞게 칸을 나눕니다.

③ 조사 내용에 맞게 빈칸을 채웁니다.

- 첫 번째 열에는 물건 구입처를 적습니다.
- 첫 번째 행에는 내용에 맞는 단위(사람 수 : 명 / 물건 수 : 개 / 시간 : 분, 초 등)를 적습니다.
- 두 번째 열에는 학생 수를 적습니다.

④ 합계가 맞는지 확인합니다.

이렇게 하면 표가 완성됩니다.

데이터 분석하기

표가 완성되면 데이터를 분석할 수 있습니다. 예를 들어, 친구들이 가장 많이 물건을 사는 구입처를 알 수 있습니다. 예시의 표에서는 마트라고 응답한 학생이 8명으로, 마트에서 물건을 사는 학생이 가장 많다는 것을 알 수 있습니다.

4 데이터로 표 만들기

친구들이 응답한 설문지를 모두 모아 응답 별로 수를 세어보니 아래와 같습니다.

우리반 학생들의 소비 습관 조사 설문

1. 주로 어디에서 물건을 구입하나요?

① 문방구 (3명) ② 온라인 쇼핑몰 (1명) ③ 마트 (8명)
④ 편의점 (7명) ⑤ 기타 (서점 1명)

2. 가장 자주 구입하는 물건은 무엇인가요?

① 간식 (10명) ② 학용품 (5명) ③ 장난감 (3명)
④ 책 (1명) ⑤ 기타 (아이돌 포토카드 1명)

3. 새 물건을 구입할 때 주로 어떤 이유로 구입하나요?

① 필요해서 (12명)
② 친구가 가지고 있어서 (1명)
③ 광고를 보고 나서 (4명)
④ 기타 (아이돌 팬이라서, 가지고 있던 것이 지겨워져서, 자랑하고 싶어서)

4. 일주일에 몇 번 정도 물건을 구입하나요?

① 1~2번 (9명) ② 3~4번 (6명)

③ 5번 이상 (3명) ④ 잘 모르겠어요. (2명)

5. 물건을 구입하기 전에 다른 가게와 가격을 비교해 보나요?

① 네, 항상 비교해 봐요. (2명) ② 가끔 비교해 봐요. (4명)

③ 거의 비교하지 않아요. (11명) ④ 전혀 비교하지 않아요. (3명)

6. 구입한 물건 중 가장 만족스러웠던 물건은 무엇인가요?

① 간식 (7명) ② 학용품 (4명) ③ 장난감 (2명)

④ 책 (5명) ⑤ 기타 (아이돌 포토카드, 모자)

왼쪽 설문지의 데이터를 표로 만들어봅시다.

물건을 가장 자주 구입하는 곳

	문방구	온라인 쇼핑몰	마트	편의점	기타	합계
학생 수(명)	3	1	8	7	1	20

가장 자주 구입하는 물건

	간식	학용품	장난감	책	기타	합계
학생 수(명)	10	5	3	1	1	20

새 물건을 구입하는 이유

	필요해서	친구가 가지고 있어서	광고를 보고 나서	기타	합계
학생 수(명)	12	1	4	3	20

일주일 동안 물건 구입 횟수

	1~2번	3~4번	5번 이상	잘 모르겠어요	합계
학생 수(명)	9	6	3	2	20

물건 구입 전 가격 비교 여부

	항상 비교	가끔 비교	거의 비교하지 않음	전혀 비교하지 않음	합계
학생 수(명)	2	4	11	3	20

구입한 물건 중 가장 만족스러웠던 물건

	간식	학용품	장난감	책	기타	합계
학생 수(명)	7	4	2	5	2	20

위의 표들을 통해 알 수 있는 것들을 적어봅시다.

- 친구들이 물건을 자주 사는 곳은 마트(8명)와 편의점(7명)이에요.
- 친구들이 가장 자주 사는 물건은 간식(10명)이에요.
- 친구들이 새 물건을 사는 가장 큰 이유는 필요해서(12명)예요.
- 일주일 동안 물건을 1~2번 구입하는 친구가 가장 많아요(9명).
- 물건 구입 전 가격 비교를 거의 하지 않고 물건을 사는 친구가 가장 많아요(11명).

요점 정리

◆ 데이터 수집 방법에는 설문조사, 웹 스크래핑, 센서 데이터, 데이터베이스 추출, API 활용, 공공 데이터 등이 있습니다.

◆ 설문의 주제를 정하고, 질문을 만들고, 유형을 정해 디자인한 후 설문지를 배포하여 응답을 수집합니다.

◆ 수집된 데이터는 표로 정리해 분석할 수 있으며, 표는 행과 열로 구성됩니다.

◆ 표를 통해 데이터를 분석하여 결과를 발표할 수 있습니다.

퀴즈

Q 설문지를 만들 때 주제를 정한 후 해야 할 일은 무엇인가요?

① 결과 분석 ② 질문 만들기 ③ 설문지 배포
④ 응답 수집 ⑤ 표 만들기

읽기자료

직업탐구 : 데이터분석가

데이터 분석가란?

데이터 분석가는 다양한 데이터(설문 조사 결과, 웹 데이터, 센서 데이터 등)를 모으고 분석하여 중요한 정보를 도출하는 일을 합니다. 이 직업은 데이터를 통해 문제를 해결하고, 더 나은 결정을 내리도록 도와줍니다.

데이터 분석가가 하는 일

데이터 수집 : 필요한 데이터를 모읍니다. 설문지를 만들어 사람들에게 질문하거나, 인터넷에서 정보를 수집합니다.

데이터 정리 : 수집한 데이터를 정리하고 표로 만듭니다. 이렇게 하면 데이터를 쉽게 분석할 수 있습니다.

데이터 분석 : 데이터를 분석하여 의미 있는 결과를 도출합니다. 예를 들어, 설문조사 결과를 통해 사람들이 가장 좋아하는 과목을 찾아낼 수 있습니다.

결과 보고 : 분석한 결과를 보고서나 프레젠테이션으로 만들어 다른 사람들에게 설명합니다.

데이터 분석가의 중요성

데이터 분석가는 회사, 학교, 정부 등 다양한 곳에서 중요한 결정을 내리는 데 큰 도움을 줍니다. 예를 들어, 학교에서 학생들의 의견을 반영해 새로운 프로그램을 만들거나, 회사에서 고객의 선호도를 분석해 제품을 개선하는 일을 할 수 있습니다.

이 직업은 문제 해결 능력과 창의력이 필요하고, 데이터를 통해 세상을 더 나은 곳으로 만드는 데 큰 역할을 합니다.

Quest 03 데이터 표현하기

제이와 친구들은 설문조사를 통해 얻은 결과를 모아서 표로 정리하였다. 정리된 표를 바라보며 셋은 머리를 맞대고 고민을 하였다.

"이제 이 표를 보여주면서 발표하면 되는 거지? 이렇게만 하면 되는 거야?"

"이대로는 뭔가 부족한데…"

"텔레비전 뉴스나 신문 기사처럼 그래프로 나타내면 어떨까?"

"그래! 우리 수학 시간에 막대 그래프와 꺾은선 그래프를 배웠잖아!"

"엥? 너 누구냐? 가람이가 그걸 기억할 리가 없는데…"

가람이가 버럭 화를 내며 소리쳤다.

"나도 수업 듣거든!"

제이와 하늘이가 의심스러운 표정을 지으며 가람이를 바라보고 속닥였다.

"가람이 수업 시간에 잠만 자는 것 아니었어?"

"안 잘 때는 영혼이 빠져나가 있더라고. 특히 수학 시간에는."

가람이가 옆에서 듣고는 버럭 화를 냈다.

"야! 다 들리거든! 영혼이 빠져나가 있는 게 아니라 수업을 머릿속으로 정리하는 중이었다고!" 하늘이가 고개를 절레절레 저으며 이야기하였다.

"나 얼마 전에 수학시간 네 눈이랑 비슷한 걸 봤어. 어디에서 봤게~?"

옆에 있던 제이가 가람이 대신에 하늘이에게 물어보았다.

"어딘데?"

"마트 수산물 코너에 생선 눈알."

"뭐라고!!"

이대로는 뭔가 부족한데…
흠… 뭘까…
텔레비전 뉴스나 신문 기사처럼 그래프로 나타내면 어떨까?
그래! 우리 수학 시간에 막대 그래프랑 꺾은선 그래프를 배웠잖아!
후훗!
엥~? 너 누구야? 가람이가 그걸 기억할 리가 없는데…
뭐라고?!
신기하다~~~
제발 그만해…
…

STAGE 1

Quest 03

데이터 표현하기
「조사한 자료를 알기 쉽게 표현하기」

함께 알아볼까요? 수집한 데이터를 그래프로 나타내고 데이터를 분석하는 방법을 알아봅시다.

제이와 친구들은 과제로 '우리반 친구들의 소비습관'에 대해 조사한 결과를 발표하려 합니다. 조사한 데이터를 알아보기 쉽게 그래프로 표현하고 조사를 통해 알게 된 점을 찾아야 합니다. 이번 퀘스트에서는 수집한 데이터를 그래프로 나타내고 데이터를 분석하는 방법을 알아봅시다.

키워드

데이터의 표현 : 데이터의 표현은 정보를 그림이나 표, 그래프로 나타내는 것을 말합니다. 이렇게 하면 복잡한 내용을 쉽게 이해할 수 있습니다. 예를 들어, 시험 점수를 막대그래프로 나타내면 누가 높은 점수를 받았는지 한눈에 알 수 있습니다. 데이터를 시각적으로 표현하면 사람들이 정보를 더 잘 이해하고 비교할 수 있습니다.

데이터 분석 : 데이터 분석은 수집한 데이터를 정리하고, 의미 있는 정보를 찾아내는 과정입니다. 예를 들어, 친구들이 좋아하는 과목을 조사한 후, 가장 인기 있는 과목이 무엇인지 알아보는 것입니다.

학습 흐름

문제 발견

수집한 데이터를 그래프로 나타내고 분석하기

↓

문제 해결을 위한 방법 탐색

데이터의 표현과 분석이 필요한 이유 알아보기
데이터 표현하기(그래프로 나타내기)

↓

문제 해결

데이터 분석하기

1 문제 해결을 위한 방법 탐색 : 데이터의 표현과 분석이 필요한 이유 알아보기

▶ 데이터 표현과 분석이 왜 필요할까?

① 중요한 정보를 찾기

데이터를 분석하면 중요한 정보를 찾을 수 있습니다. 예를 들어, 친구들이 가장 좋아하는 과목을 조사하면, 어떤 과목이 가장 인기 있는지 알 수 있어요. 이렇게 하면 학교에서 더 재미있는 수업을 만들 수 있답니다.

② 문제를 해결하기

데이터를 분석하면 문제 해결 방법을 찾는데 도움이 됩니다. 예를 들어, 학교에서 학생들이 어떤 점을 불편해하는지 조사하여, 그 문제를 해결할 수 있습니다. 이렇게 하면 학교생활이 더 즐거워질 겁니다.

③ 더 나은 결정을 내리기

데이터를 분석하면 더 나은 결정을 내릴 수 있습니다. 예를 들어, 어떤 간식이 가장 인기 있는지 조사하면, 학교 매점에서 어떤 간식을 더 많이 준비해야 할지 알 수 있습니다. 이렇게 하면 모두가 좋아하는 간식을 먹을 수 있답니다.

❹ 정보를 쉽게 이해하기

데이터를 그래프나 표로 표현하면 정보를 쉽게 이해할 수 있습니다. 예를 들어, 하루 동안 기온을 그래프로 표현하면 기온이 얼마나 오르고 내리는지 한눈에 알 수 있습니다. 이를 통해 데이터를 더 재미있고 쉽게 이해할 수 있습니다.

❷ 문제 해결을 위한 방법 탐색 : 데이터 표현하기(그래프로 나타내기)

▶ 그래프란 무엇인가요?

그래프는 데이터를 더 쉽게 이해하고 비교할 수 있도록 그림으로 나타내는 방법입니다. 데이터를 시각적으로 표현하여 정보를 한눈에 파악할 수 있게 만듭니다. 예를 들어, 숫자나 문자로 된 데이터를 그래프로 나타내면, 어떤 데이터가 더 많거나 적은지, 어떻게 변하는지를 쉽게 알 수 있습니다. 그래프는 다양한 형태가 있지만, 공통적으로 데이터를 시각적으로 보여준다는 점에서 큰 장점이 있습니다. 데이터를 그래프로 표현하면 복잡한 정보도 쉽게 이해할 수 있습니다.

▶ 그래프의 종류

그래프에는 여러 가지 종류가 있습니다.

- **막대그래프** : 막대그래프는 데이터를 막대 모양으로 나타냅니다. 각 막대의 길이는 데이터의 크기를 나타내며, 비교하고자 하는 항목을 쉽게 볼 수 있게 합니다.예를 들어, 우리 반 친구들이 좋아하는 계절을 비교할 때 막대 그래프를 사용합니다. 각 계절을 좋아하는 학생의 수를 막대의 길이로 표현하면 친구들이 가장 좋아하는 계절을 쉽게 알 수 있습니다.
- **원그래프** : 원형그래프는 데이터의 비율을 원 모양으로 나타냅니다. 원을 여러 부분으로 나누어 각 부분이 전체에서 차지하는 비율을 쉽게 알아볼 수 있게 합니다. 원 대신 띠 모양으로 비율을 나타낼 수도 있습니다.예를 들어, 학급 친구들이 좋아하는 과일의 비율을 비교할 때 원형 그래프를 사용합니다. 각 과일이 전체에서 차지하는 비율을 원의 크기로 나타내어 어떤 과일이 더 인기가 많은지 알 수 있습니다.
- **꺾은선그래프** : 꺾은선그래프는 데이터를 선으로 연결하여 나타냅니다. 데이터가 시간의 흐름에 따라 어떻게 변하는지를 쉽게 나타낼 수 있습니다.예를 들어, 일주일 동안의

날씨 변화를 나타낼 때 꺾은선그래프를 사용합니다. 각 날의 온도를 점으로 표시하고, 점을 선으로 연결하여 온도가 어떻게 변했는지 쉽게 알 수 있습니다.

이외에도 산점도, 히스토그램, 면적그래프, 방사형그래프 등 모양과 데이터의 유형, 해석의 초점 등에 따라 다양한 형태의 그래프가 있습니다.

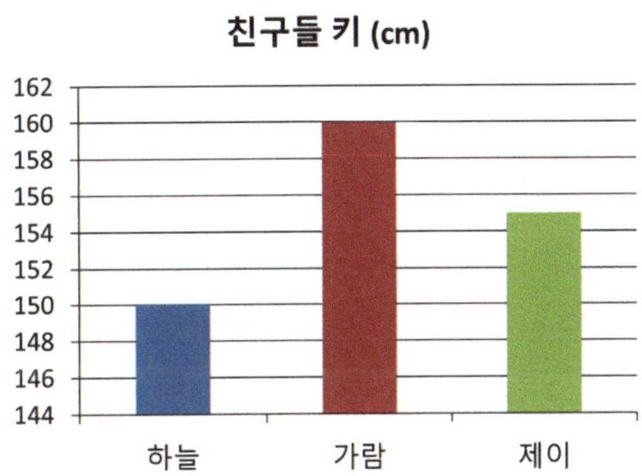

막대그래프

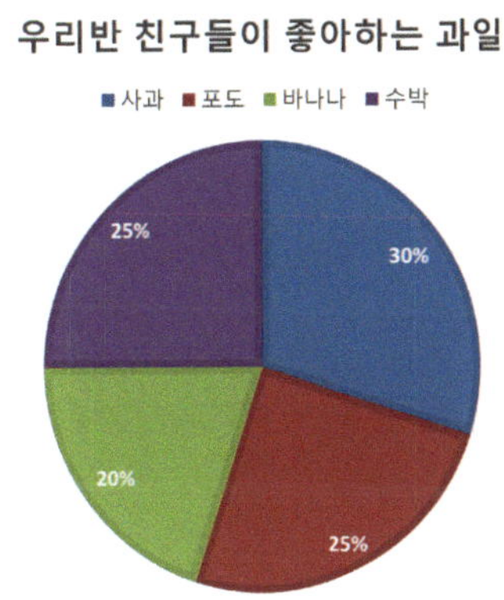

원그래프

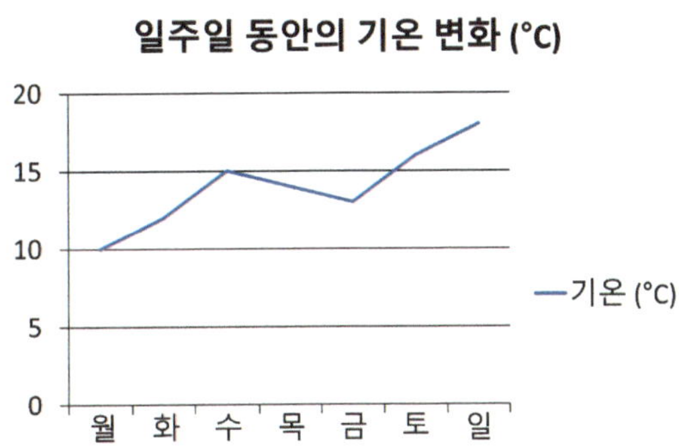

꺾은선그래프

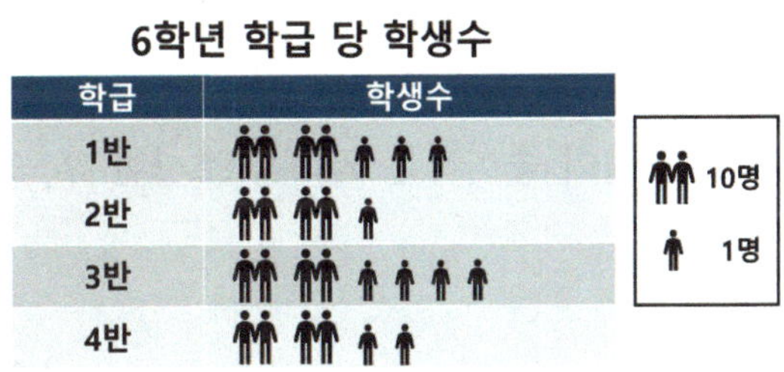

그림그래프

▶ 그래프 만들기

그래프를 만들 때는 다음 단계를 따라 만들 수 있습니다.

❶ **데이터 정리하기 :** 먼저, 데이터를 정리합니다. 예를 들어, 친구들이 좋아하는 과목을 조사했다면, 각 과목별로 몇 명이 좋아하는지 정리합니다.

❷ **그래프 선택하기 :** 데이터를 가장 잘 나타낼 수 있는 그래프 종류를 선택합니다. 예를 들어, 과목별로 몇 명이 좋아하는지를 비교할 때는 막대그래프가 좋습니다.

③ **그래프 그리기** : 선택한 그래프에 데이터를 넣어 그립니다. 막대그래프라면, 각 과목별로 막대를 그립니다.

④ **그래프 꾸미기**: 그래프를 더 보기 좋게 꾸밉니다. 색을 사용하거나 제목을 넣어 그래프를 완성합니다.

좋아하는 과목

과목	학생 수(명)
국어	4
수학	2
영어	5
체육	9
합계	20

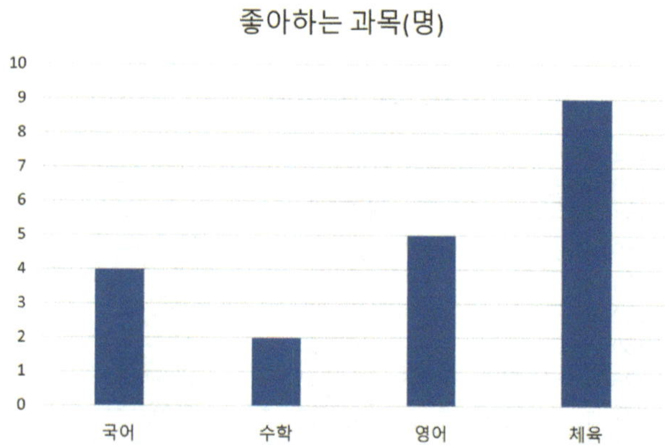

② 문제 해결 : 데이터 분석하기

▶ 데이터 분석이란?

데이터 분석은 수집한 데이터를 정리하고, 의미 있는 정보를 찾아내는 과정입니다. 예를 들어, 친구들이 좋아하는 과목을 조사한 후, 가장 인기 있는 과목이 무엇인지 알아보는 것입니다.

▶ 데이터 분석 방법

데이터를 분석하는 방법에는 여러 가지가 있습니다. 몇 가지 예를 들어 보면 다음과 같습니다.

- **평균 구하기**

① 평균이란?

평균은 여러 개의 숫자를 더한 후, 그 숫자의 개수로 나눈 값을 말합니다. 예를 들어, 친구들의 시험 점수를 모두 더한 후, 친구들의 수로 나누면 평균 점수를 구할 수 있습니다.

❷ 평균 구하는 방법

① 숫자 더하기 : 먼저, 모든 숫자를 더합니다. 예를 들어, 친구들의 시험 점수가 80, 90, 85, 70, 95점이라면, 이 점수들을 모두 더합니다.

$$80 + 90 + 85 + 70 + 95 = 420$$

② 숫자의 개수 세기 : 숫자가 몇 개인지 셉니다. 이 예시에서는 5개의 점수가 있습니다.

③ 나누기 : 더한 값을 숫자의 개수로 나눕니다.

$$420 \div 5 = 84$$

그래서 평균 점수는 84점입니다.

• 최빈값 찾기

❶ 최빈값이란?

최빈값은 데이터 중에서 가장 많이 나온 값을 말합니다. 예를 들어, 친구들이 좋아하는 과목을 조사하면, 가장 많이 선택된 과목이 최빈값입니다.

❷ 최빈값 찾는 방법

① 데이터 정리하기 : 먼저, 데이터를 정리합니다. 예를 들어, 설문조사로 친구들이 가장 좋아하는 과목을 조사한 후 그 결과를 수학 3명, 영어 2명, 과학 4명, 국어 1명이라고 정리할 수 있습니다.

② 가장 많이 나온 값 찾기 : 정리한 데이터 중에서 가장 많이 나온 값을 찾습니다. 이 예시에서는 '과학'을 좋아하는 친구가 4명으로 가장 많습니다. 그래서 최빈값은 '과학'입니다.

• 중앙값 구하기

중앙값은 데이터를 크기 순서대로 나열했을 때, 가운데 위치한 값을 말합니다. 예를 들어, 친구들의 시험 점수가 70, 80, 85, 90, 95점이라면 중앙값은 85가 됩니다. 중앙값은 데이터의 중간 값을 나타내기 때문에, 극단적인 값의 영향을 덜 받습니다.

• 범위 구하기

범위는 데이터에서 가장 큰 값과 가장 작은 값의 차이를 말합니다. 예를 들어, 친구들의 키가 140cm, 150cm, 160cm, 170cm, 180cm라면, 범위는

최대값 180cm – 최소값 140cm = 범위 40cm 가 됩니다. 범위는 데이터의 분포를 이해하는 데 도움이 됩니다.

• 분산과 표준편차 구하기

분산과 표준편차는 '흩어진 정도'를 수치로 나타내는 개념입니다. 분산과 표준편차가 크면 데이터가 멀리 흩어져 있다는 것이고, 작으면 평균값 가까이 모여 있다는 것입니다. 표준편차는 분산의 값을 더 이해하기 쉽게 만든 것으로 평균에서 얼마나 떨어져 있는지를 나타냅니다. 표준편차는 분산의 제곱근으로, 데이터의 변동성을 나타냅니다.

예시 A반과 B반의 수학 시험 평균 점수가 둘 다 80점입니다.

A반 점수: 78, 79, 80, 81, 82 (서로 비슷함)

B반 점수: 50, 60, 80, 100, 110 (점수 차이가 큼)

✓ 두 반의 평균은 동일하지만,

✓ A반은 점수가 평균에 가깝게 모여 있어서 표준편차(흩어진 정도)가 작다.

✓ B반은 점수 차이가 크므로 표준편차(흩어진 정도)가 더 크다.

➔ 결론: 평균이 같아도 점수의 흩어진 정도(변동성)가 다를 수 있다.

구하는 방법은 알아보면 다음과 같습니다. 키가 140cm, 150cm, 160cm인 친구들의 키에 대한 분산을 구하면, 아래와 같이 구할 수 있습니다.

평균 구하기	각 숫자와 평균의 차이 구하기	차이의 제곱 구하기	제곱한 값의 평균 구하기
(140 + 150 + 160) / 3 = 150	140 − 150 = −10 150 − 150 = 0 160 − 150 = 10	$(-10)^2 = 100$ $0^2 = 0$ $10^2 = 100$	(100 + 0 + 100) / 3 = 66.67

분산의 제곱근을 구하면 표준편차가 됩니다. 예시처럼 분산이 66.67이라면, 표준편차는 $\sqrt{66.67}$ = 8.16입니다.

• 히스토그램 사용하기

히스토그램은 데이터를 구간별로 나누어 나타낸 막대그래프입니다. 예를 들어, 친구들의 시험 점수를 5점 단위로 나누어 히스토그램을 그리면, 각 구간에 몇 명이 있는지 쉽게 알 수 있습니다.

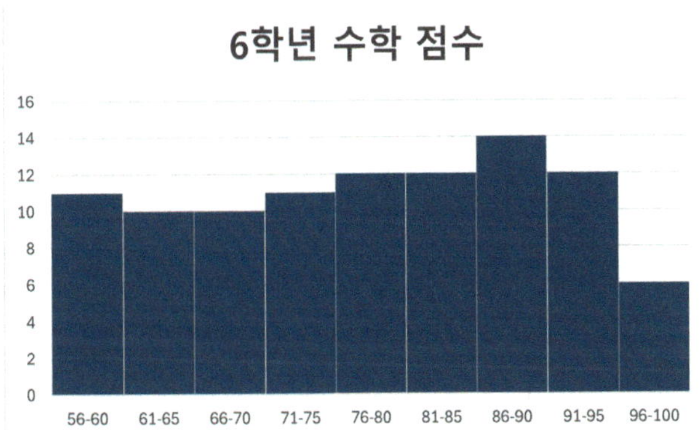

• 상관관계 분석하기

상관관계는 두 변수 간의 관계를 의미합니다. 예를 들어, 키와 신발 크기 간의 상관관계를 분석하면, 키가 큰 친구일수록 신발 크기가 더 클 가능성이 높다는 것을 데이터를 통해 보여줄 수 있습니다. 상관관계 분석은 데이터 간의 관계를 이해하는데 도움이 됩니다.

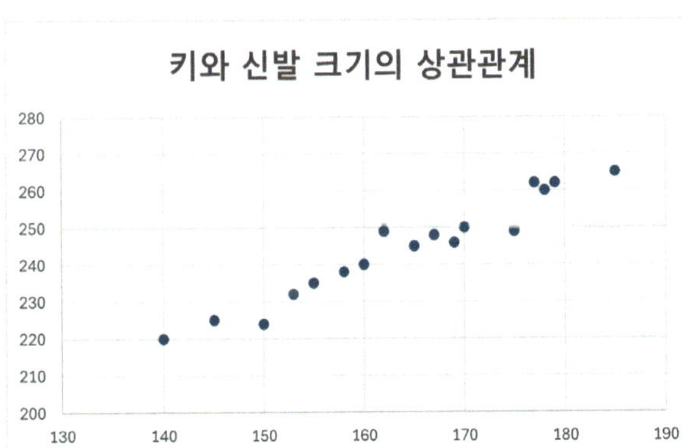

요점 정리

◆ **데이터 표현하기(데이터를 시각적으로 나타내기)** : 그래프나 표를 사용하여 데이터를 더 쉽게 이해할 수 있게 만듭니다.

- **그래프의 역할** : 복잡한 데이터를 한눈에 파악할 수 있도록 돕습니다.
- **그래프의 장점** : 데이터를 비교하고 추세를 확인하는 데 유용합니다.

◆ **데이터 분석하기** : 데이터 분석은 수집한 데이터를 정리하고 의미 있는 정보를 찾아내는 과정입니다. 평균 구하기, 최빈값 구하기 등 여러 가지 데이터 분석 방법이 있으며 이를 통해 중요한 결론을 도출하고 문제를 해결할 수 있습니다.

퀴즈

Q 데이터 표현과 분석이 필요한 이유로 옳지 않은 것은 무엇인가요?

① 데이터를 분석하여 중요한 정보를 찾을 수 있습니다.
② 데이터를 분석하여 문제를 해결할 수 있습니다.
③ 데이터를 분석하여 더 나은 결정을 내릴 수 있습니다.
④ 데이터를 분석하여 모든 문제를 완벽하게 해결할 수 있습니다.

읽기자료

일상생활 속 그래프 활용

- **날씨 예보** : 뉴스나 날씨 애플리케이션에서 온도, 강수량, 바람 속도 등의 변화를 그래프로 나타내어 보여줍니다. 이를 통해 우리는 날씨 변화를 쉽게 파악하고 준비할 수 있습니다.
- **운동 기록** : 피트니스 트래커나 운동 앱에서 일일 운동량, 칼로리 소모, 심박수 등을 그래프로 표시합니다. 이를 통해 자신의 운동 패턴을 쉽게 모니터링하고 목표를 설정할 수 있습니다.
- **학교 성적 분석** : 학생의 시험 점수나 성적을 그래프로 나타내어 성적 변화를 시각적으로 확인할 수 있습니다. 이를 통해 학생과 부모님은 학습 성과를 쉽게 파악할 수 있습니다.
- **헬스케어** : 병원이나 건강 앱에서 체중, 혈압, 혈당 수치 등을 그래프로 표시하여 건강 상태를 모니터링합니다. 이를 통해 우리는 건강 변화를 쉽게 이해하고 조치를 취할 수 있습니다.
- **소셜 미디어 분석** : 소셜 미디어에서 게시물의 좋아요, 댓글, 공유 수 등의 데이터를 그래프로 나타내어 사용자 활동을 분석합니다. 이를 통해 우리는 콘텐츠의 인기도와 사용자 반응을 쉽게 파악할 수 있습니다.

Quest 04 J마트 위치 선정하기

학교 수업을 마치고 조별 과제까지 끝낸 제이는 집으로 돌아왔다. 집에 들어오니 마트를 어떻게 시작하면 좋을지 이야기를 나누고 계시는 엄마와 아빠의 목소리가 들려왔다.

"일단 마트를 시작하려면 위치가 중요한 것 같아요."

"그렇지요. 어떤 장사건 위치만큼 중요한 건 없으니깐요."

가방을 방에 두고 와서 옆에 있던 제이가 물어보았다. "위치가 왜 중요해요?"

"마트 위치가 가게에 오는 손님 수에 큰 영향을 주기 때문이야. 쉽게 설명하자면, 가게가 손님들이 자주 다니는 곳에 있으면 더 많은 사람들이 가게를 찾기 쉽고, 자연스럽게 더 많은 손님이 오게 되지. 예를 들어, 가게가 학교 근처나 공원 근처에 있다면, 학생들이나 공원에 놀러 온 사람들이 자주 지나갈 거야. 그래서 가게를 쉽게 발견하고 들어오게 되겠지. 반면에 가게가 사람들이 잘 다니지 않는 외진 곳에 있다면, 손님들이 가게를 찾기 어려워서 손님이 적어질 수 있어.

그리고 사람들이 많이 다니는 곳은 다른 가게도 많아서, 손님들이 쇼핑을 하거나 다른 일을 보러 왔다가 우연히 가게에 들어올 가능성도 커져. 그래서 좋은 위치에 가게를 열면 더 많은 손님을 유치할 수 있어서, 장사에 큰 도움이 된단다."

"그러네요. 아빠 말대로 위치가 중요하네요. 그러면 그렇게 중요한 선택에 도움받을 곳이 없을까요?"

"전문가가 도와주면 좋을 텐데."

전문가라는 말을 들은 제이의 머리에 불이 반짝였다.

"전에 도움을 주셨던 이재호 교수님께 연락드려 볼게요!"

교수님! 이번에 아빠께서
마트를 오픈하시는데
교수님의 도움이 필요해요!
데이터 사이언스를 이용하면
도움이 될 것 같구나.
음...
회사들도 사업적인 선택을 할 때
데이터를 꼭 활용한단다.
신제품
그래, 요즘 데이터 사이언스는
어떤 분야에서든 필수가 되었지.
끄덕 끄덕

STAGE 2

Quest 04 J마트 위치 선정하기

「여기가 J마트」

함께 알아볼까요? 우리 동네 유동인구와 지역 정보를 분석하여 위치를 선정해 봅시다.

우리 동네의 여러 가지 정보를 분석하여 새로 만들 J마트의 위치를 선정하려 합니다. 이를 위해 마트에 필요한 정보를 수집하여 분석해야 합니다.

이번 퀘스트에서는 마트 위치 선정에 필요한 정보를 분석하여 위치를 선정해 봅시다.

키워드

유동인구 : 유동인구는 어떤 지역을 지나가거나 잠시 머무르는 사람들을 의미합니다. 쉽게 말해, 사람들이 많이 모이고 다니는 곳에서 볼 수 있는 사람들을 말합니다. 예를 들어, 학교 근처, 시장, 공원, 지하철역 같은 곳은 사람들이 많이 다니는 곳으로 유동인구가 많습니다.

임대료 : 임대료는 집이나 상가, 사무실 같은 건물을 빌려서 사용하는 대가로 내는 돈을 의미합니다. 쉽게 말해, 다른 사람의 건물을 빌려서 사용하기 위해 지불하는 비용입니다. 건물을 소유한 사람은 건물주(임대인)라고 하고, 건물을 빌려서 사용하는 사람은 임차인이라고 합니다.

데이터

위치 별 유동인구, 임대료

위치	유동인구(명/일)	임대료(원/월)	주변시설	경쟁업체	교통 편의
A	1,000	1,500,000	고등학교, 아파트	–	주차장 부족
B	1,500	2,000,000	–	슈퍼	지하철, 버스, 주차장 여유
C	900	1,400,000	공원, 아파트, 중학교	편의점	주차장 보통
D	800	1,200,000	병원, 초등학교	편의점	버스, 주차장 부족
E	500	800,000	–	편의점×2	주차장 여유

※ 예시의 데이터는 학습을 위해 임의로 만들어진 가상 데이터입니다.

학습 흐름

문제 발견

마트 위치 선정을 위한 데이터의 중요성 인식

↓

문제 해결을 위한 데이터 탐색

상권 분석에 필요한 데이터 알아보기
데이터 수집하기
데이터 분석하기

↓

문제 해결

위치 선정하기

1 문제 해결을 위한 데이터 탐색 : 상권 분석에 필요한 데이터 알아보기

▶ 상권 분석을 위한 고려 사항 알아보기

가게를 열기 위한 최적의 위치를 선정하기 위해 '상권 분석'이 필요합니다.

아무 데나 마트를 만든다고 장사가 잘되지는 않을 겁니다.

'상권 분석'은 마트와 같은 가게를 어디에 세우면 좋을지 알아보는 중요한 과정입니다. 우리가 마트를 세울 때, 사람들이 많이 다니고, 물건을 많이 살 것 같은 좋은 장소를 찾는 게 중요합니다. 그렇다면 상권 분석을 위해 어떤 데이터가 필요할까요?

▶ 상권 분석을 위한 데이터 살펴보기

위에서 설명한 것처럼 '상권 분석'과 함께 마트를 열기 위한 고려 사항은 여러 가지가 있습니다. 이러한 고려 사항을 확인하기 위한 데이터를 확인해 보면 아래와 같습니다.

유동인구, 임대료, 경쟁업체, 교통 편의, 주변 시설

'유동인구'가 높다는 것은 사람들이 많이 다니는 곳이라는 것을 의미합니다. 사람들이 많이 다니는 곳에 마트를 열면 더 많은 손님이 올 가능성이 높습니다. 예를 들어, 학교 주변, 공원 근처, 지하철역 근처 등 사람들이 많이 모이는 장소를 의미합니다.

'경쟁 업체'는 우리 마트와 비슷한 물건을 파는 다른 가게들입니다. 우리 마트가 잘 되려면 주변에 어떤 경쟁 업체들이 있는지 알아보는 게 중요합니다. 예를 들어, 주변 마트나 편의점, 슈퍼마켓 등이 있습니다.

'교통 편의'은 사람들이 마트에 쉽게 올 수 있는지를 뜻합니다. 마트를 세울 때, 사람들이 마트까지 오기 편한지 알아보는 것이 중요합니다. 예를 들어, 버스 정류장, 지하철역, 주차장 등이 이 있다면 교통 편의성이 좋습니다.

'임대료'는 가게를 빌려서 사용할 때 내야 하는 돈입니다. 좋은 위치일수록 임대료가 높을 수 있지만, 그만큼 손님이 많이 올 가능성이 커집니다. 하지만 임대료가 높으면 번 돈에서 많은 부분이 임대료로 나가서 벌어들이는 돈이 줄어들게 됩니다. 또한 비싼 임대료를 내는데 손님이 오지 않으면 손해를 볼 수도 있습니다. 그렇기에 적당한 임대료로 효율적인 운영이 가능한 위치를 찾아야 합니다.

'주변 시설'은 마트 근처에 있는 여러 가지 편리한 장소들입니다. 우리가 마트를 세울 때, 주변에 어떤 시설들이 있는지 알아보는 것이 정말 중요합니다. 왜냐하면, 주변 시설이 좋아야 사람들이 마트에 더 많이 오기 때문입니다. 주변 시설에는 학교, 병원, 공원, 버스 정류장이나 지하철역, 주거 지역 등이 있습니다.

2 문제 해결을 위한 데이터 탐색 : 데이터 수집하기

▶ 우리 동네 살펴보기

우리 동네의 지도를 통해 우리 동네를 살펴봅시다.

우리 동네 지도는 인터넷의 지도 서비스를 통해서 확인하실 수 있습니다.

자신이 살고 있는 동네를 살펴보며 어디에 마트를 만들면 좋을지 생각해 봅시다.

※ 예시에서는 '국토정보플랫폼 국토정보맵(https://map.ngii.go.kr/ms/map/NlipMap.do)'에서 확인하였으며, 이외에도 '네이버 지도(https://map.naver.com/)'나 '카카오맵(https://map.kakao.com/)', '구글맵(https://www.google.co.kr/maps/)'에서 확인할 수 있습니다. 다음 예시에서는 백지도 기능을 활용하기 위해 국토정보플랫폼 국토정보맵을 사용했습니다.

1 인터넷 지도 사이트 접속

– 브라우저에서 주소 입력 또는 포털사이트에서 검색

2 사이트 검색란에 원하는 지역 입력 후 검색

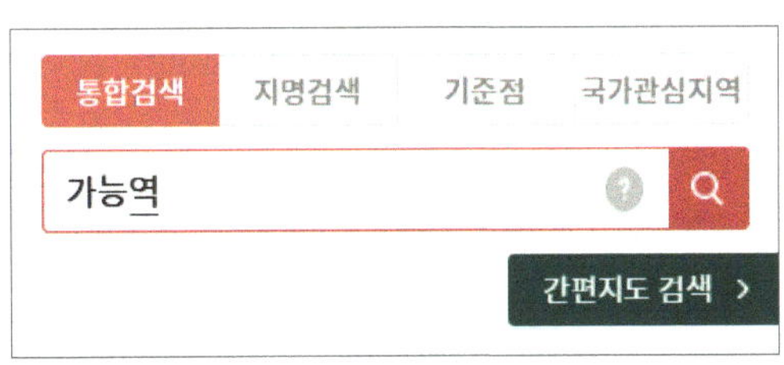

③ 마우스를 이용하여 지도를 움직여 원하는 곳을 찾으세요. 사이트에 따라 거리뷰 등 다양한 메뉴와 기능을 사용할 수 있습니다.

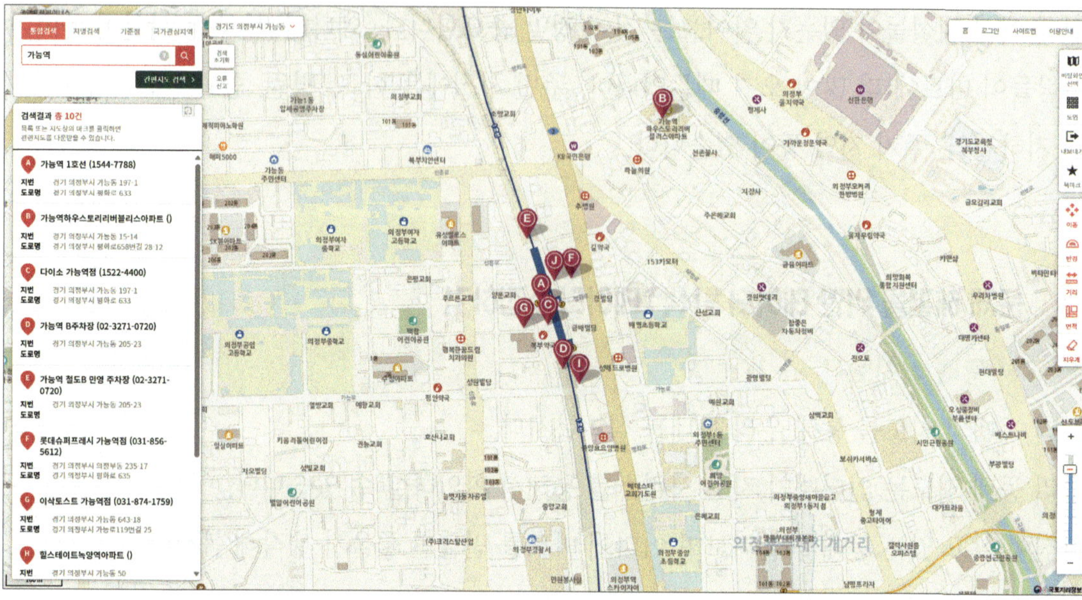

출처 : 국토정보플랫폼 국토정보맵(검색일 2025.03.09.)

▶ 지역 데이터 수집하는 방법

1. 인구 및 상권 관련 데이터

① 각 시도별 상권 분석 사이트(서울시 https://golmok.seoul.go.kr/, 경기도 https://sbiz.gmr.or.kr/ 등)에 접속합니다. 여기서 검색하여 장사가 잘될 것 같은 상권 지역을 찾습니다. 검색 메뉴의 ☑ 지도에 전체 지역 표시 에 체크하면 모든 동 단위가 표시됩니다.

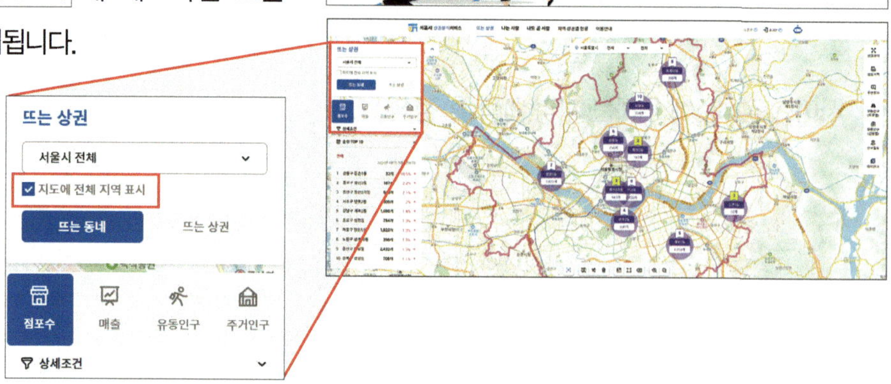

② 점포수, 매출액, 유동인구 변화에 따라 순위가 매겨지며 더 자세한 내용은 분석 리포트를 통해 그 지역의 상권에 대해 알 수 있습니다. 이를 통해 마트를 열기 위한 후보 지역을 선정합니다.

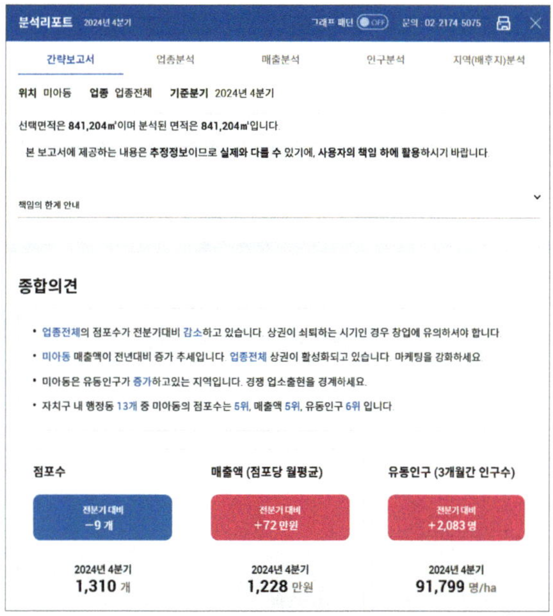

③ 동 단위에서 후보를 선정하였다면, 건물이나 거리 단위에서 얼마나 많은 사람이 다니는지 알아보기 위해 해당 위치를 지나가는 사람의 수를 직접 셉니다.

✚
AI 카메라를 이용하여 지나가는 사람의 수를 세는 방법도 있습니다.

2. 임대료 관련 데이터

① 원하는 지역의 부동산에 직접 임대 가능한 매장과 임대료를 물어볼 수 있습니다.

② 인터넷 부동산 사이트를 이용하여 임대 가능한 매장과 임대료를 검색, 확인해 볼 수 있습니다.

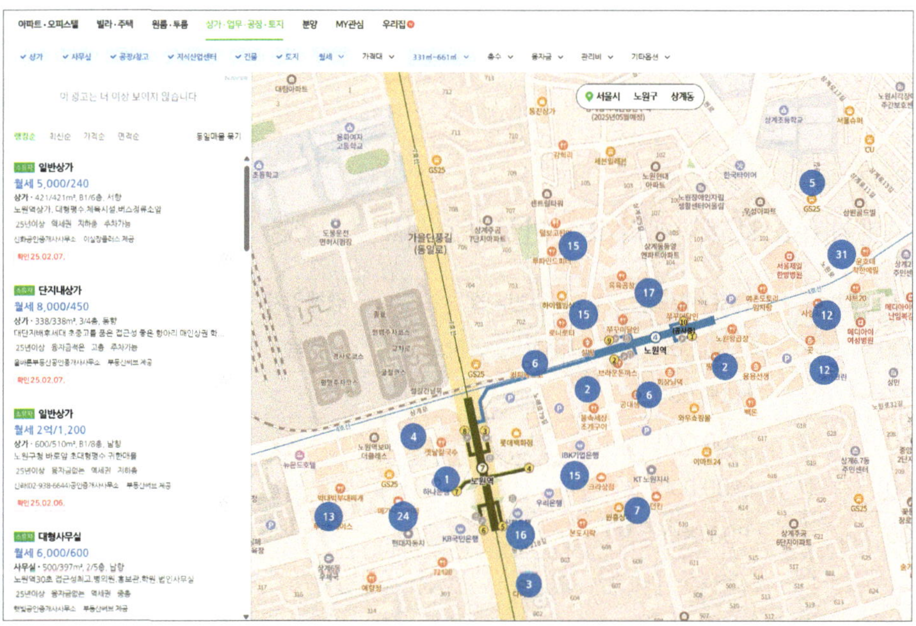

출처 : 네이버 부동산(검색일 2025.02.11)

▶ 마트 운영이 가능한 위치 알아보기

마트 개장이 가능한 상가와 주변 시설, 경쟁 업체, 교통 편의 등 위치를 지도에 표시합니다. 노란색 원은 위치 주변의 범위를 알 수 있도록 직경 100m를 표시하였습니다.

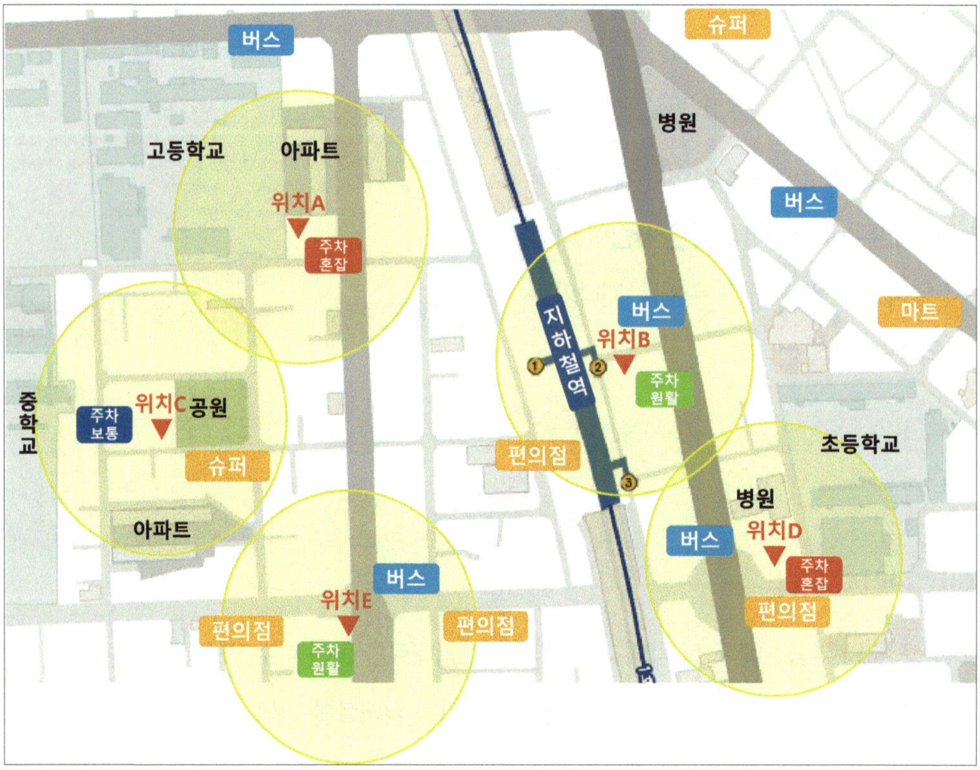

지도 출처 : 국토정보플랫폼 국토정보맵

✚ 예시의 데이터는 학습을 위해 임의로 만들어진 가상 데이터입니다.

▶ 각 위치별 정보를 표로 정리하기

위의 지도에 표시된 내용을 보고 아래의 표를 완성해 보세요.

위치	유동인구(명/일)	임대료(원/월)	주변시설	경쟁업체	교통 편의
A	1,000	1,500,000	고등학교, 아파트	없음	주차혼잡
B	1,500	2,000,000			
C	900	1,400,000			
D	800	1,200,000			
E	500	800,000			

✚ 예시의 데이터는 학습을 위해 임의로 만들어진 가상 데이터입니다.

3 문제 해결을 위한 데이터 탐색 : 데이터 분석하기

▶ 데이터 분석 방법

데이터 분석 방법에는 여러 가지가 있습니다. 우리의 목적은 마트의 위치로 가장 적합한 곳을 찾는 것이므로, 각 후보지가 주어진 조건에 얼마나 적합한지 순위를 매기고 점수를 부여했습니다. 1등부터 5등까지 5점, 4점, 3점, 2점, 1점으로 점수를 매겼으며 등수가 같을 경우 같은 점수를 주었습니다.

❶ 유동인구 1인당 임대료

예를 들어, 상가 A의 월 임대료가 500만 원이고, 일일 평균 유동인구가 1,000명인 경우, 유동인구 1인당 임대료는 500만 원 ÷ 30일 ÷ 1,000명 = 약 167원입니다.

> 월 임대료 ÷ 30일(한달을 30일로 계산) ÷ 일일 평균 유동인구수
> = 유동인구 1인당 임대료

❷ 유동인구 1인당 임대료는 저렴할수록 좋은 것이기에 점수는 유동인구 1인당 임대료가 낮은 순으로 가점하였습니다.

위치	임대료(원/월)	유동인구(명/일)	유동인구 1인당 임대료(원)	점수
A	1,500,000	1,000	50	2등(4점)
B	2,000,000	1,500	44	1등(5점)
C	1,400,000	900	52	4등(2점)
D	1,200,000	800	50	2등(4점)
E	800,000	500	53	5등(1점)

❸ 근처에 있는 주요 시설들의 중요도에 따른 가중치

근처 주요 시절이 마트 매출에 주는 영향에 따라 각 시설의 가중치를 반영합니다. 어린이 청소년보다 성인 이용 시설에 더 많은 가중치를 부여하고, 방문객보다는 주민이 더 많은 마트 방문을 할 것으로 판단하여 더 높은 가중치를 부여하였습니다.

위치	주변시설 가중치	합계
A	고등학교(○), 아파트(◎)	2등(4점)
B	주거 및 상업지역(○)	4등(2점)
C	공원(○), 아파트(◎), 중학교(○)	1등(5점)
D	병원(○), 초등학교(○)	3등(3점)
E	주거 및 상업지역(○)	4등(2점)

+
각 시설별 가중치는 예시를 위해 임의로 정한 것으로 마트 이용 손님이 많을 것 같은 시설일수록 더 많은 점수를 부여했습니다. 일반적으로 청소년보다는 성인이 마트와 같은 오프라인 매장에서 더 많이 이용한다는 통계(2023년 한국 소비생활지표)에 따라서 성인이 더 많은 시설과 유동인구가 많은 시설에 가중치를 주었습니다.

❹ 경쟁업체를 점수화하여 반영합니다.

경쟁업체가 많으면 마트 판매에 영향을 주므로 경쟁업체는 적을수록 좋으며, 경쟁업체의 종류에 따라서도 더 영향을 많이 주는 업체와 덜 주는 업체가 있을 수 있습니다. 편의점은 소규모 상품 구매 및 24시간 영업, 빠른 접근성을 바탕으로 영업을 합니다. 슈퍼마켓은 편의점에 비해 상품 구성이 다양하고 할인 행사가 자유로우며, 대부분 주차 시설을 갖추고 있습니다. 따라서 마트는 편의점보다 슈퍼마켓과 비슷한 부분이 많다고 할 수 있으며, 이는 슈퍼마켓이 편의점보다 더 큰 경쟁상대임을 나타냅니다.

위치	경쟁업체	점수
A	-	1등(5점)
B	편의점	2등(4점)
C	슈퍼	4등(2점)
D	편의점	2등(4점)
E	편의점 2곳	4등(2점)

❺ 교통 편의에 대한 부분을 점수화하여 반영합니다.

마트에서는 많은 물건을 구입하기 때문에 차를 가지고 쇼핑하러 오는 사람들도 많아 주차장이 꼭 필요하며, 지하철이나 버스 같은 대중교통이 가까이 있다면 더 많은 쇼핑객이 방문할 것입니다. 그래서 주차장과 대중교통 시설에 대한 부분을 고려하여야 합니다. 버스보다는

지하철 이용객이 많기에 지하철에 가중치를 주었습니다.

위치	교통 편의	점수
A	주차장 부족(△)	5등(1점)
B	지하철(◎), 버스(○) 주차장 여유(◎)	1등(5점)
C	주차장 보통(○)	3등(3점)
D	버스(O), 주차장 부족(△)	4등(2점)
E	주차장 여유(◎)	2등(4점)

4 문제 해결 : 위치 선정하기

▶ 분석 데이터 종합하기

위에서 분석한 데이터들을 합산하여 종합합니다. 아래와 같이 표를 만들어서 어느 위치가 좋은지 순위를 정할 수 있습니다. 다만, 데이터를 점수화할 때 가중치에 대한 부분은 각자의 판단기준이나 중요도에 따라 예시와 다를 수 있으며, 제시된 것 외에 다른 기준을 추가하거나 뺄 수도 있습니다. 데이터를 통해 판단할 수 있는 부분을 정리하여 아래 표와 같이 만든다면 판단에 많은 도움이 될 것입니다.

위치	유동인구 1인당 임대료	주변시설	경쟁업체	교통 편의	합계
A	4	4	5	1	14
B	5	2	4	5	16
C	2	5	2	3	12
D	4	3	4	2	13
E	1	2	2	4	9

▶ 적합한 위치 선정하기

분석 결과 : 유동인구가 많고 임대료가 적당한 지하철 근처인 '위치B'가 가장 적합한 위치로 나타났습니다.

지하철역 근처에 마트를 열면 많은 사람이 쉽게 찾아올 수 있어 장사가 잘될 것입니다.

나만의 위치 선정 기준 찾아보기

예시에서 유동인구와 주변 시설, 임대료 등을 기준으로 분석하였으나 선정 기준은 다양할 수 있으므로 자신만의 선정 기준을 정해 분석해 봅시다.

요점 정리

- **유동인구** : 특정 장소를 일정 기간 동안 지나가거나 머무르는 사람들의 수를 의미합니다. 사람들이 많이 다니는 곳에 마트를 열면 손님이 더 많이 올 가능성이 높습니다.
- **임대료** : 건물이나 토지 같은 재산을 일정 기간 동안 빌려주는 대가로 받는 돈을 말합니다. 좋은 위치일수록 대체로 임대료가 높지만, 높은 임대료는 비용 부담이 큽니다.
- **인구 및 임대료 데이터 수집** : 직접 조사하거나 유료 분석 사이트를 이용하여 데이터를 수집합니다.
- **데이터 분석** : 유동인구 1인당 임대료 계산, 주요 시설 가중치 부여 등을 통해 최적의 위치를 선택합니다.

퀴즈

Q 유동인구와 임대료 데이터를 수집할 때 사용할 수 있는 방법은 무엇입니까?

① 직접 원하는 곳에서 지나가는 사람의 수를 센다.
② 인터넷의 유동인구 분석 사이트에서 유료로 정보를 구입한다.
③ 원하는 지역의 부동산에 직접 임대 가능한 매장과 임대료를 물어본다.
④ 인터넷 부동산 사이트를 이용하여 임대 가능한 매장과 임대료를 검색, 확인한다.
⑤ 모든 방법이 맞다.

읽기자료

직업탐구 : 상권 분석 전문가

상권 분석 전문가는 특정 지역 내의 소비자 특성, 유동인구, 경쟁업체, 임대료, 주변 시설 등을 종합적으로 조사하여 사업의 성공 가능성을 평가하는 역할을 합니다. 이를 통해 맞춤형 마케팅 전략과 비즈니스 모델을 수립하고, 창업자들에게 성공적인 창업을 위한 조언을 제공합니다.

주요 업무

- **상권 데이터 수집 및 분석** : 인구분포, 연령층, 소비 패턴, 점포 종류 등을 분석
- **맞춤형 컨설팅** : 창업 아이템 발굴 및 성공적인 창업을 위한 전략 수립
- **교육 및 상담** : 창업자들을 위한 교육 프로그램 개발 및 진행

필요한 자격 및 교육

- **민간자격** : 상권분석사 등록 가능
- **교육 과정** : 창업 개념 이해, 창업 경영 전략, 창업 절차, 창업 마케팅 등

이 직업은 디지털 기술과 데이터 분석 능력이 중요하며, 지역 경제에 큰 영향을 미칠 수 있는 중요한 역할을 합니다.

Quest 05 J마트 오픈 준비하기 1

제이네 가족은 본격적으로 마트 오픈 준비를 시작했다. 그러던 중 엄청난 사실을 깨달았다. 바로 아직 마트의 이름을 정하지 않았다는 것이다!

"모든 게 좋으니 좋아마트? 손님들이 잘 올라고 잘왔어마트? 진짜 좋은 것만 파는 진짜마트?"

"여보, 예전에 우리 아들 이름을 '슈퍼킹왕자'로 지으려던 거 내가 말린 거 기억하죠? 이름 센스가 늘지를 않네…"

'슈퍼킹왕자'라는 이름을 들은 동생이 마구 비웃었다.

"크크큭. 푸하하하하. 아~ 너무 웃겨서 숨이 안 쉬어져. 오빠가 '슈퍼킹왕자'라니 너무 안 어울리잖아."

제이가 화가 나서 소리를 질렀다.

"그럼 니 이름은 멀쩡했을 것 같아! 넌 '핫핑크돼지'였을걸."

"뭐! 너 죽었어!"

동생과 제이는 이름을 한참을 싸우다가 엄마에게 혼이 나고서야 그만두었다. 남매는 전생에 원수였던 것이 틀림없다.

마트 이름에 대해 곰곰이 생각하다 동생이 이야기하였다.

"그냥 우리 '좋아', '잘왔어', '진짜'의 앞 글자를 따서 'J마트'로 하면 어때요?"

엄마가 맞장구치며 좋아하였다.

"그래, 우리 딸이 이름 참 잘 지었네."

동생 이야기를 들은 아빠와 나도 모두 좋다고 하여 이제 우리가 만들 마트 이름은 'J마트'가 되었다. 그리하여 이제 J마트 오픈 준비가 시작되었다. 마트에는 여러 가지 상품이 필요하겠지.

그런데 어째 제이랑 이름이 똑같은 건 괜찮겠지?

텅...
우리 마트 이름은 뭘로 해요?
간판이 없어서 마트인지 모르겠어요
모든 게 좋으니 좋아마트? 손님들이 잘 오라고 잘왔어마트? 진짜 좋은 것만 파는 진짜마트?
절레
절레
휴...
이상해....
여보, 예전에 우리 아들 이름 '슈퍼킹왕자'로 지으려던 거 내가 말린 거 기억하죠?
에휴... 이름 센스가 늘지를 않네
슈퍼킹왕자라니... 평생 놀림 받았을 거야...!!!
윽!

STAGE 2

Quest 05

J마트 오픈 준비하기 1

「J마트 오픈 1」

함께 알아볼까요? 고객들이 원하는 제품으로 골라 J마트의 상품을 구성해 봅시다.

마트를 오픈하기 위해서 여러 가지 다양한 상품이 준비되어야 합니다. 사람들이 원하는 상품이 무엇인지 조사하고 알아보아야 합니다.

이번 퀘스트에서는 데이터에 기반한 상품 구성 방법과 검색어 통계를 이용한 관심 상품 찾기에 대해 알아봅시다.

키워드

상품 구성 : 특정 장소나 사업체에서 판매할 상품들을 선택하고 배열하는 과정을 의미합니다. 이는 매장이나 마트에서 어떤 상품을 어떤 비율로, 어떤 위치에 놓을지 결정하는 것을 포함하는 개념입니다.

검색어 : 인터넷에서 정보를 찾을 때 사용하는 단어나 문장을 말합니다. 예를 들어, 컴퓨터나 스마트폰에서 '고양이 사진'을 찾고 싶다면, 검색창에 '고양이 사진'이라고 입력합니다. 이때 '고양이 사진'이 바로 검색어입니다.

데이터

분야별 검색어 통계

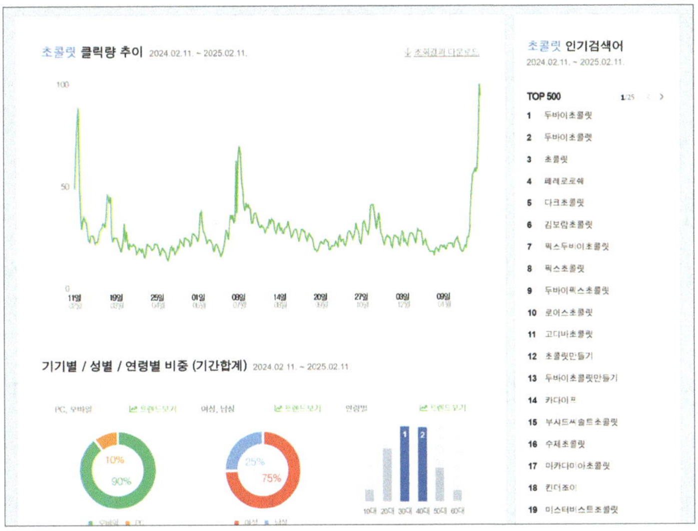

출처 : 네이버 데이터랩

학습 흐름

문제 발견

J마트를 위한 상품 구성

문제 해결을 위한 데이터 탐색

상품 구성의 필요성
데이터 기반 방법 알아보기
검색 데이터를 활용한 상품 구성

문제 해결

상품 구성하기

1 문제 해결을 위한 데이터 탐색 : 상품 구성의 필요성

▶ 상품 구성이 필요한 이유

마트의 상품 구성을 잘하는 것이 왜 중요한지 알아봅시다.

1 고객 만족도 향상

- 다양한 선택 : 사람들이 원하는 다양한 상품이 있어야 고객들이 만족할 수 있습니다.
- 편리한 쇼핑 : 필요한 상품을 쉽게 찾을 수 있으면 쇼핑이 더 편리해지고 즐거워집니다.

2 매출 증가

- 잘 팔리는 상품 배치 : 사람들이 많이 사는 인기 상품을 잘 배치하면 매출이 늘어날 수 있습니다.
- 트렌드 반영 : 계절이나 유행에 맞는 상품을 잘 준비하면 더 많은 고객이 찾아올 수 있습니다.

3 효율적인 운영

- 재고 관리 : 잘 팔리지 않는 상품을 줄이고, 인기 있는 상품을 늘리면 재고 관리를 효율적으로 할 수 있습니다.
- 공간 활용 : 매장 내 공간을 효율적으로 활용할 수 있습니다. 필요한 상품을 필요한 만큼만 배치할 수 있기 때문입니다.

4 경쟁력 강화

- 차별화된 구성 : 다른 마트와 차별화된 상품 구성을 통해 고객들에게 더 많은 선택을 제공할 수 있습니다.
- 고객 유입 : 특별한 상품이나 이벤트를 통해 더 많은 고객을 모을 수 있습니다.

이러한 이유로 마트의 상품 구성이 매우 중요합니다. 잘 구성된 마트는 고객들에게 만족을 주고, 매출을 높이며, 운영을 효율적으로 할 수 있게 해줍니다.

▶ 데이터를 활용해야 하는 이유

효과적인 상품 구성을 위해서는 데이터를 활용해야 합니다.

① 고객의 취향 파악

사람들이 어떤 상품을 좋아하는지, 어떤 상품을 자주 사는지를 알기 위해 데이터를 수집합니다.

예를 들어, 아이들이 초콜릿과 장난감을 많이 산다면, 마트는 더 많은 초콜릿과 장난감을 준비할 겁니다.

② 효율적인 마트 운영

데이터를 이용해 어떤 상품이 잘 팔리고, 어떤 상품이 잘 안 팔리는지 분석할 수 있습니다.

이를 통해 잘 팔리는 상품은 더 많이 준비하고, 잘 안 팔리는 상품은 줄여서 주어진 공간을 효율적으로 사용할 수 있습니다.

이처럼 데이터를 활용하면 고객들이 원하는 상품을 더 잘 준비할 수 있어 마트를 효율적으로 운영하는 데 도움이 됩니다.

2 문제 해결을 위한 데이터 탐색 : 데이터 기반 상품 구성 방법

▶ 데이터 기반 방법의 종류

① 설문조사 데이터 활용

- 고객 설문조사 : 설문조사를 통해 다양한 연령대와 성별의 고객들이 선호하는 상품을 파악합니다.
- 데이터 분석 : 수집한 설문조사 데이터를 분석하여 인기 있는 상품군을 도출합니다.

② 판매 데이터 분석

- 기존 판매 데이터 : 과거의 판매 데이터를 분석하여 잘 팔리는 상품과 그렇지 않은 상품을 파악합니다.
- 매출 트렌드 분석 : 월별, 계절별, 연도별 매출 데이터를 분석하여 인기 있는 상품의 트렌드를 파악합니다.

③ 검색 데이터 활용

- **검색 엔진 데이터** : 네이버, 구글과 같은 검색 엔진에서 특정 키워드의 검색 빈도를 분석하여 인기 있는 상품을 파악합니다.

  예 '초등학생 선물 추천', '인기 장난감' 등의 키워드를 분석
- **트렌드 분석 도구** : 구글 트랜드, 네이버 데이터랩과 같은 도구를 이용하여 현재 인기 있는 키워드를 추적합니다.

④ 경쟁 업체 데이터 분석

- **경쟁 업체 매장 방문** : 경쟁사의 매장을 방문하여 어떤 상품들이 많이 진열되어 있는지 관찰합니다.
- **온라인 리뷰 분석** : 상품 판매 웹사이트나 온라인 쇼핑몰의 리뷰를 분석하여 인기 있는 상품을 파악합니다.

⑤ 외부 데이터 활용

- **공공 데이터**: 정부나 기관에서 제공하는 공공 데이터를 활용하여 지역별 인구 구성, 소비 패턴 등을 분석합니다.
- **시장 조사 데이터**: 시장 조사 업체에서 제공하는 데이터를 활용하여 시장 트렌드를 분석합니다.

이렇게 데이터를 기반으로 인기 있는 상품 및 소비자가 원하는 제품을 파악하여 상품을 구성할 수 있습니다.

우리는 마트를 새로 만드는 상황이기 때문에 이전 판매 데이터나 기존 고객들을 대상으로 한 설문조사 데이터가 없습니다. 그래서 위의 여러 방법들 중 온라인을 활용한 방법을 중심으로 데이터 수집을 해보겠습니다.

▶ 마트 상품에 대한 기초 데이터 수집

마트의 상품을 구성하기 위해서 기본적으로 알고 있어야 하는 것들은 무엇이 있을까요?

먼저 마트에 어떤 상품들이 있는지 알아야 합니다. 그래서 마트의 상품 카테고리를 알아보면 다음과 같습니다. 각 카테고리는 고객들이 상품을 쉽게 찾을 수 있도록 도와줍니다. 다

음은 일반적인 마트에서 볼 수 있는 주요 상품 분류입니다.

1 식품

- 신선식품 : 과일, 채소, 육류, 생선 등 신선한 식재료
- 유제품 : 우유, 치즈, 요거트 등
- 빵과 베이커리 : 빵, 케이크, 과자 등
- 냉동식품 : 냉동 피자, 냉동 만두, 아이스크림 등
- 즉석식품 : 컵라면, 즉석밥, 통조림 등

2 음료

- 음료수 : 물, 주스, 탄산음료 등
- 주류 : 맥주, 와인, 소주 등
- 차와 커피 : 녹차, 홍차, 원두커피 등

3 생활용품

- 청소용품 : 세제, 걸레, 청소기 등
- 세면용품 : 비누, 샴푸, 치약 등
- 화장품 : 스킨케어 제품, 메이크업 제품 등

4 주방용품

- 조리도구 : 냄비, 프라이팬, 칼 등
- 식기류 : 그릇, 컵, 포크 등
- 주방가전 : 전자레인지, 밥솥, 믹서기 등

5 가전제품

- 가전제품 : TV, 냉장고, 세탁기 등
- 소형가전 : 다리미, 헤어드라이어, 전기포트 등

6 의류

- 남성 의류 : 셔츠, 바지, 정장 등
- 여성 의류 : 원피스, 스커트, 블라우스 등
- 아동 의류 : 어린이 옷, 신발 등

❼ 건강 및 뷰티

- 건강식품 : 비타민, 건강보조제 등
- 운동용품 : 요가매트, 아령, 운동복 등
- 뷰티용품 : 스킨케어, 메이크업 제품 등

❽ 장난감 및 게임

- 장난감 : 인형, 블록, 퍼즐 등
- 게임 : 보드게임, 카드게임 등

❾ 가정용품

- 가구 : 책상, 의자, 침대 등
- 인테리어 용품 : 쿠션, 커튼, 조명 등

마트에는 이러한 다양한 상품들이 고객들이 쉽게 찾고 구매할 수 있도록 분류되어 배치되어 있습니다. 물론 모든 마트가 위 카테고리 물품들을 다 가지고 있지는 않습니다. 마트의 규모나 목적에 따라 카테고리는 다를 수 있으니 여러분이라면 어떻게 카테고리를 구성할지 생각해 봅시다.

여러분이 마트에서 운영하고 싶은 카테고리에 ○표 해보세요.

카테고리	식품	음료	생활 용품	주방 용품	가전 제품	의류	건강 및 뷰티	장난감 및 게임	가정 용품
운영	○								

이제 여러분이 각 카테고리에서 어떤 상품들을 준비할지 결정하면 됩니다.

3 문제 해결을 위한 데이터 탐색 : 검색 데이터를 활용한 상품 구성

▶ **네이버 데이터랩을 활용하여 인기 있는 상품 찾기**

1. '네이버 데이터랩'이란?

'네이버 데이터랩'(https://datalab.naver.com/)은 사람들이 구글에서 무엇을 검색하는지 알 수 있는 도구입니다. 이를 통해 어떤 주제나 상품이 언제 많이 검색되었는지를 확인할 수 있습니다. 특정 키워드의 검색량이 많다면, 많은 사람이 그 주제에 관심 있다는 것을 의미입니다. 비슷한 웹사이트로 '구글 트렌드'(https://trends.google.com/)도 있습니다.

2. 네이버 데이터랩에 접속하기

인터넷 브라우저를 열고 '네이버 데이터랩'(https://datalab.naver.com/)를 검색하여 접속합니다.

3. 쇼핑인사이트 검색하기

1. 네이버 데이터랩 홈페이지 메뉴 중 '쇼핑인사이트'를 선택합니다. 마트의 상품 구성을 위해서는 분야별로 어떤 상품에 관심이 있는지 알아보기 위해서는 검색트랜드보다 쇼핑인사이트가 더 적합합니다.

❷ 분야 통계에서 원하는 분야와 기간 등 조건을 선택하여 검색해 봅니다. 예를 들어 인기 있는 초콜릿을 찾고자 한다면, [식품] – [과자/베이커리] – [초콜릿]으로 설정하여 찾을 수 있습니다. 기간은 최대 1년까지 원하는 만큼 설정할 수 있으며, 검색 기기 및 성별, 연령도 세부적으로 검색할 수 있습니다.

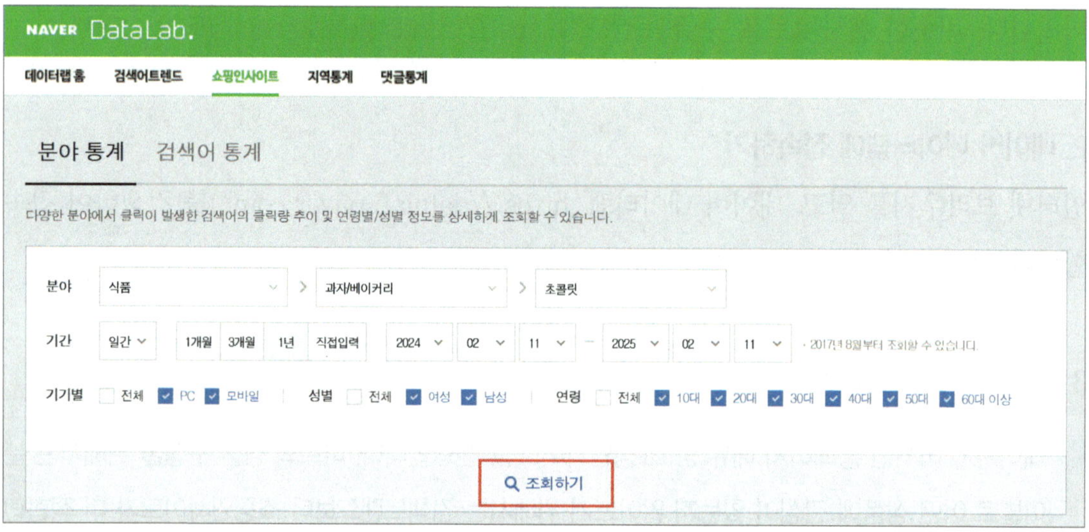

출처 : 네이버 데이터랩(검색기간 2024.02.11.–2025.02.11.)

4. 결과 분석하기

❶ 클릭량 추이 : 그래프를 통해 해당 제품이 언제 가장 많이 검색되었는지, 시기별로 검색량이 어떻게 변화하는지 확인할 수 있습니다. 예를 들어 초콜릿 같은 경우는 2월 14일에 가장 많이 검색됩니다. 그 이유가 무엇일지 생각해 봅시다.

❷ 기기별 / 성별 / 연령별 비중 : 기기별은 어떤 기기에서 많이 검색되었는지를 보여줍니다. 성별은 남자와 여자 중 어떤 성별이 더 많이 검색하였는지, 어떤 연령대의 사람들이 많이 검색하였는지 알 수 있습니다.

❸ 인기검색어 : 관련된 키워드에서 많이 검색된 검색어를 보여줍니다. 인기검색어를 통해 사람들이 관심을 많이 갖는 상품을 찾을 수 있습니다. 예시에서는 두바이 초콜릿, 다크 초콜릿 등이 보입니다. 따라서 이렇게 사람들이 관심을 많이 갖는 상품을 마트에 준비해 놓는다면 판매가 잘될 것입니다.

출처 : 네이버 데이터랩(검색어 '초콜릿', 검색일 2025.02.11.)

5. 예제 활동 : 인기 라면 찾기

1. 네이버 데이터랩에서 [식품] – [라면/면류]를 검색해 봅니다.

2. 잠깐 인기있는 라면이 아니라 꾸준히 인기 있는 라면을 찾고 싶다면 기간을 1년이나 그 이상으로 길게 설정하여 변경해 가며 검색할 수 있습니다. 기간을 변경해 가며 인기 라면을 검색해 봅시다.

3. 쇼핑인사이트에서 분야 통계뿐만 아니라 검색어 통계도 활용할 수 있습니다. 검색어 통계에서 라면을 검색하면서 함께 검색할 검색어로 '매운'과 '순한'을 입력하여 검색해 보면 결과는 '매운'이 훨씬 더 많습니다. 이것을 통해 사람들이 순한 라면보다 매운 라면에 더 관심이 많다는 것을 알 수 있습니다.

6. 결과 정리하기

① 네이버 데이터랩에서 확인한 데이터를 표로 만들어 정리합니다.

② 데이터를 바탕으로 인기 있는 상품을 목록으로 만들어 봅니다.

④ 마트 상품 구성하기

▶ 상품 구성 활동 해보기

이제 배운 방법을 활용하여 직접 상품 구성을 해 봅시다. 과일을 판매한다고 했을 때 한 종류만 팔지 않고 여러 종류를 팔 수 있으니 2~3개 정도의 상품을 골라 봅시다. 아래의 마트 상품 분류 카테고리와 검색 분야 카테고리에 차이가 있으니 원하는 상품을 잘 찾아 검색해 봅시다.

예 과일은 [식품] – [농산물] – [과일]에서 검색할 수 있습니다. 검색 결과 사과, 귤, 토마토 순서입니다.

✚
과일이나 채소 같은 제철 음식은 계절에 따라 사람들이 원하는 상품이 달라지니 기간을 원하는 대로 조정하여 검색하면 더 좋습니다.

▶ 실습 활동

마트에 가면 살 수 있는 상품 중 하나인 과일을 검색해 보면 표와 같습니다. 예시의 과일은 [식품] – [농산물] – [과일]에서 검색할 수 있습니다. 조건에 따라 검색 결과가 달라집니다. 기간에 따라 인기 있는 과일이 다르며, 기간을 줄이면 그 계절에 인기 있는 것을 찾을 수 있고, 기간을 1년으로 늘리면 1년을 기준으로 가장 인기 있는 과일을 찾을 수 있습니다. 또한 검색 결과에서 '귤'과 '귤 10kg'처럼 중복되거나 관련 없는 결괏값은 제외하고 목록을 작성합니다.

대분류	중분류	소분류	분야 검색 (1분류 〉 2분류 〉 3분류)
식품	신석식품	과일	식품 〉 농산물 〉 과일
조건			결과
기간 1년(24.2.11~25.2.11) 기기별, 성별, 연령 전체			사과, 귤, 토마토
기간 3개월(24.11.11~25.2.11) 기기별, 성별, 연령 전체			사과, 귤, 딸기
기간 1개월(25.1.11~25.2.11) 기기별, 성별, 연령 전체			사과, 귤, 레드향

쇼핑인사이트에서 분야 통계를 주어진 조건에 따라 검색하여 아래의 결과를 채워 봅시다. 마트에 판매할 케이크 종류를 찾는 것이기 때문에 '케이크 만들기 재료'는 관련이 없는 데이터입니다. 따라서 '케이크 만들기 재료'를 제외하면 '치즈케이크'의 검색량이 가장 많습니다. 식품 카테고리의 품목들을 검색해서 나온 결과는 보면 표와 같습니다. 결과는 최대 5개까지만 표시하였습니다.

대분류	중분류	소분류	분야 검색 (1분류 〉 2분류 〉 3분류)	조건	결과
식품	신석식품	채소	식품 〉 농산물 〉 채소	기간 (2025.02.11. ~2025.02.11.) 기기별, 성별, 연령 전체	당근, 고구마, 감자, 옥수수, 단호박
		육류	식품 〉 축산물		닭가슴살, 한우, LA갈비, 닭다리살, 삼겹살
		생선	식품 〉 수산물 〉 생선		홍어, 장어, 보리굴비, 연어, 고등어
	유제품	우유	식품 〉 음료 〉 우유/요거트 〉 우유		멸균우유, 상하목장 유기농우유, 소화가 잘 되는 우유, 바나나우유, 서울우유
		치즈	식품 〉 유가공품 〉 치즈		모짜렐라치즈, 크림치즈, 리코타치즈, 구워먹는치즈, 슬라이스치즈
		요거트	식품 〉 음료 〉 우유/요거트 〉 요거트		그릭요거트, 플레인요거트, 윌요구르트, 한국야쿠르트, 두유그릭요거트
	빵/ 과자	빵	식품 〉 과자/베이커리 〉 빵		감자빵, 통밀빵, 호빵, 베이글, 슈톨렌
		케이크	식품 〉 과자/베이커리 〉 케이크		치즈케이크, 파운드케이크, 한입케이크, 롤케이크, 크레이프케이크
		과자	식품 〉 과자/베이커리 〉 스낵		빼빼로, 쫀득쿠키, 초코파이, 쿠키, 마카롱

원하는 품목의 검색 결과를 더 찾아봅시다.

요점 정리

◆ 데이터 기반 상품 구성은 설문조사, 판매 데이터, 검색 데이터, 경쟁 업체 데이터, 외부 데이터를 활용해 인기 상품을 선택하고 배치하는 것을 말합니다.

◆ 네이버 데이터랩은 검색 데이터를 분석하여 인기 있는 상품을 찾고, 클릭량 추이, 기기별/성별/연령별 비중, 인기검색어 등을 통해 마트 상품 구성을 최적화하는 도구입니다.

퀴즈

Q 다음 중 검색 데이터를 이용하여 마트에서 인기 있는 상품을 찾는 방법으로 적절한 것은 무엇인가요?

1. 쇼핑몰에서 직접 물건을 구매해 본다.
2. 네이버 데이터랩에서 '쇼핑인사이트'를 이용하여 인기 있는 상품을 검색해 본다.
3. 마트에 가서 모든 상품을 직접 확인한다.
4. 친구들에게 어떤 상품이 좋은지 물어본다.
5. 모든 방법이 맞다.

읽기자료

검색어 데이터로 할 수 있는 일

- **인기 주제 분석** : 특정 기간 동안 사람들이 가장 많이 검색한 주제나 키워드를 분석하여, 어떤 주제가 화제가 되고 있는지 알아볼 수 있습니다. 이를 통해 최신 트렌드를 파악할 수 있습니다.
- **시즌별 트렌드 파악** : 시즌별로 인기 있는 상품이나 주제를 분석하여, 계절마다 사람들이 어떤 것을 관심 있어 하는지 알 수 있습니다. 예를 들어, 겨울철에는 '크리스마스 선물'이나 '눈사람 만들기' 같은 키워드가 인기를 끌 수 있습니다.
- **지역별 관심사 비교** : 검색 데이터를 이용해 지역별로 사람들이 관심을 가지는 주제나 키워드를 비교할 수 있습니다. 이를 통해 지역별 차이를 확인할 수 있습니다.
- **키워드 게임** : 친구들과 함께 검색어를 기반으로 한 퀴즈 게임을 즐길 수 있습니다. 예를 들어, "이 검색어가 많이 검색된 달은 언제일까요?" 같은 질문을 통해 서로 맞혀보는 게임을 할 수 있습니다.
- **취향 분석** : 자신이나 친구들이 검색한 키워드를 분석하여 어떤 주제나 상품에 관심을 갖고 있는지 알아볼 수 있습니다. 이를 통해 더 나은 선물을 고를 때 활용할 수 있습니다.
- **트렌드 예측** : 검색어 데이터를 기반으로 미래에 어떤 주제가 인기를 끌지 예측해 볼 수 있습니다. 이를 통해 새로운 비즈니스 아이디어를 얻거나, 마케팅 전략을 세울 때 유용하게 활용할 수 있습니다.

Quest 06 J마트 오픈 준비하기 2

제이가 교수님이 알려준 방법대로 열심히 검색해보니 생선 중에서 사람들이 '홍어'를 가장 많이 검색한다는 것을 알 수 있었다. 그것을 옆에서 보던 엄마가 고개를 갸우뚱하며 말하였다.

"응? 사람들이 홍어를 제일 많이 찾는다고? 엄마가 마트에서 보면 고등어 같은 생선을 사람들이 제일 많이 사던데?"

엄마의 말에 제이는 교수님에게 이유를 물어보았다.

"그건 여러 가지 이유가 있단다. 우선, 온라인과 오프라인의 소비 성향이 다를 수 있지. 인터넷 검색 통계를 통해 사람들이 관심갖는 것을 찾을 수 있지만, 인터넷의 검색 결과는 사람들이 마트에서 사고 싶은 것을 물어본 것이 아니기 때문에 약간의 차이가 있지. 그리고 유행하는 물건이나 궁금한 것을 검색해 보는 것과 실제로 구입하는 물건의 차이도 있지."

그 말을 들은 제이는 데이터를 어떻게 활용할지 더 고민하며 물어보았다.

"교수님, 그러면 우리가 온라인에서 찾은 데이터를 참고해서 필요한 부분과 필요 없는 부분을 구분하고 우리 상황에 맞도록 고쳐나가면 더 효과가 있겠네요."

"역시, 우리 아들은 하나를 알려주면 열을 아는 구나!"

동생이 놀란 얼굴로 제이를 쳐다보았다.

"바보가 고쳐지는 거였어?"

제이가 못들은 척 이야기하였다.

"그럼 이제 본격적으로 우리 마트 맞는 상품을 찾아보자!"

교수님! 실제로 마트에서 많이 팔리는 상품과 사람들이 많이 검색한 상품의 차이가 왜 생길까요?
그건 여러 가지 이유가 있단다. 우선, 온라인과 오프라인의 소비 성향이 다를 수 있지!
인터넷으로 많이 주문하는 상품과 마트에서 직접 보고 사는 상품이 다를 수 있지!
끄덕끄덕
데이터를 찾아도 그 조건 그대로 쓸 수는 없군요...
음...

STAGE 2 ②

Quest 06

J마트 오픈 준비하기 2

「J마트 오픈 2」

함께 알아볼까요? 목적에 맞게 데이터를 분석하여 J마트의 상품을 구성해 봅시다.

우리 마트에 더 적합한 상품 구성을 위해서 정확하게 데이터를 분석하고 적용하여, 우리 동네에 맞는 상품을 준비하려고 합니다.

이번 퀘스트에서는 다양한 고객이 관심을 갖거나 좋아하는 상품에 대해 분석하는 방법을 알아봅시다.

키워드

시장 조사 : 시장 조사는 사람들이 어떤 물건을 사고 싶어 하는지, 어떤 서비스가 필요한지 알아보는 과정입니다. 예를 들어, 아이스크림 가게를 열고 싶다면, 시장 조사를 통해 사람들이 어떤 맛의 아이스크림을 좋아하는지, 가격은 얼마를 원하는지, 경쟁 가게는 어떤지 등을 알아볼 수 있습니다. 이렇게 하면 가게를 더 잘 운영할 수 있습니다.

지역 맞춤화 : 지역 맞춤화는 특정 지역의 특성과 필요에 맞춰 상품이나 서비스를 제공하는 것을 의미합니다. 예를 들어, 여름철에 해변가 근처 가게는 수영복, 선크림, 비치 타월 등 여름에 필요한 상품을 많이 준비할 수 있습니다. 반면, 겨울철 스키 리조트 근처 가게는 스키 장비, 두꺼운 옷, 따뜻한 음료 등을 많이 준비할 수 있습니다.

데이터

우리 동네 인구 통계 데이터

행정동별 주민등록 인구 및 세대현황 (거주자)

행정기관	2025년 02월					
	총 거주자수	세대수	세대당 인구	남자 인구수	여자 인구수	남여 비율
의정부시	459,026	208,987	2.2	225,174	233,852	0.96
의정부1동	39,607	23,135	1.71	19,935	19,672	1.01
의정부2동	29,020	15,821	1.83	14,413	14,607	0.99
호원1동	33,550	15,021	2.23	16,228	17,322	0.94

출처 : 행정안전부 주민등록 인구통계(검색월 2025.02.)

학습 흐름

문제 발견

J마트를 위한 상품 구성

↓

문제 해결을 위한 데이터 탐색

지역 맞춤화 및 데이터 정교화의 필요성
데이터 수집
데이터 분석

↓

문제 해결

상품 구성하기

① 문제 해결을 위한 데이터 탐색 : 지역 맞춤화 및 데이터 정교화의 필요성

▶ 상품 구성에 지역 맞춤화가 필요한 이유

지역 맞춤화를 통해 고객들의 필요를 반영할 수 있습니다. 지역마다 사람들이 좋아하는 상품이 다릅니다. 예를 들어, 어떤 지역은 신선한 생선을 좋아하고, 어떤 지역은 유기농 음식을 더 많이 찾습니다. 지역에 맞춘 상품을 제공하면 손님들이 원하는 것을 쉽게 살 수 있습니다. 이러한 상품 구성을 통해 손님들의 신뢰와 만족도를 높일 수 있어서 손님들의 재방문률(한번 마트에 방문한 손님이 다시 마트를 찾아오는 것)과 마트의 경쟁력을 올려줍니다. 그래서 지역 맞춤화는 매우 중요한 요소입니다.

▶ 지역 맞춤화에 필요한 데이터

지역 맞춤화에 필요한 여러 가지 데이터들을 알아봅시다.

① 인구 통계 데이터

- 나이, 성별, 가족 구성 등 지역 주민들의 인구 통계 정보를 파악합니다.

② 경제 데이터

- 소득 수준, 실업률, 주요 산업 등 지역 경제 상황을 분석합니다.

③ 소비 패턴 데이터

- 지역 주민들이 어떤 상품을 주로 구매하는지, 소비 트렌드 등을 파악합니다.

④ 지역 자원 데이터

- 지역에서 생산되는 농산물, 공산품 등의 정보를 파악합니다.

⑤ 생활 방식 데이터

- 주민들의 라이프스타일, 여가 활동, 취미 등을 분석합니다.

⑥ 경쟁 업체 데이터

- 지역 내 다른 마트나 상점의 상품 구성, 가격, 프로모션 등을 조사합니다.

이러한 데이터 중 이번 시간에는 인터넷으로 정보를 넣을 수 있는 '인구 통계 데이터'를 이용해 보겠습니다.

▶ 데이터를 어디에서 얻을까?

동 단위의 인구 통계에 대한 정보를 제공하는 사이트는 '행정안전부 주민등록 인구통계'(https://jumin.mois.go.kr/)가 있습니다. 그 외에 '공공데이터포털'(https://www.data.go.kr/)과 'KOSIS 국가통계포털'(https://kosis.kr/)이 있습니다.

2 문제 해결을 위한 데이터 탐색 : 데이터 수집

▶ 인구 데이터 수집

인구 데이터를 제공하는 여러 공공사이트가 있지만 교재에서는 우리가 원하는 작은 지역 단위의 동별데이터를 제공하는 행정안전부 주민등록 인구통계(https://jumin.mois.go.kr/)에서 데이터를 찾아보겠습니다.

1. 검색창에서 [행정안전부 주민등록 인구통계] 검색 또는 주소창에 [https://jumin.mois.go.kr/]을 입력합니다.

   행정안전부 사이트를 통해 접속 시 상단 메뉴에서 [정책자료] – [주민등록 인구 통계]를 선택합니다.

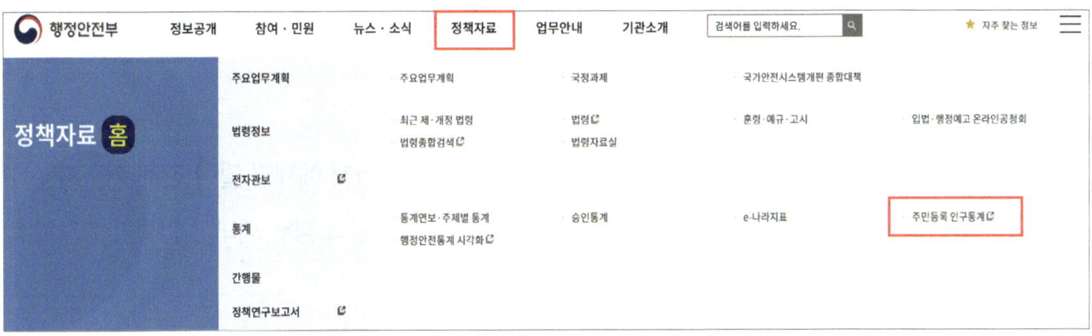

2. 주민등록 인구통계 페이지에서 원하는 자료를 검색합니다.

❸ 우선 기본적인 인구 현황을 알아보려면 왼쪽 메뉴에서 [주민등록 인구 및 세대현황]을 선택 후 원하는 지역을 골라줍니다. 그림 화면 설명과 같이 행정구역에서 [경기도] - [의정부시]를 고르고, 등록구분은 살고 있는 사람에 대한 정보를 얻기 위해 [거주자]로 설정한 후, [검색 Q] 버튼을 누르면 데이터가 나옵니다.

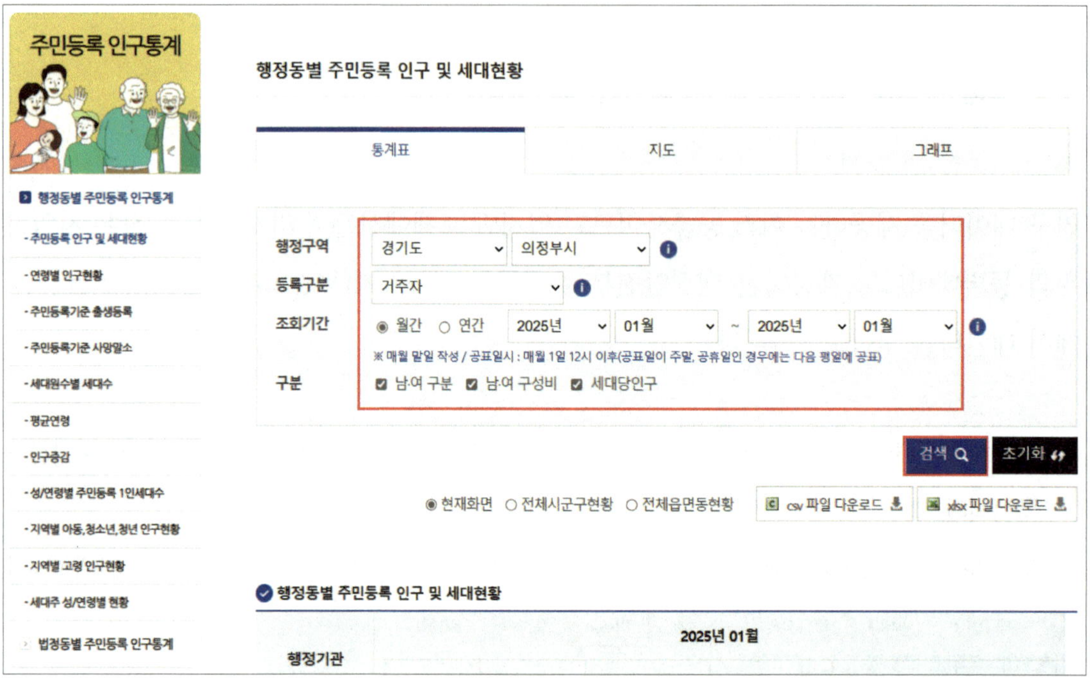

❹ 우리가 마트를 만들고자 하는 지역의 인구 통계를 선택해보면 아래 예제와 같이 전체 거주자(살고 있는 사람)와 관련된 통계가 나옵니다. 예시로 검색한 '의정부1동'의 경우 세대당 인구가 1.71로 다른 지역에 비해 낮습니다.

행정동별 주민등록 인구 및 세대현황 (거주자)

행정기관	2025년 01월					
	총 거주자수	세대수	세대당 인구	남자 인구수	여자 인구수	남여 비율
의정부시	458,661	208,492	2.2	224,980	233,681	0.96
의정부1동	39,573	23,083	1.71	19,931	19,642	1.01
의정부2동	29,118	15,831	1.84	14,450	14,668	0.99
호원1동	33,591	14,996	2.24	16,225	17,366	0.93

검색일 2025.02.25

5 연령별 인구현황을 알아보려면 주민등록 인구통계 페이지 왼쪽 메뉴에서 [연령별 인구현황]을 선택 후 원하는 지역을 골라줍니다. 연령별 인구 현황은 나이대별로 항목이 많아 통계표로 검색 시 숫자만으로 한눈에 알아보기는 어렵습니다. 그래서 이번에는 그래프로 결과를 검색해 보겠습니다. 위의 그림과 같이 [그래프] 선택 후 행정구역에서 [경기도] - [의정부시] - [의정부1동]을 고르고, 등록구분은 [거주자]로 설정해 주세요. 아래 검색 버튼을 누르면 데이터가 나옵니다.

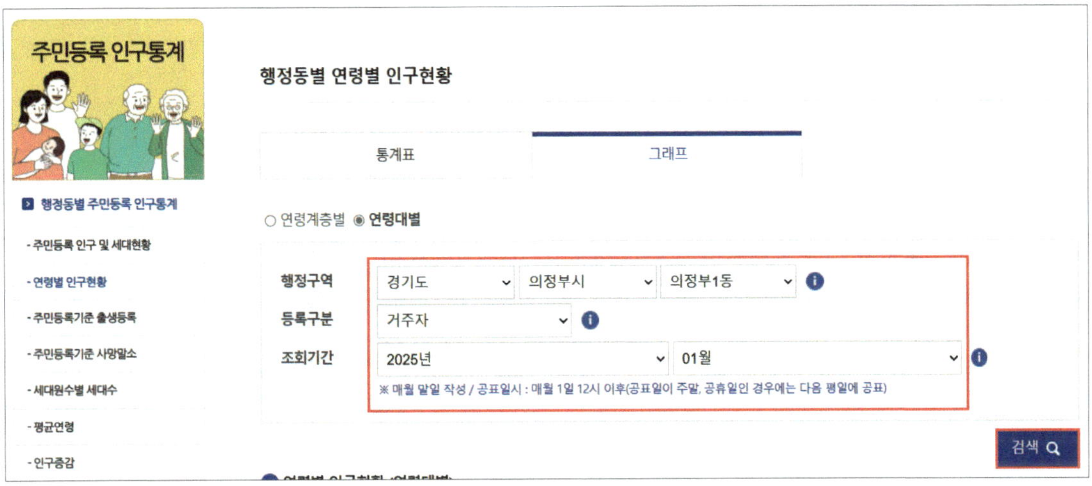

6 그래프의 막대가 길수록 해당 나이대의 사람이 많은 것입니다. 예시로 검색한 의정부1동의 경우 20~30대 여성과 30대 남성의 인구가 가장 많았습니다.

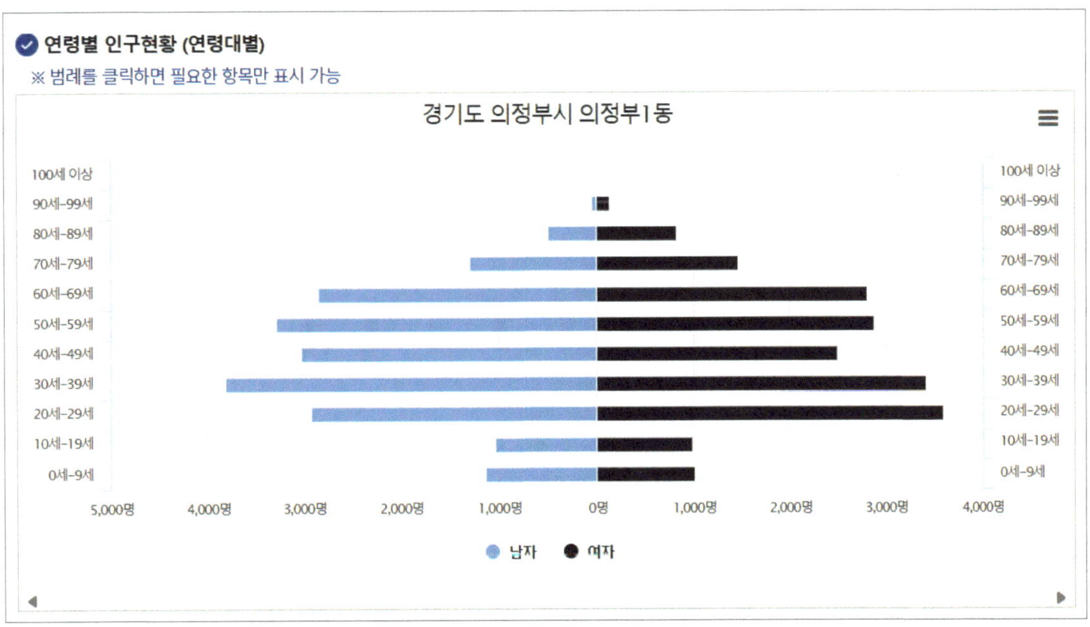

7 이외에도 아동 · 청소년 · 청년 인구 및 노령 인구 등을 검색하여 우리 지역의 특징을 찾을 수 있습니다. 아동 · 청소년 · 청년 인구를 살펴봅시다. 다른 의정부 내 지역과 비교하여 아동과 청소년의 수는 전체 인구 수에 비해 적은 편이며, 청년의 비율은 높습니다. 고령자(노인)의 수는 전체 인구 수에 비해 적은 편입니다.

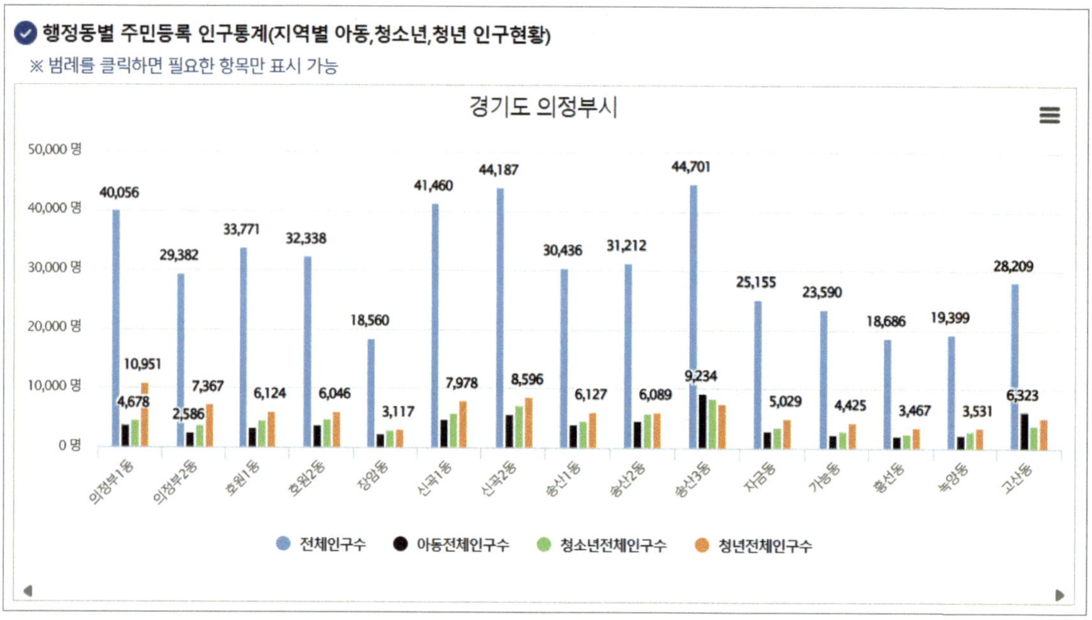

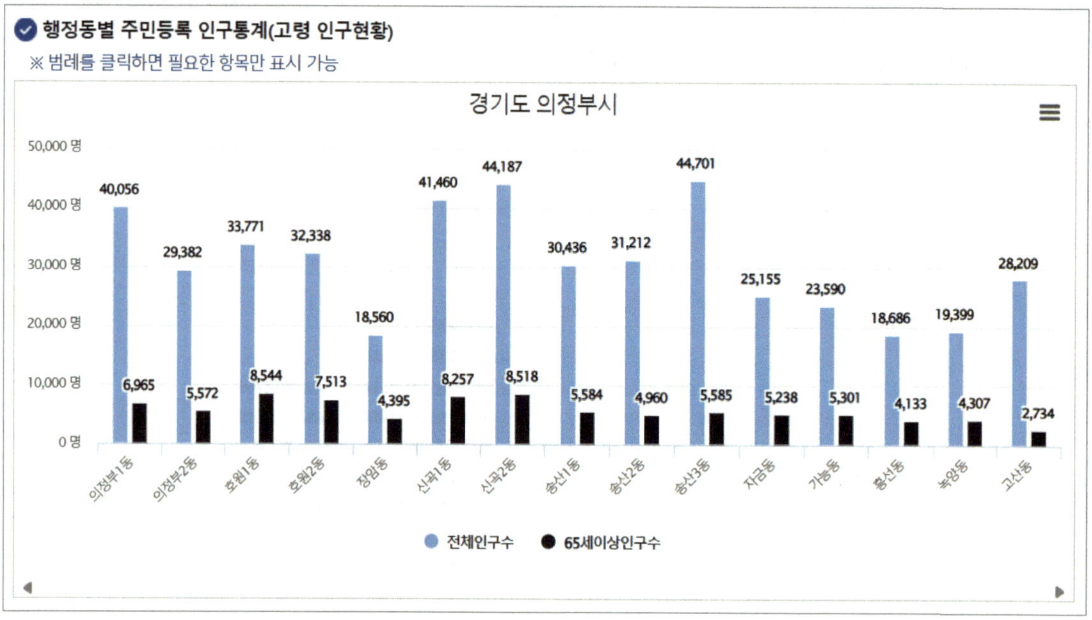

검색한 데이터를 통해 얻은 정보로 마트운영과 관련하여 알 수 있는 것은 무엇일까요?

❸ 문제 해결을 위한 데이터 탐색 : 데이터 분석

▶ 인구 데이터 분석

데이터 검색을 통해 알게 된 점을 정리해보면 아래와 같습니다.

데이터 검색 결과		알 수 있는 점
세대당 인구가 1.71로 낮다.	→	1인 가구나 소형 가구가 많다.
20~30대 여성과 30대 남성이 가장 인구가 많았습니다.	→	젊은 사람이 많다.
아동과 청소년의 수의 비율이 낮고, 청년의 비율은 높다.	→	어린이와 학생(10대 이하)보다는 청년(20~30대)의 고객 많다.
노인의 수의 비율이 낮다.	→	노인(60대 이상) 고객이 적다.

▶ 분석 활용

인구 통계를 바탕으로 한 데이터 분석을 통해 추천할 수 있는 마트의 상품 구성은 다음과 같습니다.

① 작은 포장 식품

- **이유** : 1인 가구나 소형 가구가 많은 지역이기 때문에 포장 단위가 큰 식품보다 작은 식품이 더 필요합니다.
- **예** : 소포장 과일이나 채소, 간단히 먹을 수 있는 간식

② 청년층(20~30대)에 맞는 제품

- **이유** : 청년층이 좋아하는 음식을 준비해야 합니다. 또한 청년층은 유행에 민감하기 때문에 이를 반영하는 것도 중요합니다.
- **예** : 건강식, 다이어트 식품, 간편하게 먹을 수 있는 도시락, 최신 유행하는 음료, 수입과자, 간편하게 조리할 수 있는 음식

③ 아동 및 청소년, 노인 비율이 낮음

- **이유** : 어린이와 청소년, 노인의 수가 적습니다. 그래서 이들은 위한 제품은 적게 배치합니다.
- **예** : 어린이 간식, 어린이용 간편식, 부드럽고 소화가 잘 되는 음식, 저염식품, 건강 보조식품

❸ 문제 해결 : 상품 구성하기

▶ 방문객 데이터 수집

실제로 마트에 방문하는 고객에 대해 알아보고, 이를 통해 이용객들의 특징을 분석합니다.

아빠는 마트에 방문하는 고객의 수를 일주인 간 운영 시간대 별로 기록하여 합계를 구하였습니다. 그 결과는 아래 표와 같습니다.

시간대별 방문이 많은 연령대와 합계에서 방문객이 많은 시간대는 빨간색 숫자로 표시하였습니다.

시간대	10대	20–30대	40–50대	60대 이상	합계
06:00~08:00	12	42	34	19	107
08:00~10:00	29	69	37	24	159
10:00~12:00	3	19	39	30	91
12:00~14:00	4	27	21	32	84
14:00~16:00	47	17	15	16	95
16:00~18:00	26	15	13	20	74
18:00~20:00	21	71	36	17	145
총계	142	260	195	158	755

✚ 예시의 데이터는 학습을 위해 임의로 만들어진 가상 데이터입니다.

J마트 방문객 수는 시간대별로 차이가 있었으며, 연령대별 이용이 잦은 시간을 찾아보면 다음과 같이 추측할 수 있습니다.

연령대	주 이용 시간	이용 목적
10대	14:00~16:00	학교 수업이 끝나고 학원을 가기 전 간식을 사 먹기 위해 방문
20–30대	06:00~10:00 / 18:00~20:00	주로 직장인들로 방문객 중 비중이 가장 많으며, 출퇴근 시간 전후 간단한 식품 및 편의용품 구입
40–50대	10:00~12:00	직장인들과 인근 지역 거주 주부들을 포함하며 출퇴근 시간에도 많지만 오전 시간 중에 장을 보기 위해 방문
60대 이상	12:00~14:00	점심시간 전후 간단한 장보기

시간대별로 살펴보면 출퇴근 시간 방문이 가장 많으며, 이를 통해 인근 지하철을 이용하기 위한 고객이 주 고객층이라는 것을 알 수 있습니다. 따라서 지하철 이용객을 위한 상품을 구성한다면 더 판매가 잘될 것입니다.

그래서 다음과 같은 분석 결과를 내었습니다.

지하철역 이용객들의 선호 상품

1 간편식 및 즉석식품

- 지하철역을 이용하는 사람들은 바쁜 일상 속에서 빠르게 식사를 해결하려는 경우가 많습니다. 아침 출근 시간이나 저녁 퇴근 시간에 급하게 식사를 해야 하는 경우가 많습니다. 따라서 간편하게 먹을 수 있는 샌드위치, 컵라면, 즉석밥 등의 수요가 높습니다.

2 음료 및 스낵

- 이동 중에 간편하게 섭취할 수 있는 음료와 스낵은 항상 수요가 높습니다. 지하철을 타기 전이나 내린 후에 간편하게 먹을 수 있는 상품이 필요합니다.

3 베이커리 제품

- 출근길에 빵이나 크로와상을 사서 간편하게 아침 식사로 먹는 직장인들이 많습니다. 베이커리 제품은 간편하게 들고 다닐 수 있어 인기가 있습니다. 빵, 크로와상, 머핀 등 다양한 베이커리 제품을 준비하면 좋습니다.

4 편의용품

- 지하철역을 이용하는 사람들은 종종 일상생활에 필요한 작은 편의용품을 찾습니다. 예를 들어, 휴대용 충전기, 우산, 손 소독제, 마스크 등이 잘 팔릴 수 있습니다. 또한 지하철역 주변에는 외출 중이나 출퇴근하는 사람들이 많기 때문에, 긴급하게 필요한 소형용품을 구매할 수 있는 기회가 많습니다.

우리 마트의 상황에 맞는 상품을 구성하면 방문 고객들의 만족도를 높이고 매출이 올릴 수 있을 것입니다. 이렇게 맞춤화를 하기 위해 필요한 적절한 데이터를 수집해 봅시다.

요점 정리

◆ 지역 맞춤화는 인구 통계, 경제 데이터, 소비 패턴 등을 분석하여 특정 지역의 고객 니즈에 맞춘 상품 구성을 통해 마트의 경쟁력을 높이는 전략입니다.

◆ 검색 데이터를 활용한 상품 구성으로 인구 특성을 분석하여 고객층 선호 제품을 준비할 수 있습니다.

◆ 이용객 분석을 통한 상품 구성으로 마트를 많이 찾는 이용객에 따라 알맞은 상품을 준비하여 매출을 높일 수 있습니다.

퀴즈

Q 다음 중 지역 맞춤화를 통해 마트의 경쟁력을 높이는 방법으로 올바른 것은 무엇인가요?

① 다른 마트와 같은 상품을 제공한다.
② 지역 주민들의 요구에 맞춘 상품 구성을 한다.
③ 저렴한 상품만을 판매한다.
④ 매일 상품 구성을 바꾼다.

읽기자료

마트를 운영해보는 게임

Supermarket Simulator 게임 소개

시뮬레이션 게임은 현실 세계에서 일어나는 다양한 상황을 컴퓨터나 게임 콘솔을 통해 가상으로 체험해 볼 수 있는 게임입니다. 이 게임에서는 여러분이 마트의 주인이 되어 직접 운영을 할 수 있습니다. 처음에는 작은 마트를 시작하지만, 여러분의 능력과 아이디어로 점점 더 큰 마트로 성장시킬 수 있답니다. 상품을 진열하고 손님들을 맞이하며, 직원들을 관리하는 등 실제 마트에서 일어나는 일들을 체험할 수 있습니다.

게임에서 하는 일

- **상품 진열 및 관리**: 여러분이 직접 마트의 상품을 구성하고 진열할 수 있습니다. 어떤 상품이 잘 팔릴지 고민해 보고, 인기 있는 상품을 많이 준비해 봅시다.
- **손님 맞이하기**: 손님들이 들어오면 친절하게 맞이하고, 그들이 원하는 상품을 찾을 수 있도록 도와줍니다. 손님들이 만족하면 마트의 매출도 올라갑니다.
- **직원 관리**: 직원들을 고용하고, 그들이 잘 일할 수 있도록 관리해 봅시다. 직원들이 열심히 일하면 마트도 더 잘 운영될 겁니다.
- **마트 확장**: 마트가 잘 운영되면, 더 큰 마트로 확장할 수 있습니다. 새로운 상품도 추가하고, 더 많은 손님들을 맞이할 준비를 해 봅시다.

상품 페이지 제공 화면 : https://store.steampowered.com/app/2670630/Supermarket_Simulator/

Quest 07 J마트 음악 선정하기

학교 수업이 끝난 제이와 동생은 아빠가 일하시는 마트로 달려갔다.

"아빠, 아빠의 사랑하는 예쁜 딸이 왔어요~"

"예쁜 딸은 아닌 것 같은데..."

물건을 정리하시던 아빠는 제이와 동생을 보고 웃으며 반겨주셨다.

"그래, 우리 딸, 아들 왔구나. 아빠가 이것만 정리하고 나갈게."

그런데 마트를 둘러보던 동생은 이상한 점을 느꼈습니다.

"어... 그러고 보니 우리 마트는 음악이 안 나오네? 우리도 음악을 틀어봐요! 손님들이 좋아할 거예요."

"어디서 듣기로는 음악이 있으면 매출이 올라간다는 연구가 있다던데."

그 이야기를 들은 제이는 계산대 옆 컴퓨터에 앉아 찾아보기 시작하였다.

"마트에 도움이 된다면 바로 해봐야죠. 그런데 어떤 음악을 틀면 좋을까요?"

옆에 있던 동생이 참견하였다.

"당연히 우리 오빠들 노래를 틀어야지~"

한심한 표정으로 동생을 쳐다보며 제이가 말했다.

"니 오빠는 난데 나도 모르는 오빠가 있었냐?"

동생과 또 한참 말씨름을 하던 제이는 동생의 취향이 아닌 방문객들의 취향에 맞는 노래를 찾아야겠다는 생각이 들었다. 그래서 바로 당장 교수님께 전화를 걸었다.

"교수님~"

모를 때는 교수님 찬스!

어... 그러고 보니 우리 마트는
음악이 안 나오네?
그렇구나!
뭔가 허전하다 했더니
마트에 배경음악이
없었네!
아빠! 그러면 우리도
음악을 틀어봐요! 손님들이
좋아할 거예요.
아!
다른 백화점이나 쇼핑센터
같은 곳도 항상 음악이 나왔어!
우리도 있으면 좋겠다.

STAGE 3 · 3

Quest 07 J마트 음악 선정하기 「배경음악 맛집 J마트」

함께 알아볼까요? 데이터를 이용하여 고객들이 좋아할 만한 음악들을 골라봅시다.

음악은 쇼핑에 만족도와 판매율을 높여 매출에 도움이 된다고 합니다. 데이터를 이용하여 우리 마트에 고객들이 더 좋아할 만한 음악을 준비하려고 합니다.

이번 퀘스트에서는 음악 재생 데이터를 이용하여 플레이리스트를 만드는 방법을 알아봅시다.

키워드

플레이리스트 : 플레이리스트는 여러 곡의 음악을 모아놓은 목록입니다. 플레이리스트를 이용하면 좋아하는 음악을 원하는 순서대로 들을 수 있습니다. 예를 들어, 친구들과 놀 때 신나는 노래들로 플레이리스트를 만들어 틀 수 있습니다. 플레이리스트는 음악을 쉽게 찾고 재생할 수 있게 도와줍니다.

테이블 : 데이터를 표 형태로 정리한 것입니다. 학교에서 사용하는 성적표나 출석부와 비슷합니다. 테이블을 사용하면 데이터를 깔끔하게 정리하여 쉽게 비교할 수 있습니다.

데이터

네이버 VIBE 재생 수 및 연령별 선호도

네이버 VIBE 재생 수 및 연령별 선호도

테이블 | 차트 | 정보

	A	B	C	D	E	F	G	H	I	J
1	제목	아티스트	재생 수	10대 미만 선호	10대 선호도	20대 선호도	30대 선호도	40대 선호도	50대 선호도	60대 이상 선호
2	작은 것들을 위	방탄소년단, Ha	6031368	0.0063246016	0.057154032	0.382110327	0.337729350	0.182314360	0.028632973	0.005734354
3	2002	Anne-Marie	5278763	0.0045635691	0.081204441	0.458425960	0.269254937	0.151223496	0.029585529	0.005742064
4	사계 (Four Sea	태연 (TAEYEON	4951443	0.0061345753	0.055868561	0.454153869	0.311454458	0.132135621	0.030658133	0.009594778
5	주저하는 연인들	잔나비	4694413	0.0042380165	0.061765549	0.429496936	0.313501815	0.156877121	0.029204716	0.004915843
6	bad guy	Billie Eilish	4145969	0.0042658302	0.067110004	0.437808386	0.316456538	0.139570025	0.028826312	0.005962900
7	흔들리는 꽃들	장범준	4141375	0.0031516102	0.076555974	0.411144124	0.322244182	0.153593190	0.028009779	0.005300896

출처 : 엔트리

학습 흐름

문제 발견

마트 배경음악 필요

문제 해결을 위한 데이터 탐색

엔트리 데이터분석 기능 알아보기
음악재생사이트 데이터 분석

문제 해결

배경음악 플레이리스트 만들기

1 문제 해결을 위한 데이터 탐색 : 엔트리 데이터분석 기능 알아보기

▶ 엔트리에서 데이터분석 기능 사용하기

1. 엔트리 블록꾸러미 탭에서 카테고리 중 [데이터분석]을 선택합니다. 아직 테이블을 불러오지 않아 블록이 없습니다. [테이블 불러오기] 버튼을 누르면 사용할 테이블을 불러올 수 있습니다.

2. 테이블을 추가하는 방법은 아래와 같습니다.

[테이블 추가하기]를 눌러 테이블을 추가해 주세요.

테이블을 추가하는 방법

1. 테이블 추가하기의 '테이블 선택' 탭에서 엔트리가 제공하는 기본 테이블을 선택해 추가합니다.
2. 테이블 추가하기의 '파일 올리기' 탭에서 CSV, XLS(X) 파일을 직접 업로드해 추가합니다.
3. 테이블 추가하기의 '새로 만들기' 탭에서 빈 테이블을 추가하고 데이터를 직접 입력합니다.

❸ 이번 학습에서는 외부 데이터 대신 왼쪽 메뉴의 테이블 추가하기로 엔트리가 제공하는 기본 데이터를 먼저 사용해 보겠습니다.

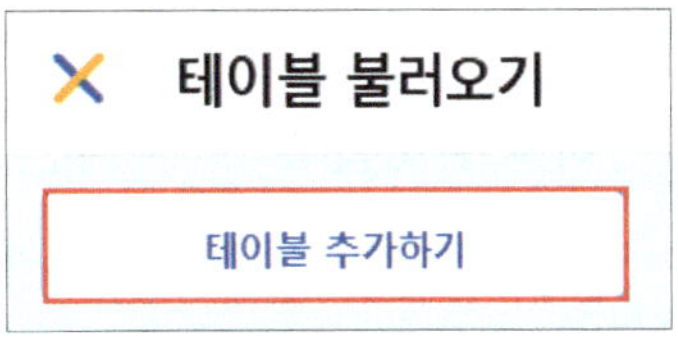

❹ 테이블이 추가되면 사용할 데이터가 준비되었습니다.

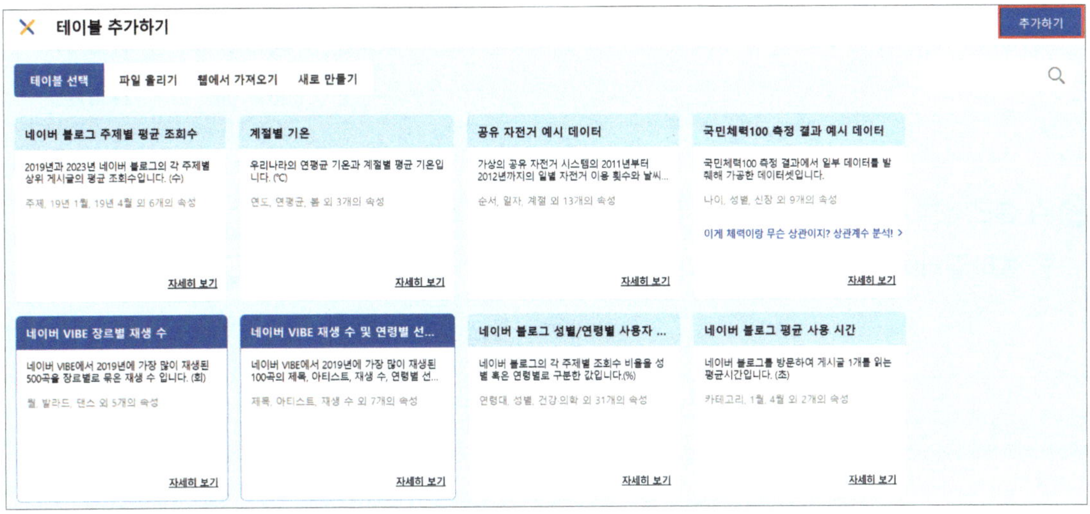

▶ 테이블 알아보기

❶ 데이터 분석을 하려면 가장 먼저 '테이블'을 준비해야 합니다. 테이블을 추가하면 아래와 같이 화면이 나옵니다.

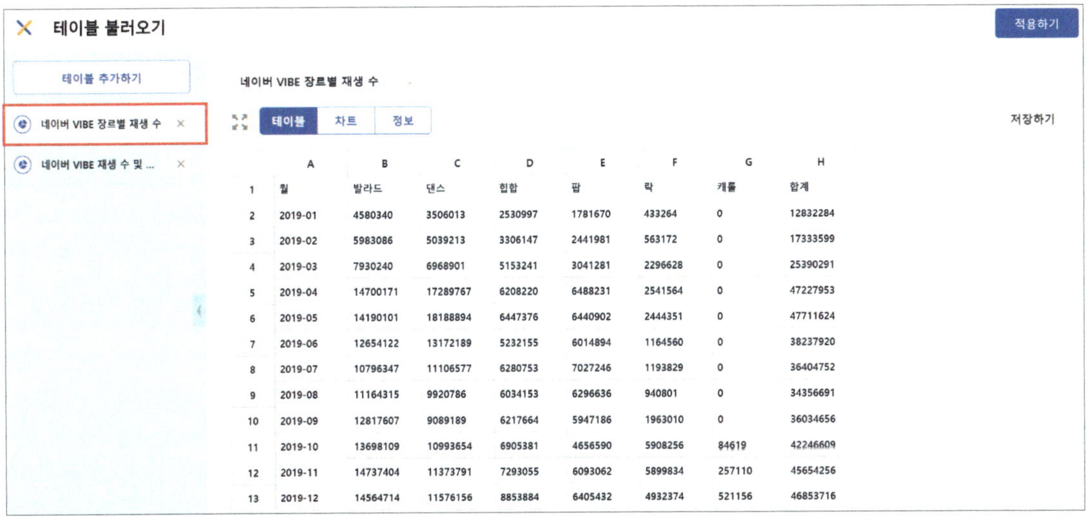

	A	B	C	D	E	F	G	H
1	월	발라드	댄스	힙합	팝	락	캐롤	합계
2	2019-01	4580340	3506013	2530997	1781670	433264	0	12832284
3	2019-02	5983086	5039213	3306147	2441981	563172	0	17333599
4	2019-03	7930240	6968901	5153241	3041281	2296628	0	25390291
5	2019-04	14700171	17289767	6208220	6488231	2541564	0	47227953
6	2019-05	14190101	18188894	6447376	6440902	2444351	0	47711624
7	2019-06	12654122	13172189	5232155	6014894	1164560	0	38237920
8	2019-07	10796347	11106577	6280753	7027246	1193829	0	36404752
9	2019-08	11164315	9920786	6034153	6296636	940801	0	34356691
10	2019-09	12817607	9089189	6217664	5947186	1963010	0	36034656
11	2019-10	13698109	10993654	6905381	4656590	5908256	84619	42246609
12	2019-11	14737404	11373791	7293055	6093062	5899834	257110	45654256
13	2019-12	14564714	11576156	8853884	6405432	4932374	521156	46853716

② 여러 개의 테이블을 추가한 경우 왼쪽 테이블 목록에서 선택할 수 있습니다. 테이블은 우리가 분석하고 싶은 데이터를 담은 표입니다. 문제를 해결하기 위해 모은 데이터를 일정한 규칙에 맞춰, 차례대로 넣어 만든 표가 테이블입니다. 테이블에서 가로를 '행'이라고 부르며, 세로를 '열'이라고 부릅니다. 테이블에서 한 칸은 '셀'이라고 부릅니다.

행 → / 열 ↓

	A	B
1	월 (셀)	발라드
2	2019-01	4580340
3	2019-02	5983086
4	2019-03	7930240
5	2019-04	14700171
6	2019-05	14190101
7	2019-06	12654122

③ 각 셀은 선택 후 입력된 내용을 수정할 수 있으며, 마우스 오른쪽 버튼을 눌러 잘라내기 / 복사/ 삭제도 가능합니다.

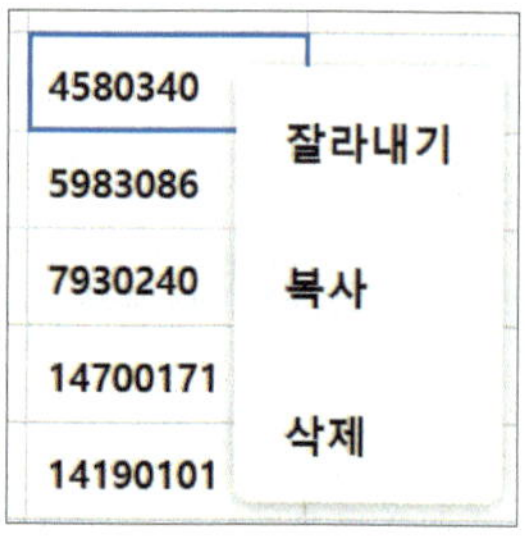

▶ 테이블 차트로 보기

① 차트(그래프)는 테이블보다 한 눈에 보기 좋습니다. 테이블 이름 아래 [차트] 버튼을 누르면 차트 화면이 나타납니다. 차트 화면에서 버튼을 눌러 원하는 차트의 종류를 선택합니다. 우리가 선택한 [네이버 VIBE 장르별 재생 수]의 경우 음악 장르별로 월마다 얼마나 재생되는지를 한 눈에 보기 위해 [막대(바 그래프)]나 [선(라인 그래프)]를 선택해 줍니다.

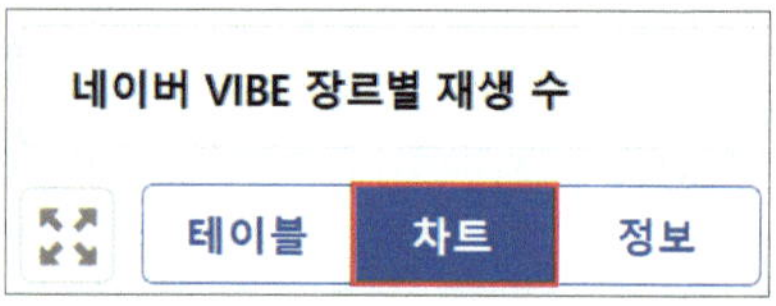

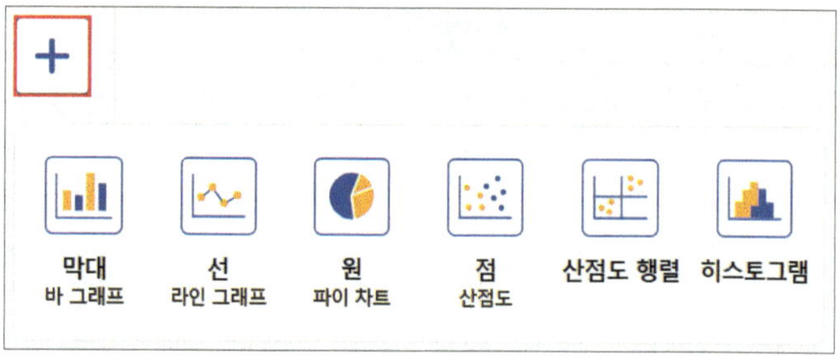

❷ 차트 종류 선택 후 가로축에서 [월]을 선택합니다. 계열에서는 발라드부터 캐롤까지 6개 음악 장르를 전부 선택하고 합계는 선택하지 않습니다.

❸ 선택 후 차트(그래프)가 아래 그림들처럼 나타납니다.
왼쪽은 막대(바 그래프)이고 오른쪽은 선(라인 그래프)입니다. 그래프에 대해서는 퀘스트3에서 배운 내용을 떠올려보면 도움이 될 것입니다.

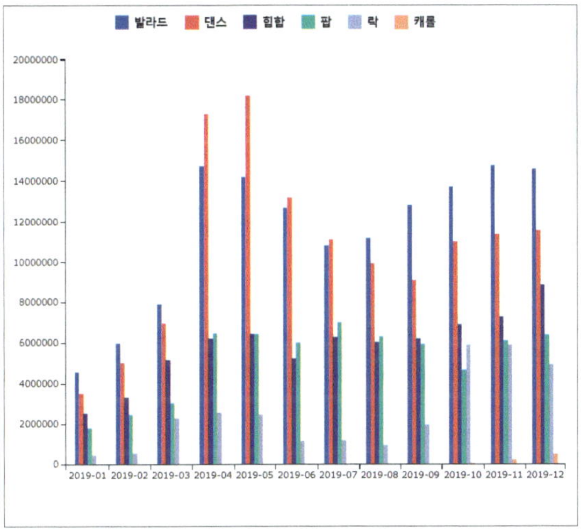

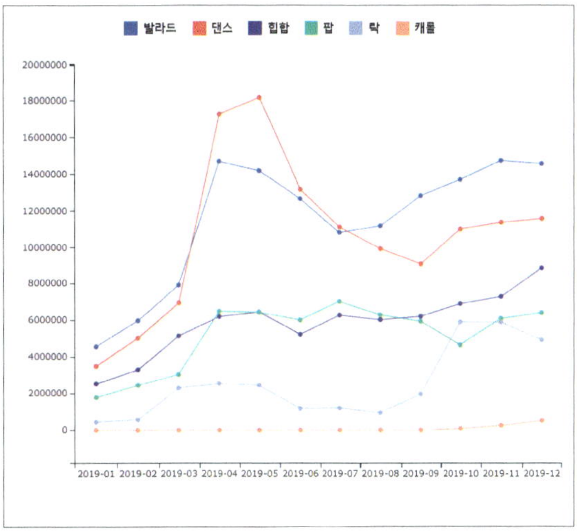

❹ 위의 차트를 통해 1월부터 12월까지 음악 재생 수를 비교해보면 1~3월과 8~12월은 발라드가 4~7월은 댄스음악이 재생수가 많습니다. 이를 통해 발라드와 댄스 음악을 선호하는 시기가 다른 것을 알 수 있습니다.

▶ 테이블 내보내기

1 [네이버 VIBE 재생 수 및 연령별 선호도] 테이블에서 연령대별로 가장 인기 있는 곡을 10개씩 알아보려고 합니다. 그렇게 하려면 선호도에 따라 곡들을 정렬해야 하는데 엔트리에서 테이블을 정렬하기 보다는 외부 프로그램에서 하는 것이 훨씬 간편합니다. 그래서 이 데이터를 PC에 파일로 내보내려고 합니다.

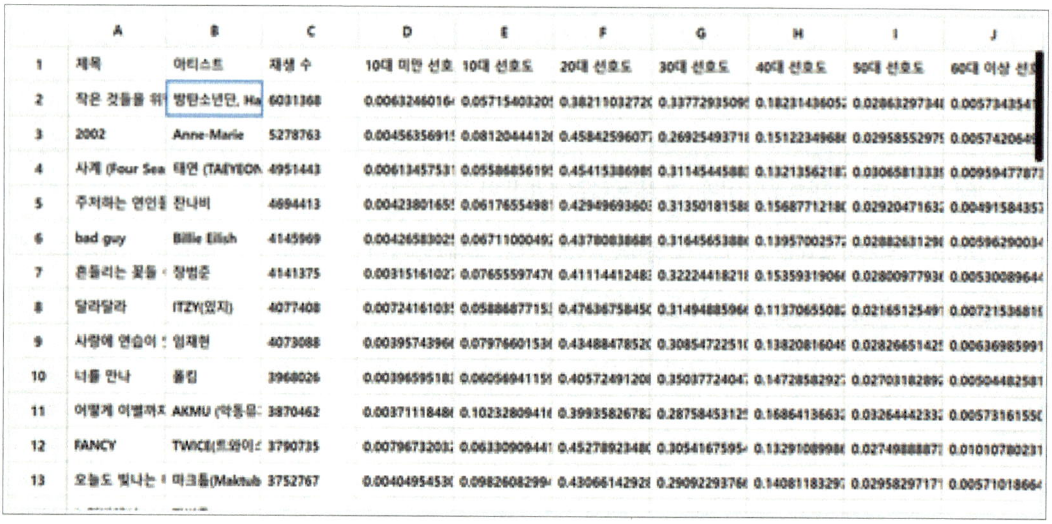

	A	B	C	D	E	F	G	H	I	J
1	제목	아티스트	재생 수	10대 미만 선호	10대 선호도	20대 선호도	30대 선호도	40대 선호도	50대 선호도	60대 이상 선
2	작은 것들을 위	방탄소년단, Ha	6031368	0.0063246016	0.0571540320	0.3821103272	0.3377293509	0.1823143605	0.0286329734	0.005734354
3	2002	Anne-Marie	5278763	0.0045635691	0.0812044412	0.4584259607	0.2692549371	0.1512234968	0.0295855297	0.005742064
4	사계 (Four Sea	태연 (TAEYEON	4951443	0.0061345753	0.0558685619	0.4541538698	0.3114544588	0.1321356218	0.0306581333	0.009594778
5	주저하는 연인들	잔나비	4694413	0.0042380165	0.0617655498	0.4294969360	0.3135018158	0.1568771218	0.0292047163	0.004915843
6	bad guy	Billie Eilish	4145969	0.0042658302	0.0671100049	0.4378083868	0.3164565388	0.1395700257	0.0288263129	0.005962900
7	흔들리는 꽃들	장범준	4141375	0.0031516102	0.0765559747	0.4111441248	0.3222441821	0.1535931906	0.0280097793	0.005300896
8	달라달라	ITZY(있지)	4077408	0.0072416103	0.0588687715	0.4763675845	0.3149488596	0.1137065508	0.0216512549	0.007215368
9	사랑에 연습이	임재현	4073088	0.0039574396	0.0797660153	0.4348847852	0.3085472251	0.1382081604	0.0282665142	0.006369859
10	너를 만나	폴킴	3968026	0.0039659518	0.0605694115	0.4057249120	0.3503772404	0.1472858292	0.0270318289	0.005044825
11	어떻게 이별까지	AKMU (악동뮤	3870462	0.0037111848	0.1023280941	0.3993582678	0.2875845312	0.1686413663	0.0326444233	0.005731615
12	FANCY	TWICE(트와이스	3790735	0.0079673203	0.0633090944	0.4527892348	0.3054167595	0.1329108998	0.0274988887	0.010107802
13	오늘도 빛나는	마크툽(Maktub	3752767	0.0040495453	0.0982608299	0.4306614292	0.2909229376	0.1408118329	0.0295829717	0.005710186

기준 : 2019년에 가장 많이 재생된 100곡

2 테이블을 PC에 파일로 저장하려면 왼쪽 테이블 목록에서 원하는 테이블 위에 마우스 커서를 놓고 오른쪽 버튼을 누릅니다. 메뉴가 나오면 메뉴 중 [PC에 저장]을 선택해 줍니다.

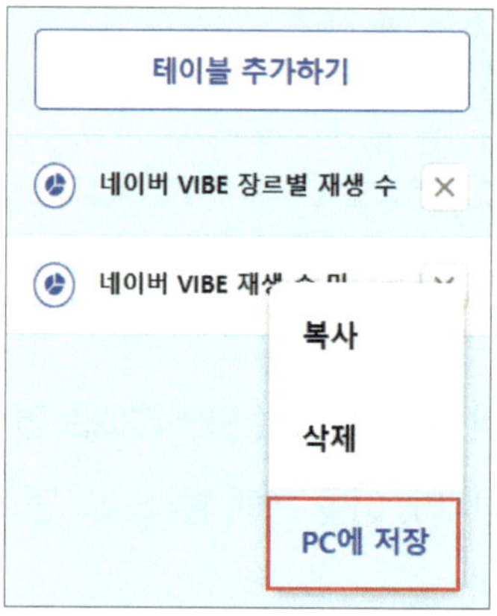

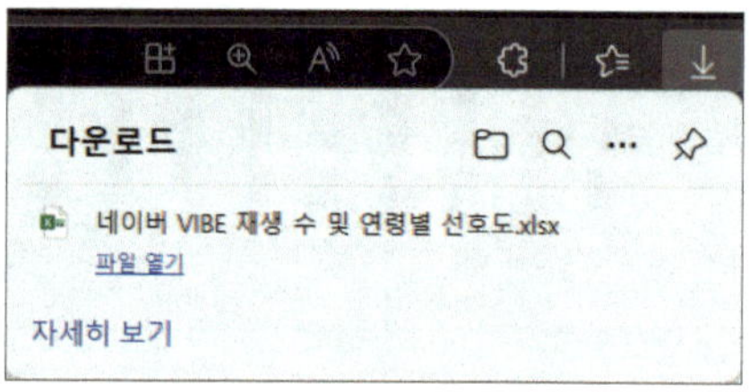

그러면 인터넷 브라우저에서 파일로 다운로드 된 것을 볼 수 있습니다. 테이블은 엑셀(Excel) 형식의 파일로 저장이 됩니다. 마이크로소프트 엑셀(Microsoft Excel), 구글 스프레드시트(Google Sheets), 한컴오피스 한셀(Hancom Office HanCell) 등 스프레트시트 프로그램에서 열어볼 수 있습니다.

2 문제 해결을 위한 데이터 탐색 : 음악재생사이트 데이터 분석

1 아래와 같이 엑셀로 파일을 열면 아래 화면처럼 동일한 내용의 테이블을 볼 수 있습니다. 인터넷에서 다운로드된 파일은 경우에 따라 보안을 위해 [편집 사용] 버튼을 눌러야 사용이 가능할 수 있습니다.

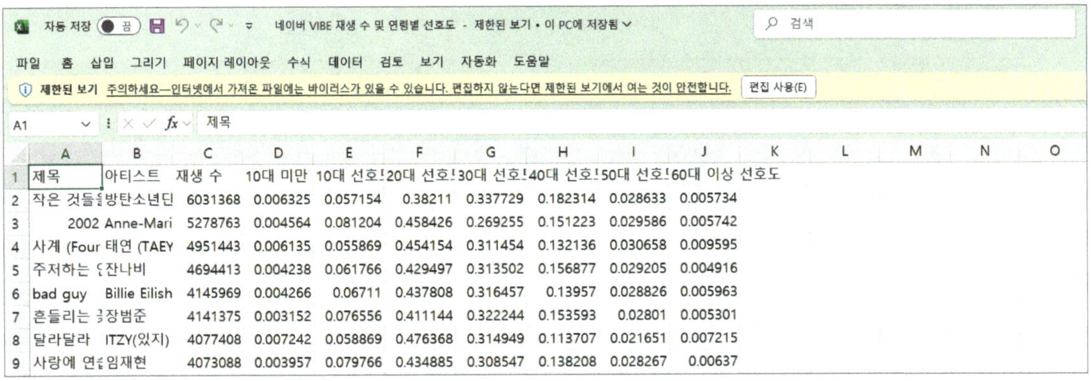

	A	B	C	D	E	F	G	H	I	J
1	제목	아티스트	재생 수	10대 미만	10대 선호!	20대 선호!	30대 선호!	40대 선호!	50대 선호!	60대 이상 선호도
2	작은 것들	방탄소년단	6031368	0.006325	0.057154	0.38211	0.337729	0.182314	0.028633	0.005734
3	2002	Anne-Mari	5278763	0.004564	0.081204	0.458426	0.269255	0.151223	0.029586	0.005742
4	사계 (Four	태연 (TAEY	4951443	0.006135	0.055869	0.454154	0.311454	0.132136	0.030658	0.009595
5	주저하는	잔나비	4694413	0.004238	0.061766	0.429497	0.313502	0.156877	0.029205	0.004916
6	bad guy	Billie Eilish	4145969	0.004266	0.06711	0.437808	0.316457	0.13957	0.028826	0.005963
7	흔들리는	장범준	4141375	0.003152	0.076556	0.411144	0.322244	0.153593	0.02801	0.005301
8	달라달라	ITZY(있지)	4077408	0.007242	0.058869	0.476368	0.314949	0.113707	0.021651	0.007215
9	사랑에 연	임재현	4073088	0.003957	0.079766	0.434885	0.308547	0.138208	0.028267	0.00637

2 그리고 상단 메뉴 [홈]에서 [정렬 및 필터]를 누른 후 메뉴 중 필터를 눌러 줍니다. 상단 메뉴 중 [데이터] 탭 서택 후 [필터]를 눌러도 똑같습니다. 단축키로 키보드에서 Ctrl+Shift+L 세 개의 키를 함께 누르면 필터 기능이 지정됩니다.

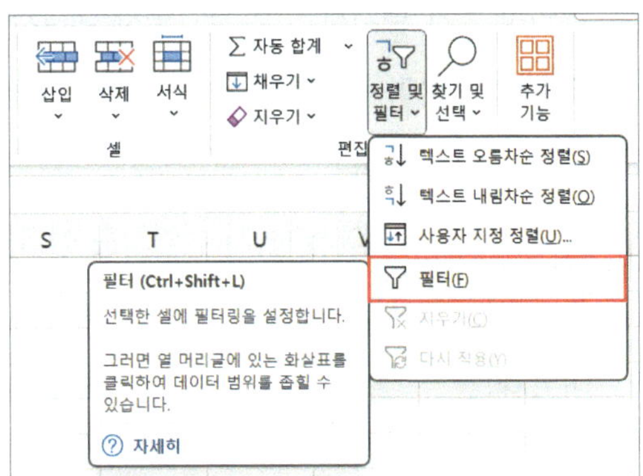

3 이 테이블을 선호도에 따라 정렬해 보겠습니다. 왼쪽 그림과 같이 가장 위에 제목 행을 영역으로 선택해 줍니다.

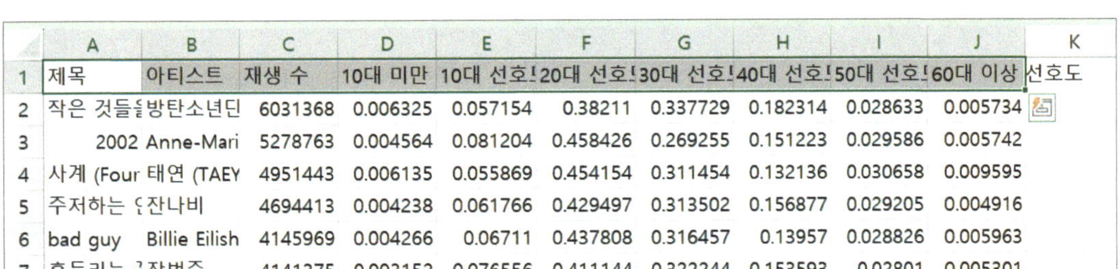

	A	B	C	D	E	F	G	H	I	J
1	제목	아티스트	재생 수	10대 미만	10대 선호!	20대 선호!	30대 선호!	40대 선호!	50대 선호!	60대 이상 선호도
2	작은 것들	방탄소년단	6031368	0.006325	0.057154	0.38211	0.337729	0.182314	0.028633	0.005734
3	2002	Anne-Mari	5278763	0.004564	0.081204	0.458426	0.269255	0.151223	0.029586	0.005742
4	사계 (Four	태연 (TAEY	4951443	0.006135	0.055869	0.454154	0.311454	0.132136	0.030658	0.009595
5	주저하는	잔나비	4694413	0.004238	0.061766	0.429497	0.313502	0.156877	0.029205	0.004916
6	bad guy	Billie Eilish	4145969	0.004266	0.06711	0.437808	0.316457	0.13957	0.028826	0.005963
7	흔들리는	장범준	4141375	0.003152	0.076556	0.411144	0.322244	0.153593	0.02801	0.005301

4 엑셀의 필터 기능은 데이터를 정리하고 필요한 정보만 볼 수 있게 도와주는 도구입니다. 마치 친구들과 같은 색깔의 장난감을 골라내는 것과 비슷합니다. 필터를 사용하면 특정한 조건에 맞는 데이터만 볼 수 있습니다. 그리고 필터 기능을 통해 데이터를 순서대로 정렬하는 것도 가능합니다.

예를 들어 왼쪽 표처럼 키를 입력한 표에서 키 순서대로 정렬하여 키가 큰 친구부터 작은 친구까지 순서를 바꿀 수 있습니다.

이름	키
제이	151
가람	159
하늘	144

→

이름	키
가람	159
제이	151
하늘	144

5 필터 기능을 사용하면 가장 위의 제목 행의 셀마다 세모 버튼이 생깁니다. 셀 옆의 세모버튼을 누르면 메뉴가 펼쳐지고, 이 중 [숫자 내림차순 정렬]을 선택하여 큰 수부터 작은 수까지 순서대로 정렬할 수 있습니다.

[10대 선호도] 셀에서 [숫자 내림차순 정렬]을 하고, 10대들의 선호도가 높은 노래들의 목록을 알아봅시다.

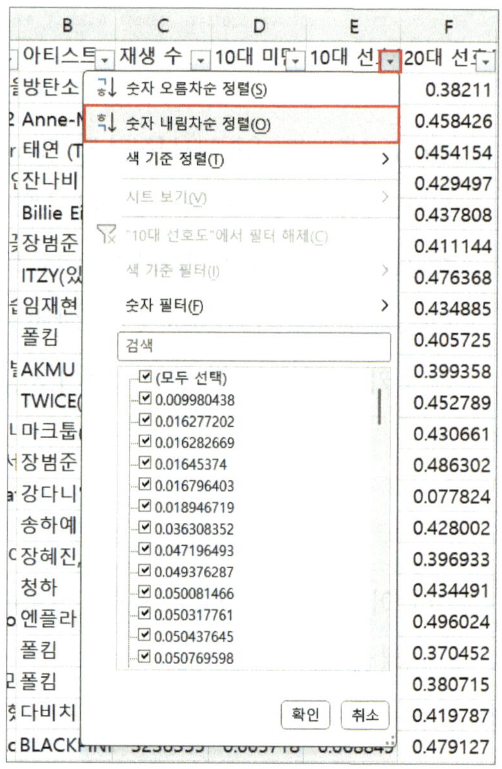

6 10대부터 60대 이상까지 각 연령별 선호도가 높은 노래들을 알아보기 위해 각각 연령대별로 노래 목록을 만들어 보면 아래 표와 같습니다.

연령대별 선호도 상위 10개 노래

연령	10대	20대	30대	40대	50대	60대 이상
노래 제목	BAND	띵 (Prod. By 기리보이)	신청곡 (Feat. SUGA of BTS)	Intro (Through the night)	나의 연약함	나의 연약함
	사랑이란 멜로는 없어	별 보러 갈래?	열애중	Color	I HOPE	Horizon
	Into the Un-known	다섯 번째 계절 (SSFWL)	모든 날, 모든 순간 (Every day, Every Moment)	Horizon	Intro (Through the night)	I HOPE
	조금 취했어 (Prod. 2soo)	BAND	IDOL	I HOPE	Horizon	Intro (Through the night)
	늦은 밤 너의 집 앞 골목길에서	그건 아마 우리의 잘못은 아닐 거야	벌써 12시	뭐해 (What are you up to)	Color	Color
	Blueming	Blueming	180도	BET BET	뭐해 (What are you up to)	뭐해 (What are you up to)
	Love poem	이 노래가 클럽에서 나온다면	너를 만나	Make It Right	BET BET	BET BET
	사랑이 식었다고 말해도 돼	옥탑방 (Roof-top)	넘쳐흘러	소우주 (Mikrokos-mos)	내 맘을 볼 수 있나요	Dance The Night Away
	시든 꽃에 물을 주듯	술이 달다 (Feat. Crush)	Goodbye	기억해줘요 내 모든 날과 그때를	모든 날, 모든 순간 (Every day, Every Moment)	YES or YES
	HIP	7 rings	당신과는 천천히	작은 것들을 위한 시 (Boy With Luv) (Feat. Halsey)	나의 어깨에 기대어요	FANCY

기준 : 2019년에 가장 많이 재생된 100곡

3 문제 해결 : 배경음악 플레이리스트 만들기

▶ 방문객 데이터 활용

퀘스트6에서 사용한 마트에 방문하는 고객의 수 데이터를 여기서도 활용해 봅시다. 아래 표를 통해 각 시간대별로 어떤 연령대의 고객이 많이 방문하는지 파악하여 그 시간에 맞는 선호 음악을 틀어줍니다. 각 시간대에서 많은 고객 연령대는 빨간색으로 표시하였습니다.

시간대	10대	20-30대	40-50대	60대 이상	합계
06:00~08:00	12	42	34	19	107
08:00~10:00	29	69	37	24	159
10:00~12:00	3	19	39	30	91
12:00~14:00	4	27	21	32	84
14:00~16:00	47	17	15	16	95
16:00~18:00	26	15	13	20	74
18:00~20:00	21	71	36	17	145
총계	142	260	195	158	755

✚ 예시의 데이터는 학습을 위해 임의로 만들어진 가상 데이터입니다.

우리가 만든 플레이리스트를 각 연령대 고객들이 많이 찾는 시간에 맞춰 재생하려고 합니다. 앞에서 만든 연령대별 플레이리스트의 10개 보다 더 많은 순위의 리스트를 만들고, 중복되는 노래를 줄이는 등으로 플레이리스트를 더 완성도 높게 만들어 봅시다.

시간대	음악
06:00~08:00	20-30대 선호음악
08:00~10:00	20-30대 선호음악
10:00~12:00	40-50대 선호음악
12:00~14:00	60대 이상 선호음악
14:00~16:00	10대 선호음악
16:00~18:00	10대 선호음악
18:00~20:00	20-30대 선호음악

또한 월별 장르 선호도 분석 결과를 반영하여 1월부터 12월까지 시기마다 선호도가 높은 장르의 비중을 늘려 봅시다. 1~3월과 8~12월은 발라드와 같은 부드러운 음악 비중을 높이고, 4~7월은 댄스음악 같은 신나는 음악의 비중을 높이면 더 효과가 있을 것입니다.

이제 자신만의 플레이리스트를 만들어 봅시다.

플레이리스트 예시

<table>
<tr><th colspan="3">8월</th></tr>
<tr><th>시간대</th><th colspan="2">플레이리스트</th></tr>
<tr><td>06:00~08:00</td><td rowspan="2">띵 (Prod. By 기리보이)
별 보러 갈래?
다섯 번째 계절 (SSFWL)
BAND
그건 아마 우리의 잘못은 아닐 거야
Blueming
이 노래가 클럽에서 나온다면
옥탑방 (Rooftop)
술이 달다 (Feat. Crush)
7 rings</td><td rowspan="2">신청곡 (Feat. SUGA of BTS)
열애중
모든 날, 모든 순간 (Every day, Every Moment)
IDOL
벌써 12시
180도
너를 만나
넘쳐흘러
Goodbye
당신과는 천천히</td></tr>
<tr><td>08:00~10:00</td></tr>
<tr><td>10:00~12:00</td><td>Intro (Through the night)
Color
Horizon
I HOPE
뭐해 (What are you up to)
BET BET
Make It Right
소우주 (Mikrokosmos)</td><td>기억해줘요 내 모든 날과 그때를
작은 것들을 위한 시 (Boy With Luv)
나의 연약함
I HOPE
Intro (Through the night)
뭐해 (What are you up to)
내 맘을 볼 수 있나요
나의 어깨에 기대어요</td></tr>
<tr><td>12:00~14:00</td><td colspan="2"></td></tr>
<tr><td>14:00~16:00</td><td colspan="2"></td></tr>
<tr><td>16:00~18:00</td><td colspan="2"></td></tr>
<tr><td>18:00~20:00</td><td colspan="2"></td></tr>
</table>

요점 정리

◆ 엔트리 데이터분석 기능을 사용하여 데이터 테이블을 불러오고, 차트를 통해 시각화합니다.

◆ 테이블을 추가하고, 차트로 데이터를 분석합니다.

◆ 필터 및 정렬 기능을 사용하여 데이터를 정리하고, 엑셀 파일로 내보냅니다.

퀴즈

Q 엔트리 데이터분석 기능을 사용하기 위해 가장 먼저 해야 할 일은 무엇인가요?

① 데이터를 분석하기
② 필터 기능을 사용하기
③ 테이블을 불러오기
④ 차트 생성하기
⑤ 데이터를 내보내기

읽기자료

데이터사이언스에서 스프레드시트 프로그램의 활용

데이터사이언스에서는 스프레드시트 프로그램을 많이 활용합니다. 스프레드시트는 엑셀과 같은 프로그램으로, 데이터를 표 형태로 정리하고 계산할 수 있는 도구입니다.

스프레드시트의 데이터 전처리

스프레드시트를 사용하면 데이터를 쉽고 빠르게 정리할 수 있습니다. 예를 들어, 엑셀을 사용하면 다음과 같은 작업을 할 수 있습니다.

- **데이터 정렬** : 예를 들어, 학생들의 성적을 높은 점수 순서로 정리할 수 있습니다.
- **중복 값 제거** : 같은 데이터가 여러 번 있을 때, 중복된 데이터를 제거할 수 있습니다.
- **빈 값 채우기** : 누락된 값을 다른 값으로 채워 넣을 수 있습니다.
- **필터링** : 특정 조건에 맞는 데이터만 골라낼 수 있어요. 예를 들어, 80점 이상 받은 학생들만 필터링할 수 있습니다.

스프레드시트와 코딩의 차이

사용 난이도: 스프레드시트는 사용하기 쉽고 직관적입니다. 코딩은 비교적 배우기 어렵지만, 더 많은 기능과 유연성을 제공합니다.

- **데이터 규모**: 스프레드시트는 작은 데이터세트를 다루는 데 적합하지만, 코딩은 대용량 데이터셋을 효율적으로 처리할 수 있습니다.
- **자동화**: 스프레드시트는 수동으로 작업해야 하는 경우가 많지만, 코딩을 통해 자동화된 작업을 할 수 있습니다.
- **직원 관리**: 직원들을 고용하고, 그들이 잘 일할 수 있도록 관리해 봅시다. 직원들이 열심히 일하면 마트도 더 잘 운영될 겁니다.
- **마트 확장**: 마트가 잘 운영되면, 더 큰 마트로 확장할 수 있습니다. 새로운 상품도 추가하고, 더 많은 손님들을 맞이할 준비를 해 봅시다.

Quest 08 이번 여름의 핫플레이스는 J마트!

학교를 마치고 돌아온 제이는 현관에 들어서자마자 외투를 벗어 던졌다.

"아유, 덥다!"

아빠는 피식 웃었다. "이 녀석아, 아직 봄인데 벌써 덥다고?"

"그러게요! 어제랑 똑같은 외투를 입었는데, 오늘은 너무 덥더라고요." 제이는 냉장고를 힐끗 보며 덧붙였다. "아빠, 아이스크림 먹어도 돼요?"

"그래, 먹어라." 아빠는 냉장고를 열며 말했다. "그런데 네가 덥다고 할 정도면, 우리 마트도 슬슬 아이스크림을 준비해야 하는 건가?"

제이는 고개를 갸웃했다. "마트에서는 언제부터 아이스크림을 많이 준비해요?"

아빠는 잠시 고민하다가 말했다. "여름이면 잘 팔리겠지만, 사람들이 언제부터 덥다고 느끼는지는 모르겠네."

"체감온도를 보면 되지 않을까요?"

"체감온도?"

"네! 기온뿐만 아니라 바람이나 습도도 영향을 줘서, 실제로 느끼는 온도를 말한대요." 제이는 신이 나서 덧붙였다. "일기예보에서 봤어요!"

아빠는 스마트폰을 검색하며 고개를 끄덕였다. "생성형 AI에 물어보니 체감온도가 26도 이상이면 더위를 느낀다고 하네. 그렇다면 실제 온도보다는 체감온도를 기준으로 물건을 준비하는 게 더 정확할 수도 있겠어."

제이는 눈을 반짝였다. "그럼 체감온도가 높아지는 시기에 맞춰 아이스크림을 미리 준비하면 손님들이 많아지겠죠?"

"그럴 수도 있지. 그런데 어떤 아이스크림을 준비하는 게 좋을까?"

"다른 마트에서 쉽게 찾을 수 없는 특별한 아이스크림을 팔면 어때요? J마트만의 경쟁력을 만드는 거죠!"

아빠는 흐뭇하게 고개를 끄덕였다. "좋은 생각이구나! 체감온도와 아이스크림 데이터를 분석해 보자."

"좋아요! …아, 그런데 아이스크림 먼저 먹고요! 너무 더워요… ㅠㅠ"

아빠는 웃으며 아이스크림을 꺼냈다.

"하하하, 그래! 일단 아이스크림부터 먹자."

그럼 체감온도가 높아지는 시기에 맞춰 아이스크림을 미리 준비하면 손님들이 많아지겠죠?
그럴 수도 있지. 그런데 어떤 아이스크림을 준비하는 게 좋을까?
다른 마트에서 쉽게 찾을 수 없는 특별한 아이스크림을 팔면 어때요?
J마트의 경쟁력을 살리는 거죠!
좋은 생각이구나! 체감온도와 아이스크림 데이터를 분석해보자!
끄덕 끄덕

STAGE 3

Quest 08 이번 여름의 핫플레이스는 J마트! 「체감온도 차트와 검색 키워드 분석하기」

함께 알아볼까요? 체감온도와 검색 키워드 데이터를 분석해봅시다.

제이와 아빠는 사람들이 언제 더위를 가장 많이 느끼는지 데이터를 활용해 정확히 파악하고, 다른 마트에서 쉽게 찾을 수 없는 특별한 아이스크림을 미리 준비하려 합니다. 이를 위해 체감온도 데이터와 아이스크림 검색 키워드 데이터를 분석해 가장 적절한 시기와 상품을 선정할 것입니다.

이번 퀘스트에서는 체감온도 그래프를 분석해 사람들이 더위를 느끼는 시점을 찾아내고, 이어서 아이스크림 검색 트렌드를 조사해 어떤 제품이 가장 경쟁력이 있는지 확인합니다. 데이터 과학을 활용해 J마트를 올여름 가장 인기 있는 마트로 만들어봅시다!

키워드

체감온도: 체감온도는 우리가 실제로 느끼는 더위나 추위를 숫자로 나타낸 값입니다. 같은 기온이라도 바람이 강하거나 습도가 높으면 더 춥거나 덥게 느껴질 수 있습니다. 우리나라 기상청에서는 여름(5월~9월)과 겨울(10월~익년 4월)에 체감온도를 다르게 계산합니다. 여름철 체감온도는 일 최고 체감온도를 제공하고, 겨울철 체감온도는 일 최저 체감온도를 제공하죠. 특히 겨울철은 기온이 10℃ 이하, 풍속이 1.3 m/s 이상일 때만 산출한답니다.

빅데이터: 우리가 이번 퀘스트에서 다루는 데이터는 빅데이터(Big Data)라고 볼 수 있습니다. 빅데이터는 사람들이 인터넷, 스마트폰, 센서 등을 통해 만들어내는 엄청난 양의 데이터를 의미합니다. 이 데이터를 분석하면, 세상이 어떻게 변하는지 예측하고 더 좋은 결정을 내릴 수 있습니다. 빅데이터는 엄청난 양(Volume), 다양한 종류(Variety), 빠르게 변하는 속도(Velocity)가 특징(3V)입니다.

예시 인터넷 검색 → 자주 검색되는 단어 → 인기 검색어 트렌드 분석
유튜브 & SNS → 인기 영상과 많이 조회된 게시물 → 추천 알고리즘 개선
온라인 쇼핑 → 많이 검색된 상품과 구매 시기 데이터 → 맞춤형 상품 추천
교통 데이터 → 시간대별 교통량 분석 데이터 → 최적 경로 안내
날씨 데이터 → 지역별 온도 및 강수량 데이터 → 기상 예측 및 재해 대비
헬스 데이터 → 스마트 워치로 측정한 걸음 수와 심박수 → 건강 관리 및 운동 추천

학습 흐름

문제 인식

실제 기온과 다른 체감온도의 중요성 알기
체감온도 데이터 살펴보기
체감온도 데이터 분류하기

↓

문제 해결을 위한 데이터 탐색

차트에서 알 수 있는 내용 분석하기
체감온도가 높은 시기 알아보기
아이스크림 검색 데이터 분석 도구 선정하기
체감온도가 높은 시기에 해당하는 아이스크림 검색 데이터 살펴보기
최근 3개년 아이스크림 경쟁 정도 비교 분석하기

↓

문제 해결

체감온도 데이터와 아이스크림 검색 키워드 데이터 분석으로
J마트에 아이스크림 구매 시기와 종류 정하기

1 문제 인식

▶ 실제 온도와 다른 체감 온도의 중요성

우리가 날씨를 볼 때 가장 먼저 확인하는 것은 기온(온도계에 표시되는 온도)입니다. 하지만, 같은 기온이라도 사람이 느끼는 온도는 실제와 다를 수 있습니다. 이렇게 사람의 몸이 느끼는 온도를 '체감온도'라고 합니다. 체감온도는 바람, 습도, 햇볕 등의 영향을 받아 더 덥거나 더 춥게 느껴질 수 있습니다. 따라서 단순히 기온만 보고 날씨를 예상하면, 실제 날씨와 다르게 느껴질 수 있습니다.

① 여름에 실제 기온보다 체감온도가 더 높은 이유

여름철에는 기온이 높은 날이 많지만, 똑같은 기온이라도 어떤 날은 더 덥게, 어떤 날은 덜 덥게 느껴질 수 있습니다. 그 이유는 '습도' 때문입니다. 우리 몸은 더울 때 땀을 흘리며 체온을 조절합니다. 습도가 높으면 땀이 잘 증발하지 않기 때문에 몸의 열이 빠져나가지 못하고 더 덥게 느껴집니다.

예 같은 30℃라도 사막(건조한 곳)에서는 시원하게 느껴질 수도 있지만, 습한 날(장마철)에는 훨씬 더 덥게 느껴질 수 있습니다.

② 겨울에 실제 기온보다 체감온도가 더 낮은 이유

겨울에는 기온이 낮지만, 똑같은 기온이라도 어떤 날은 더 춥게 느껴질 수 있습니다. 그 이유는 '바람' 때문입니다. 바람이 불면 몸 주변의 따뜻한 공기가 날아가면서 체온이 더 빠르게 내려갑니다. 같은 기온이라도 바람이 강하면 체감온도는 실제보다 더 낮아집니다.

예 같은 −5℃라도 실내(바람 없음)에서는 따뜻하게 느껴질 수 있지만, 바람이 강한 날 야외에서는 훨씬 더 춥게 느껴집니다.

③ 체감온도를 확인해야 하는 이유

- 날씨 예보를 더 정확히 이해할 수 있습니다. 단순히 '오늘 기온은 30℃'라는 정보보다 '체감온도 35℃'를 보면 실제 얼마나 더울지 더 정확하게 알 수 있습니다.
- 건강을 지킬 수 있습니다. 체감온도가 높으면 열사병 위험이 커지고, 낮으면 저체온증 위험이 높아집니다.

• 생활 속에서 올바른 결정을 내릴 수 있습니다. 체감온도를 보고 적절한 옷을 선택하거나, 운동을 할지 말지를 결정할 수 있습니다.

▶ 체감온도 데이터 살펴보기

이번 퀘스트에서 다루는 체감온도 데이터는 엔트리에서 제공하는 데이터입니다. 해당 데이터는 기상청의 데이터로, 서울시의 일별 체감온도와 기온, 강수량, 풍속, 습도, 일사량, 전운량 등 다양한 기상정보를 통합한 현실의 데이터셋입니다. 이 데이터셋은 날짜를 포함해 11개의 속성을 지니며, 2019년 1월 1일부터 2024년 4월 17일까지 기상청 조건에 따라 체감온도를 산출하지 않는 일자를 제외하고 총 1,747개의 데이터가 구성되어 있습니다(2025년 3월 기준).

1 엔트리에서 제공하는 체감온도 데이터를 추가합니다.

② 추가된 데이터의 모습을 확인합니다. 체감온도 데이터셋 안에 11개의 속성(날짜, 체감온도, 기온, 최저기온, 최고기온, 일강수량, 풍속, 상대습도, 합계 일사량, 전운량, 지면온도)을 볼 수 있습니다.

체감온도

테이블 | 차트 | 정보 저장하기

	A	B	C	D	E	F	G	H	I	J	K
1	날짜	체감온도	기온	최저기온	최고기온	일강수량	풍속	상대습도	합계 일사량	전운량	지면온도
2	2019-01-01	-11.8	-5	-8.2	-0.6	0	2.1	49.5	7.84	3.4	-3.9
3	2019-01-02	-11.3	-4.9	-8.8	0.2	0	1.7	42.8	10.48	0	-3.3
4	2019-01-03	-12	-3.5	-8.4	3.2	0	1.4	38.8	10.28	0.1	-2.6
5	2019-01-04	-8.1	-1.1	-6.2	4.1	0	1.2	55.5	6.2	5.5	-1.4
6	2019-01-05	-10.1	-2.8	-5.5	1.1	0	2.2	40.3	10.05	0.5	-1.2
7	2019-01-06	-9.5	-2.8	-6.3	2.7	0	1.2	35	9.64	3.1	-1.2
8	2019-01-07	-7.7	-1.9	-6.2	3.1	0	1.4	46.4	8.71	4	-2
9	2019-01-08	-12.1	-3.5	-7.2	0.5	0	2.6	31	10.46	0	-2
10	2019-01-09	-12.9	-4.7	-9.4	1.3	0	1.3	28.8	8.47	4.9	-4.1
11	2019-01-10	-7.9	-0.6	-4.5	3	0	1.3	48.8	5.92	8.1	-0.7
12	2019-01-11	-2.4	2.4	-0.4	7.2	0	1	58.8	8.53	6.1	1.2

출처: 엔트리(https://playentry.org/)에서 제공하는 데이터 테이블

◆ 각 속성에 대한 설명

속성	설명	속성	설명
날짜	관측한 날짜	풍속(m/s)	바람의 세기
체감온도(℃)	사람이 실제로 느끼는 온도	상대습도(%)	공기 중 수분의 양
기온(℃)	온도계로 측정한 실제 기온	일사량(MJ/m²)	태양에서 지표면으로 내려오는 햇빛의 에너지량
최저기온/최고기온(℃)	하루 중 가장 낮은/높은 기온	전운량(1~10)	하늘을 덮고 있는 구름의 양
일강수량(mm)	하루 동안 내린 비의 양	지면온도(℃)	지표면에서 측정한 온도

◆ 이 데이터로 어떻게 체감온도 상승 시기를 알 수 있을까요?

체감온도 상승 시기를 알 수 있는 방법은 여러 가지가 있을 수 있습니다. 데이터 테이블에서 체감온도 값이 점점 올라가는지 확인할 수 있고, 기온, 바람, 습도, 일사량 등의 변화를 살펴볼 수도 있습니다. 이처럼 여러 가지 방법들이 있지만, 이번 퀘스트에서는 날짜별 체감온도를 선(라인) 그래프로 그려 체감온도가 높아지는 시기를 찾으려고 합니다.

◆ **왜 선(라인) 그래프로 그려서 찾으려고 할까요?**

선(라인) 그래프는 데이터를 '흐름'으로 보여주기 때문입니다! 숫자로만 체감온도를 보면, 하루하루 온도가 들쭉날쭉해서 상승 시기를 찾기 어려울 수 있습니다. 하루만 따뜻했다가 다시 추워지면 그것은 일시적이고 짧은 변화인 것입니다. 하지만 선(라인) 그래프를 보면 온도가 올라가거나 내려가는지를 선의 '기울기'를 보고 쉽게 알 수 있습니다. 또한, 여러 날 동안 계속 올라가거나 내려가는지, 일시적인 변화인지를 알 수 있으므로, 짧은 변화와 긴 변화를 쉽게 구분할 수 있습니다. 막대(바)그래프보다 연속적인 변화를 보기에 훨씬 좋습니다.

◆ **이번 퀘스트에서 제공하는 1,747개의 데이터를 모두 활용해 선(라인) 그래프를 만들어 분석하면, 어떤 장점과 단점이 있을까요?**

장점	단점
1. 일정한 패턴을 찾을 수 있습니다. 체감온도가 해마다 비슷한 패턴으로 변하는지를 분석할 수 있습니다. 계절별로 온도가 오르내리는 주기가 있는지 찾을 수 있습니다.	**1. 너무 많은 데이터가 있으면 복잡합니다.** 날짜별 데이터이므로 변동성이 크다면 선(라인) 그래프가 지나치게 복잡하게 보일 수 있고 해석하기 어려워지게 됩니다.
2. 장기적인 변화를 파악할 수 있습니다. 약 5년 동안 체감온도가 점점 따뜻해지고 있는지, 아니면 큰 변화 없이 유지되고 있는지 확인할 수 있습니다.	**2. 변화의 원인을 명확하게 분석하기 어렵습니다.** 체감온도 변화의 원인은 기온, 습도, 풍속 등 다양한 요인으로 인해 발생하는데, 선(라인) 그래프만으로는 그 원인을 직접 분석하기 어렵습니다.
3. 특별한 날씨 변화를 찾을 수 있습니다. 여러 해의 데이터를 비교하면서 특정 연도나 계절에 갑작스러운 온도 변화가 있었는지 찾을 수 있습니다.	**3. 특별한 날이 혼란을 줄 수도 있습니다.** 데이터가 많아지면 극단적인 체감온도 변화가 포함될 가능성이 커지고, 이로 인해 그래프 해석이 왜곡될 수 있습니다.

◆ **이러한 단점을 보완하는 방법에는 어떤 것들이 있을까요?**

- 연도별로 데이터를 분류하거나 색상을 구분해서 연도별 패턴을 쉽게 비교하기
- 극단적인 체감온도 변화가 있었던 날을 강조하거나 삭제하여 장기적인 흐름 변화에 집중하기
- 월별 평균 온도를 선으로 그려 추가함으로써 패턴 변화를 더 쉽게 관찰하기

제이는 각 연도의 변화를 더 쉽게 보고 연도 간 비교를 쉽게 할 수 있도록 '연도별로 데이터를 분류하는 방법'을 선택했습니다.

▶ 체감온도 데이터 분류하기

엔트리의 데이터를 엑셀(또는 한셀)로 저장하지 않고, 엔트리 내에서 분류하는 방법을 설명하겠습니다. 아래 방법 이외에도, 데이터를 컴퓨터에 저장하여 진행하는 방법도 있습니다. (퀘스트 7 참고)

엔트리 데이터 테이블 작업에서는 엑셀(또는 한셀)에서 활용하는 단축키가 일부 적용되지 않습니다. 따라서, 주로 마우스를 활용해야 하는 점 참고 바랍니다(2025년 3월 기준).

1 데이터 테이블을 연도별로 분류하기 위해 데이터를 추가합니다.

[테이블 추가하기]를 누르면 같은 종류의 데이터라도 여러 개 추가할 수 있습니다.

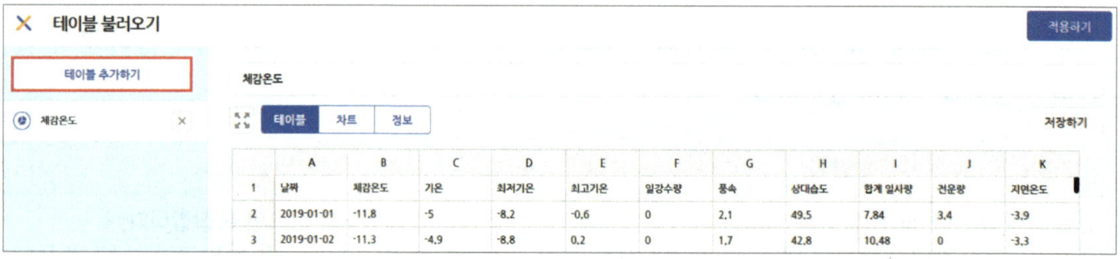

	A	B	C	D	E	F	G	H	I	J	K
1	날짜	체감온도	기온	최저기온	최고기온	일강수량	풍속	상대습도	합계 일사량	전운량	지면온도
2	2019-01-01	-11.8	-5	-8.2	-0.6	0	2.1	49.5	7.84	3.4	-3.9
3	2019-01-02	-11.3	-4.9	-8.8	0.2	0	1.7	42.8	10.48	0	-3.3

2 2019년부터 2023년까지 총 5개년의 데이터를 분석하기 위해, 앞서 테이블을 추가했던 방법대로 4개를 추가합니다.

✚ 2024년은 4월 17일까지의 데이터만 존재하므로, 분석 대상에서 제외합니다.

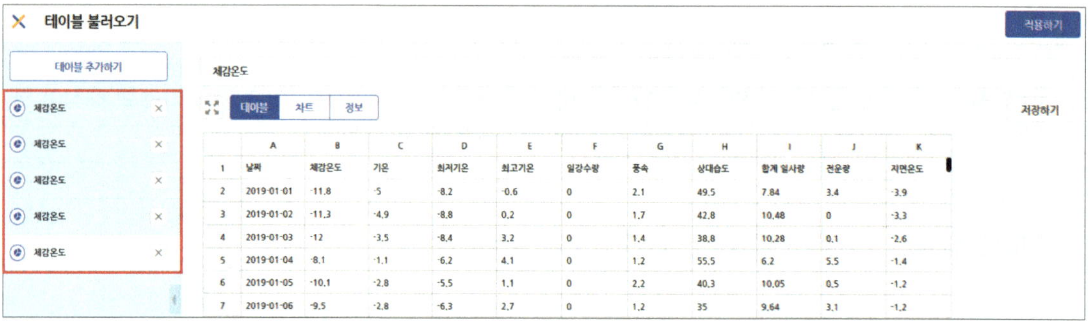

	A	B	C	D	E	F	G	H	I	J	K
1	날짜	체감온도	기온	최저기온	최고기온	일강수량	풍속	상대습도	합계 일사량	전운량	지면온도
2	2019-01-01	-11.8	-5	-8.2	-0.6	0	2.1	49.5	7.84	3.4	-3.9
3	2019-01-02	-11.3	-4.9	-8.8	0.2	0	1.7	42.8	10.48	0	-3.3
4	2019-01-03	-12	-3.5	-8.4	3.2	0	1.4	38.8	10.28	0.1	-2.6
5	2019-01-04	-8.1	-1.1	-6.2	4.1	0	1.2	55.5	6.2	5.5	-1.4
6	2019-01-05	-10.1	-2.8	-5.5	1.1	0	2.2	40.3	10.05	0.5	-1.2
7	2019-01-06	-9.5	-2.8	-6.3	2.7	0	1.2	35	9.64	3.1	-1.2

③ 데이터를 연도별로 나누어 제목을 변경하고, [저장하기]를 누릅니다.

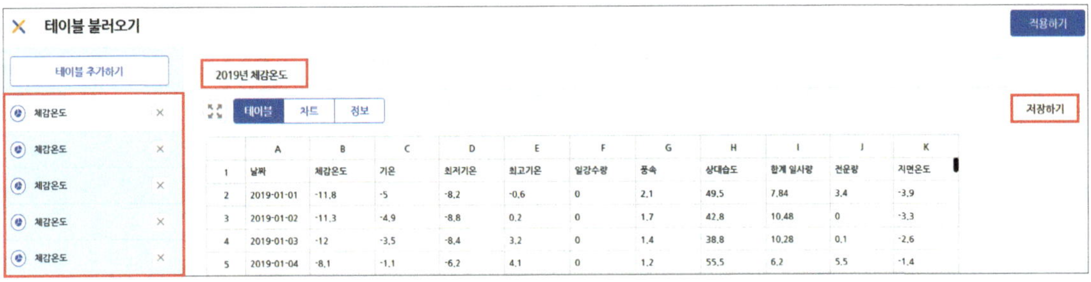

④ 저장을 확인하는 창이 뜨면, [확인]을 누릅니다.

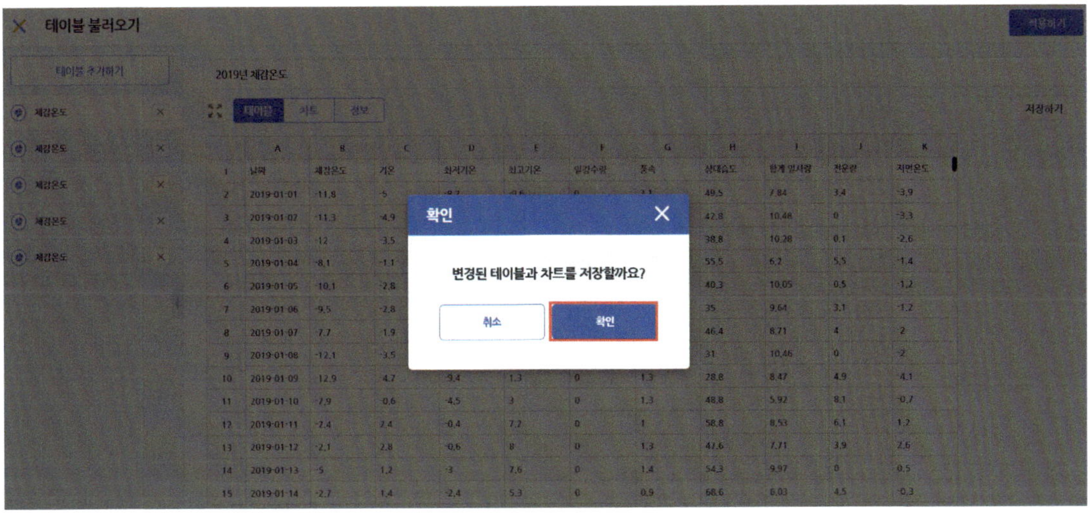

⑤ 이와 같은 작업을 연도별마다 반복하면, 다음과 같이 변경된 제목을 확인할 수 있습니다.

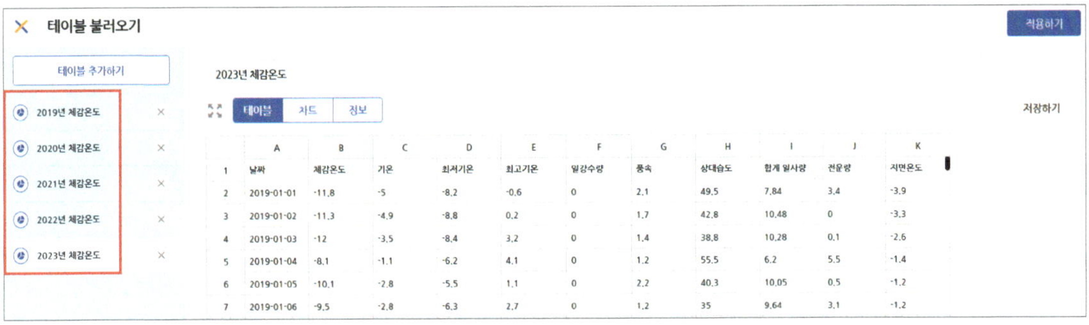

6 2019년 체감온도 데이터를 먼저 분류해보겠습니다. 2019년 체감온도 데이터 테이블에서 2019년이 아닌 데이터를 모두 삭제하겠습니다. 데이터 테이블의 스크롤을 내려 2020년 1월 1일의 데이터 행을 찾고, 행 번호를 누르면 행 전체가 선택됩니다.

✚ 선택된 부분은 파란색 음영 처리가 됩니다.

2019년 체감온도

테이블 | 차트 | 정보

	A	B	C	D	E	F	G	H	I	J	K
332	2020-01-01	-8.9	-2.2	-6.5	0.3	0.1	0.6	64.4	4.53	8.9	-0.9
333	2020-01-02	-3.5	1	-0.7	3.8	0	1.2	65.4	3.47	7.9	0.1
334	2020-01-03	-6.2	-0.1	-3.4	4.6	0	1.7	56.9	10.1	0	-0.4
335	2020-01-04	-5.2	1.2	-2.8	6.1	0	1.9	50.8	9.29	2.1	0

7 해당 행이 선택된 채로 두고, 데이터 테이블 스크롤을 끝까지 내려 마지막 날짜의 데이터를 찾습니다.

✚ 내리는 도중 마우스로 다른 영역을 선택했다면, ⑥번 과정부터 다시 실시합니다.

2019년 체감온도

테이블 | 차트 | 정보

	A	B	C	D	E	F	G	H	I	J	K
1730	2024-03-17	2.3	8.8	5.4	12.2	0.1	3.7	48	18.59	5.6	11
1731	2024-03-18	-0.9	7.1	1.4	13.2	0	2.4	28.6	21.33	2	9
1732	2024-03-19	0.5	6.7	3.9	9.8	0.2	3.7	60.8	9.63	6.1	8.8
1733	2024-03-20	-1.9	4.4	1.2	8.7	0	3.4	46.5	19.09	1.8	7.2
1734	2024-03-21	-2.7	5	-1.2	11.5	0	2	46.5	22.43	2	7.7
1735	2024-03-22	0.4	10.4	3.8	15.2	5.4	3.4	57	10.25	7.6	8.9
1736	2024-03-23	8	13	9.3	18.2	0.1	2.3	66	19.2	6.4	14
1737	2024-03-25	2.8	10.6	6.7	14.5	5.1	4	63	4.68	9.6	9.4
1738	2024-03-26	-0.3	7.4	3.2	12.4	11.5	2.6	77.3	13.76	6.1	9.6
1739	2024-03-27	2.5	10.4	4.4	16.2	0	2	68.4	18.46	5.3	11.8
1740	2024-03-28	5.9	10.3	7.8	12.2	1.9	1.8	81.8	4.13	8.5	10.8
1741	2024-03-29	2.8	7.6	5	12.3	1.4	2.8	73	6.68	4.8	7.7
1742	2024-03-30	0.3	8.8	3	15.6	0	2.4	56.5	16.07	3.9	9.1
1743	2024-03-31	2.2	10.6	3.4	17.7	0	1.9	39.9	22.79	1.6	11.6
1744	2024-04-01	4.3	12.2	5.5	19	0	1.8	32	23.72	0.3	12.9
1745	2024-04-02	5.2	15.4	7	23.9	0	2	37.5	21.69	3.1	14.8
1746	2024-04-06	7.1	12.7	8	18.9	0	1.9	48.6	17.49	3.9	13.6
1747	2024-04-07	6.3	14.8	7.7	23.4	0	2	33.4	23.4	1	16
1748	2024-04-17	8.6	15	9.7	21.8	0	2.2	65.3	23.2	4.6	17.9

❽ 키보드 Shift 키를 꾹 누른 채로, 마지막 데이터 행의 마지막 칸을 누릅니다. 그러면 아까 선택한 2020년 1월 1일의 행부터 마지막 날짜의 행까지 모두 선택됩니다.

2019년 체감온도

테이블 | 차트 | 정보

	A	B	C	D	E	F	G	H	I	J	K
1730	2024-03-17	2.3	8.8	5.4	12.2	0.1	3.7	48	18.59	5.6	11
1731	2024-03-18	-0.9	7.1	1.4	13.2	0	2.4	28.6	21.33	2	9
1732	2024-03-19	0.5	6.7	3.9	9.8	0.2	3.7	60.8	9.63	6.1	8.8
1733	2024-03-20	-1.9	4.4	1.2	8.7	0	3.4	46.5	19.09	1.8	7.2
1734	2024-03-21	-2.7	5	-1.2	11.5	0	2	46.5	22.43	2	7.7
1735	2024-03-22	0.4	10.4	3.8	15.2	5.4	3.4	57	10.25	7.6	8.9
1736	2024-03-23	8	13	9.3	18.2	0.1	2.3	66	19.2	6.4	14
1737	2024-03-25	2.8	10.6	6.7	14.5	5.1	4	63	4.68	9.6	9.4
1738	2024-03-26	-0.3	7.4	3.2	12.4	11.5	2.6	77.3	13.76	6.1	9.6
1739	2024-03-27	2.5	10.4	4.4	16.2	0	2	68.4	18.46	5.3	11.8
1740	2024-03-28	5.9	10.3	7.8	12.2	1.9	1.8	81.8	4.13	8.5	10.8
1741	2024-03-29	2.8	7.6	5	12.3	1.4	2.8	73	6.68	4.8	7.7
1742	2024-03-30	0.3	8.8	3	15.6	0	2.4	56.5	16.07	3.9	9.1
1743	2024-03-31	2.2	10.6	3.4	17.7	0	1.9	39.9	22.79	1.6	11.6
1744	2024-04-01	4.3	12.2	5.5	19	0	1.8	32	23.72	0.3	12.9
1745	2024-04-02	5.2	15.4	7	23.9	0	2	37.5	21.69	3.1	14.8
1746	2024-04-06	7.1	12.7	8	18.9	0	1.9	48.6	17.49	3.9	13.6
1747	2024-04-07	6.3	14.8	7.7	23.4	0	2	33.4	23.4	1	16
1748	2024-04-17	8.6	15	9.7	21.8	0	2.2	65.3	23.2	4.6	17.9

❾ 행 번호 쪽에 마우스를 올려 두고, 마우스 오른쪽 버튼을 누르면 삭제 선택 창이 뜹니다. 마지막에 있는 '~ 행 삭제'를 선택합니다.

2019년 체감온도

테이블 | 차트 | 정보

	A	B	C	D	E	F	G	H	I	J	K
1730	2024-03-17	2.3	8.8	5.4	12.2	0.1	3.7	48	18.59	5.6	11
1731	2024-03-18	-0.9	7.1	1.4	13.2	0	2.4	28.6	21.33	2	9
1732	2024-03-19	0.5	6.7	3.9	9.8	0.2	3.7	60.8	9.63	6.1	8.8
1733	2024-03-20	-1.9	4.4	1.2	8.7	0	3.4	46.5	19.09	1.8	7.2
1734	2024-03-21	-2.7	5	-1.2	11.5	0	2	46.5	22.43	2	7.7
1735	2024-03-22	0.4	10.4	3.8	15.2	5.4	3.4	57	10.25	7.6	8.9
1736	2024-03-23	8	13	9.3	18.2	0.1	2.3	66	19.2	6.4	14
1737	2024-03-25	2.8	10.6	6.7	14.5	5.1	4	63	4.68	9.6	9.4
1738	2024-03-26	-0.3	7.4	3.2	12.4	11.5	2.6	77.3	13.76	6.1	9.6
1739	2024-03-27	2.5	10.4	4.4	16.2	0	2	68.4	18.46	5.3	11.8
1740	2024-03-28	5.9	10.3	7.8	12.2	1.9	1.8	81.8	4.13	8.5	10.8
1741	2024-03-29	2.8	7.6	5	12.3	1.4	2.8	73	6.68	4.8	7.7
1742	2024-03-30	0.3	8.8	3	15.6	0	2.4	56.5	16.07	3.9	9.1
1743	2024-03-31	2.2	10.6	3.4	17.7	0	1.9	39.9	22.79	1.6	11.6
1744	2024-04-01	4.3	12.2	5.5	19	0	1.8	32	23.72	0.3	12.9
17			15.4	7	23.9	0	2	37.5	21.69	3.1	14.8
17			12.7	8	18.9	0	1.9	48.6	17.49	3.9	13.6
17			14.8	7.7	23.4	0	2	33.4	23.4	1	16
17			15	9.7	21.8	0	2.2	65.3	23.2	4.6	17.9

위쪽에 행 1417개 추가하기

아래쪽에 행 1417개 추가하기

1417 행 삭제

⑩ 2019년 데이터에서 2019년이 아닌 해의 데이터가 모두 삭제된 것을 확인할 수 있습니다. [저장하기]와 선택 창의 [확인]을 눌러 변경된 테이블 내용을 저장합니다.

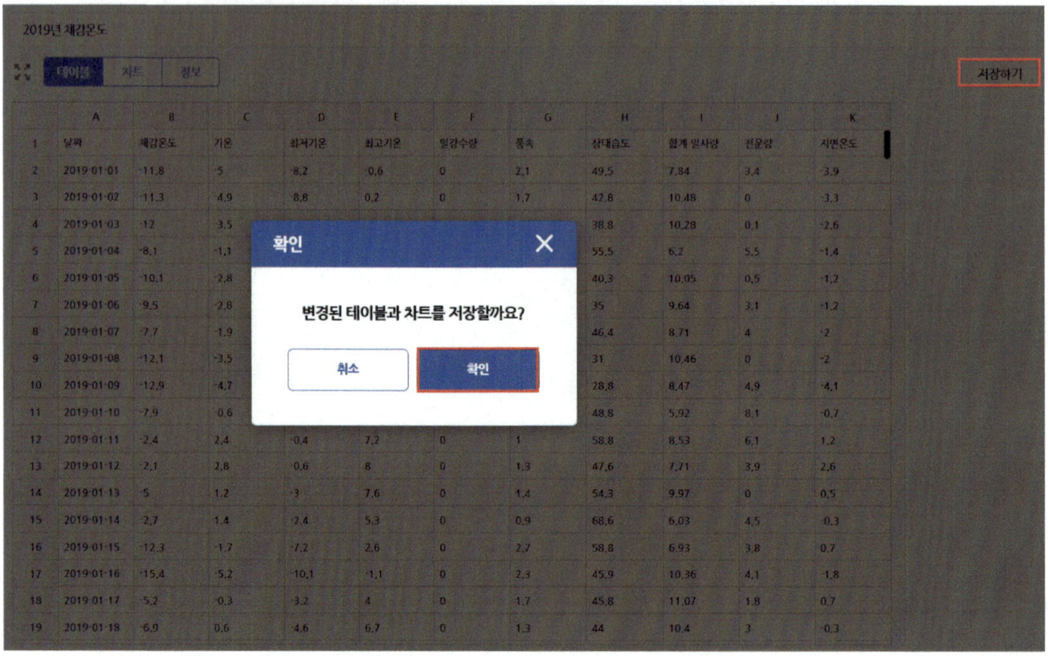

⑪ 같은 방식으로, 다른 연도의 데이터도 분류 작업을 진행합니다.

2 문제 해결을 위한 데이터 탐색

▶ 차트에서 알 수 있는 내용 분석하기

연도별로 체감온도 데이터를 분류하였으니, 차트를 생성하고 분석하여 각 연도의 체감온도 상승 시기를 확인하겠습니다.

❶ [테이블] 옆에 있는 [차트] 탭을 클릭합니다. 엔트리에서 기본적으로 제공하는 '체감온도, 기온, 지면온도의 관계'를 나타내는 선(라인) 그래프 그래프를 확인할 수 있습니다.

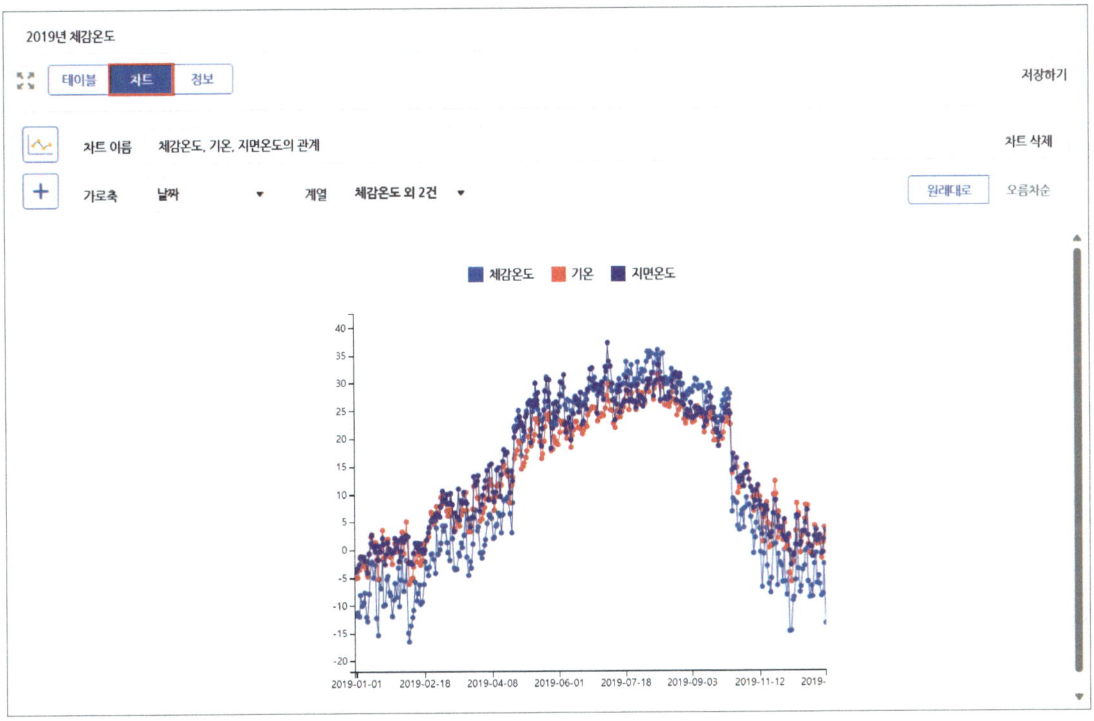

❷ 체감온도 상승 시기 확인을 위한 차트를 새로 생성하기 위해 +를 누르고, 를 눌러 그래프의 종류를 선(라인) 그래프로 선택합니다.

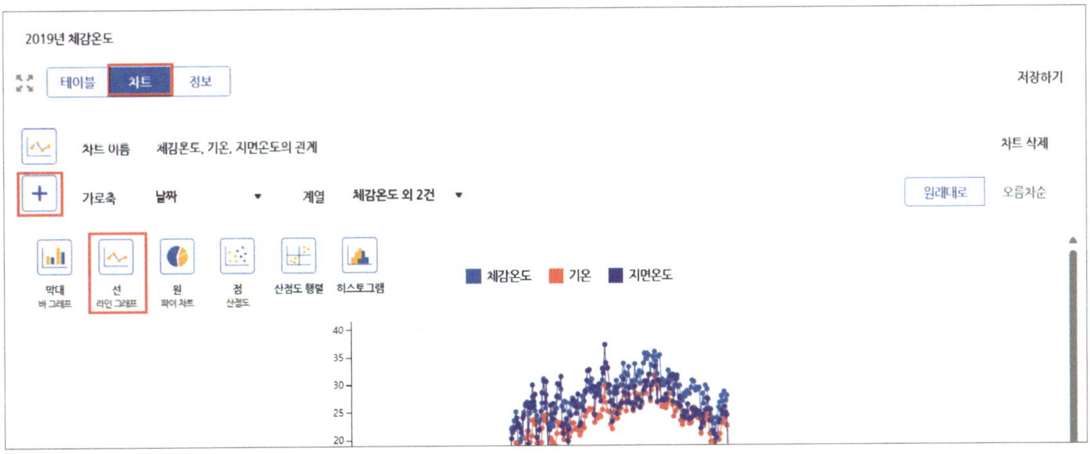

3 차트 이름을 '~년 체감온도 변화'로 변경하고, 가로축을 '날짜'로, 계열을 '체감온도'로 설정합니다.

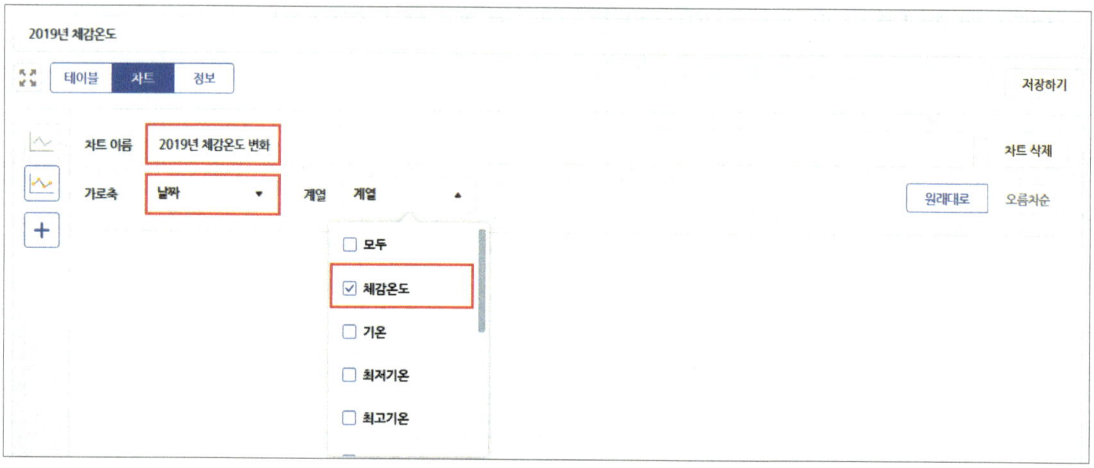

✚ 가로축(X축)은 그래프에서 시간이나 기준을 나타내는 축으로, 보통 흐름을 나타낼 때 사용합니다. 계열(Series)은 그래프에서 하나의 변화를 나타내는 선으로, 하나의 계열은 하나의 데이터 종류를 나타냅니다. 여기서 가로축은 날짜, 계열은 체감온도를 선택하였으므로, 날짜가 흐르면서 체감온도가 어떻게 변하는지 볼 수 있습니다.

4 설정을 마치면 날짜(가로축)에 따른 체감온도(계열) 변화가 그래프로 나타납니다.

✚ 동그란 점은 날짜 하나하나의 값으로, 마우스를 올리면 해당값을 확인할 수 있습니다.

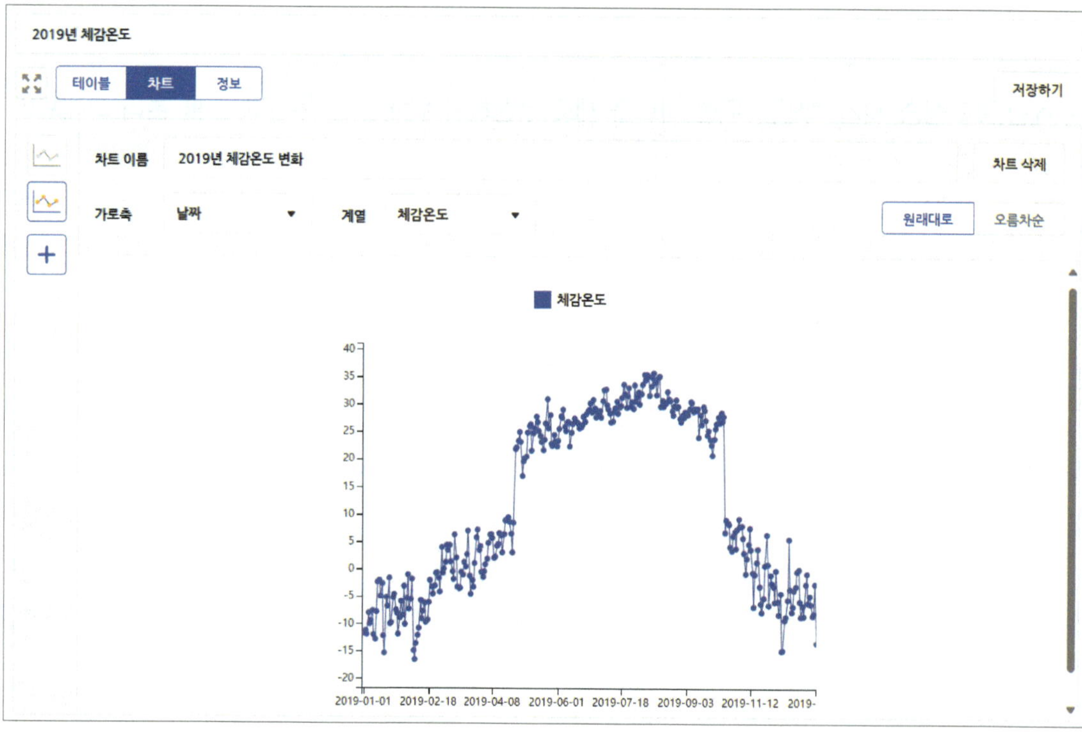

5 왼쪽 위의 [아이콘]를 클릭하면 조금더 확대된 모습의 차트를 볼 수 있습니다.

6 위와 같은 방식으로 각 연도의 데이터에 해당하는 차트를 만듭니다.

7 각 차트를 분석하고 알 수 있는 내용을 정리합니다.

◆ 어떤 점을 분석할 수 있을까요?

- 각 계절의 체감온도는 어떠한가?
- 체감온도가 상승 또는 하강하기 시작하는 시점은 언제인가?
- 체감온도는 언제 제일 높거나 낮은가?
- 체감온도의 급격한 변화가 발생하는 시점은 언제인가?
- 해당 연도에서 특이하게 보이는 현상이 있는가? 등

8 각 연도에 해당하는 그래프를 통해 분석할 수 있는 내용에는 어떤 것들이 있을까요?

2019년	2020년
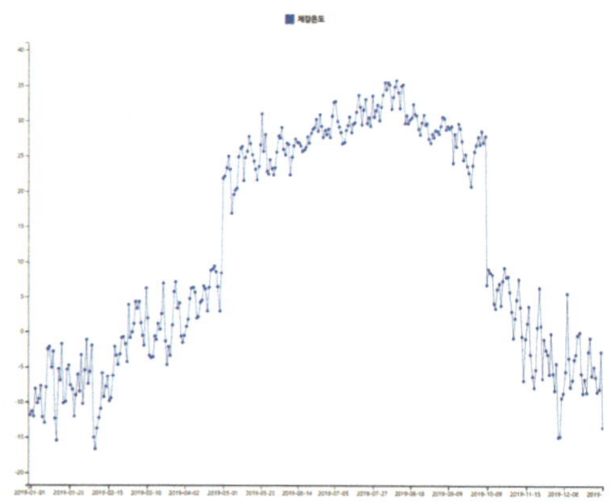	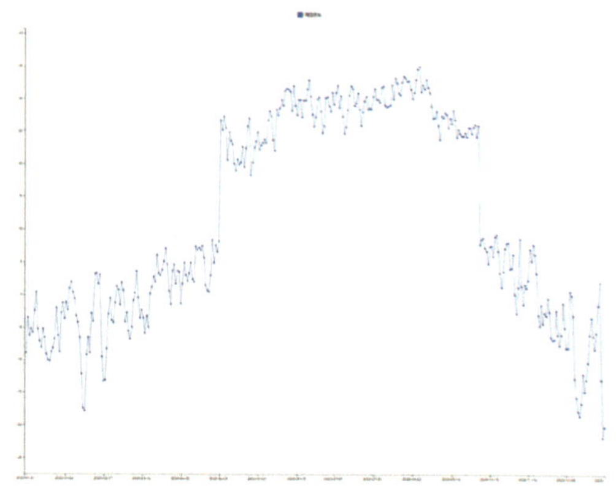
2021년	**2022년**
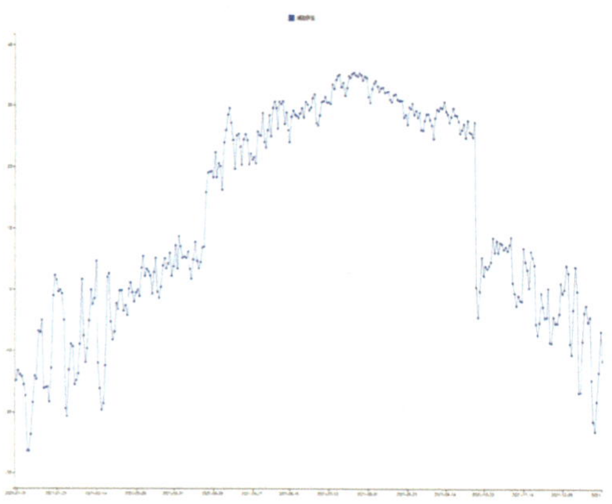	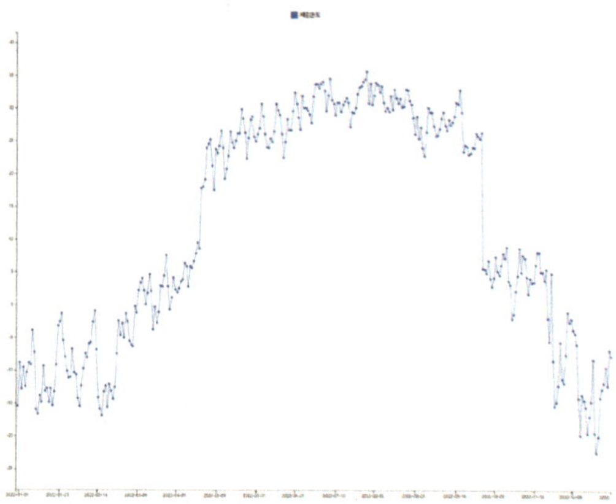
2023년	**그래프를 분석으로 어떤 점을 알게 되었나요?**
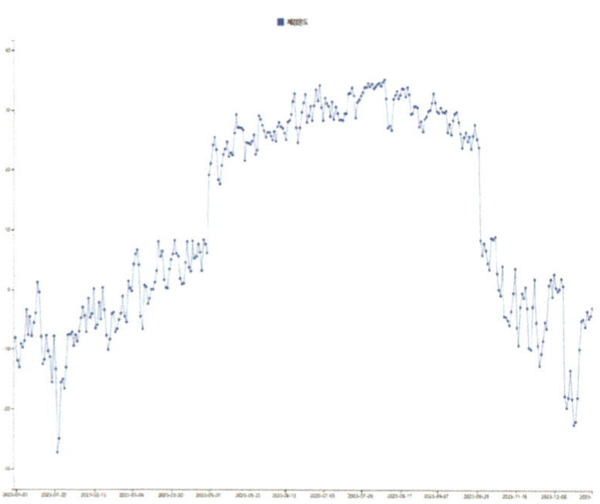	

체감온도가 높은 시기 알아보기

1 제이는 연도별 그래프를 분석하여 다음과 같은 정보를 알아내었습니다.

① 최저 체감온도

- 2023년(−25℃)도 비교적 낮았으며, 2021년(−22℃), 2022년(−21℃) 등도 비슷한 추세를 보인다.

② 최고 체감온도

- 2023년(약 37℃)이 가장 높아, 여름철이 가장 더웠던 해로 추정된다.

③ 체감온도 상승 시작 시기

- 2020년은 2월 중순으로, 가장 빨리 상승하기 시작하였다. 비교적 따뜻한 겨울이었을 가능성이 높다.
- 2021년은 3월 초로, 가장 늦게 상승하기 시작하였다. 봄이 늦게 찾아왔을 것이다.
- 나머지 연도(2019, 2022, 2023)에는 대부분 2월 말에 상승하기 시작하였다.

④ 체감온도 하강 시작 시기

- 2020년은 9월 중순으로, 가장 빨리 하강하기 시작하였다. 비교적 가을이 빠르게 시작되었다.
- 2021년은 10월 초로, 가장 늦게 하강하기 시작하였다. 가을이 늦게 시작되었다.
- 나머지 연도(2019, 2022, 2023년)는 대부분 9월 말에 하강하기 시작하였다.

⑤ 더위 시작 시기(체감온도 26도 이상)

- 2020년은 5월 초로, 가장 빨리 더위가 시작되었다. 봄이 빠르게 지나가고 초여름이 일찍 찾아왔을 가능성이 있다.
- 2021년은 5월 말로, 가장 늦게 더위가 시작되었다. 상대적으로 봄이 길었을 것이다.
- 나머지 연도(2019, 2022, 2023년)에는 대부분 5월 중순에 더위가 시작되었다.

⑥ 추위 시작 시기(체감온도 10도 이하)

- 2020년은 10월 중순으로, 가장 빨리 추위를 느꼈다. 가을이 짧고 겨울이 일찍 시작된 해였을 것이다.
- 2021년은 11월 초로, 가장 늦게 추위가 시작되었다. 가을이 비교적 길었을 것이다.
- 나머지 연도(2019, 2022, 2023년)에는 대부분 10월 말부터 추위가 시작되었다.

2 알아낸 정보를 바탕으로, 제이는 분석할 아이스크림 검색 데이터의 시기를 '5월~8월'로 선정하였습니다.

체감온도가 26도 이상 오르는 시기는 보통 5월 중순부터 시작되었습니다. 7~8월에는 가장 더운 날씨가 지속되었으며, 9월 말부터는 다시 선선해지는 경향을 보였습니다.
따라서 아이스크림을 많이 찾는 시기는 5월부터 8월까지로 예상할 수 있습니다.

아이스크림 검색 데이터 분석 도구 선정하기

제이와 아빠는 판매자들을 위한 검색 데이터 분석 도구로, 네이버 데이터랩, 구글 트렌드, 아이템스카우트, 셀러마스터, 판다랭크 등을 찾았어요. 모두 훌륭한 데이터 분석 도구들이지만, 다음과 같은 이유로 '아이템스카우트'를 최종 선정했어요.

- **경쟁 강도 분석이 가능합니다.**
  아이템스카우트는 상품 수, 경쟁 강도 등을 수치화하여 제공하므로, 어떤 키워드가 경쟁이 심한지, 어떤 키워드가 진입하기 좋은지 분석할 수 있습니다.
- **실제 쇼핑 플랫폼의 데이터를 기반으로 합니다.**
  아이템스카우트는 네이버 쇼핑 등의 실제 상품 데이터를 분석하여 경쟁 강도를 평가할 수 있습니다.
- **상품별 상세 데이터를 제공합니다.**
  검색량뿐만 아니라 상품 수, 가격 분포, 판매량, 광고 등의 정보를 함께 제공하여 단순 검색 트렌드가 아니라, 실제 판매 시장에서의 경쟁력을 평가할 수 있습니다.

제이와 아빠는 소비자의 많은 관심에 비해 판매처가 적은 아이스크림을 선정해 경쟁력을 갖출 계획을 하고 있습니다. 그래서 아이템스카우트의 검색 데이터 중에서도 '경쟁 강도'를 활용할 것입니다. 반드시 아이템스카우트가 아니더라도 여러분이 필요한 정보에 따라 분석 도구를 다르게 선정할 수 있습니다.

▶ 체감온도가 높은 시기에 해당하는 아이스크림 검색 데이터 살펴보기

① 아이스크림 검색 키워드 데이터를 분석하기 위해, '아이템스카우트(ItemScout) 사이트(https://itemscout.io/)'에 접속합니다.

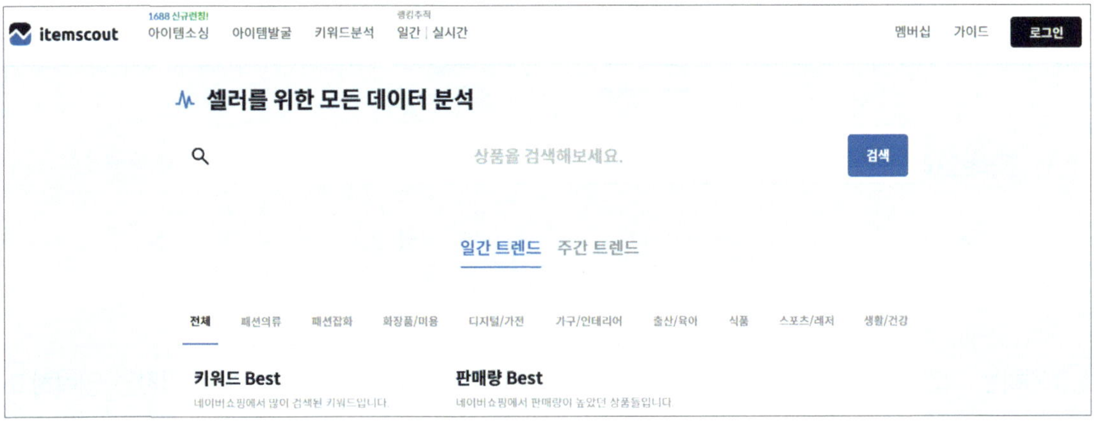

◆ '아이템스카우트'는 무엇인가요?

아이템스카우트(ItemScout)는 온라인 셀러를 위한 데이터 분석 도구입니다. 이 도구는 특히 스마트스토어 및 이커머스 플랫폼에서 상품을 판매하는 분들에게 유용한 기능들을 제공합니다. 주요 기능은 다음과 같습니다.

- **키워드 분석**: 상품별 키워드의 검색량, 경쟁 강도, 연관 키워드 등을 분석하여 효과적인 상품 등록과 마케팅 전략 수립에 도움을 줍니다.
- **아이템 발굴**: 시장 트렌드와 수요를 파악하여 새로운 상품 아이디어를 찾을 수 있도록 지원합니다.
- **랭킹 추적**: 자신의 상품이 네이버 쇼핑 등에서 어떤 키워드로 몇 위에 노출되고 있는지 추적하여 노출 순위를 관리할 수 있습니다.

② 카테고리별 키워드를 확인하기 위해 상단에 있는 [아이템발굴] 탭을 누릅니다.

3 아이스크림 키워드를 확인하기 위해 [1차 카테고리]는 '식품', [2차 카테고리]는 '과자/베이커리', [3차 카테고리]는 '아이스크림/빙수', [4차 카테고리]는 '아이스크림'을 선택합니다.

+ 4차 카테고리는 3차 카테고리를 선택해야 칸이 선택 박스가 생성됩니다.

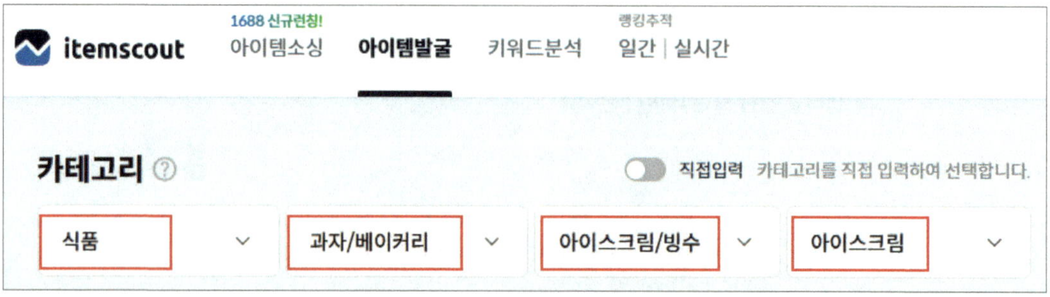

4 원하는 기간의 키워드를 분석하기 위해 [과거 선택]을 선택합니다. 그 후, 해당 기간을 입력하고 조회를 클릭합니다.

5 조회한 기간의 인기 키워드 순위를 확인할 수 있습니다. 이때 나타나는 순위는 '평균 광고클릭수' 기준으로 정렬된 것입니다.

키워드 697개

아이스크림 2024-05 ~ 2024-08

보기옵션 엑셀 다운로드

순위	키워드	대표 카테고리	키워드 분류	검색수	상품수	경쟁강도	평균 광고클릭수	광고 클릭 경쟁률	클릭대비 광고비
1	라라스윗 B	아이스크림	쇼핑성 92%	496,500	1,266	아주좋음 0.01	1,289.5	아주좋음 0.98	아주좋음 0.07
2	빙그레 B	커피음료	정보성 87%	475,000	98,930	아주좋음 0.83	674.5	아주나쁨 146.66	아주좋음 0.13
3	폴라레티	아이스크림	쇼핑성 92%	107,960	868	아주좋음 0.03	593.9	아주좋음 1.46	아주좋음 0.13
4	파인애플샤베트	아이스크림	쇼핑성 79%	58,740	922	아주좋음 0.06	442.0	아주좋음 2.09	좋음 0.95
5	아이스크림	아이스크림	쇼핑성 79%	576,000	1,052,733	보통 7.31	426.4	아주나쁨 2,468.74	아주좋음 0.39
6	구슬아이스크림	아이스크림	쇼핑성 76%	114,952	12,819	아주좋음 0.45	371.5	보통 34.51	아주좋음 0.40
7	팥빙수	아이스크림	쇼핑성 92%	308,920	116,326	아주좋음 1.51	312.0	아주나쁨 372.87	아주좋음 0.43
8	망고빙수	아이스크림	쇼핑성 79%	136,560	8,913	아주좋음 0.26	260.9	보통 34.16	아주좋음 0.48
9	저당아이스크림	아이스크림	쇼핑성 79%	40,352	1,226	아주좋음 0.12	255.1	아주좋음 4.81	나쁨 2.63
10	요거트아이스크림	아이스크림	쇼핑성 76%	153,500	61,767	아주좋음 1.61	231.7	아주나쁨 266.52	아주나쁨 7.15
11	제로아이스크림	아이스크림	쇼핑성 85%	129,420	5,392	아주좋음 0.17	222.8	보통 24.20	아[illegible]

6 원하는 기준에 따라 인기 키워드를 재정렬할 수 있습니다. J마트는 '경쟁력 있는' 아이스크림을 선정하기 위해 '경쟁 강도'를 기준으로 분류하겠습니다. [경쟁강도] 항목의 화살표를 클릭하고, 경쟁 강도가 낮은 순으로 보기 위해 오름차순 정렬합니다.

키워드 697개

아이스크림 2024-05 ~ 2024-08

보기옵션 엑셀 다운로드 너비 확장/축소

순위	키워드	대표 카테고리	키워드 분류	검색수	상품수	↑ 경쟁강도	평균 광고클릭수	광고 클릭 경쟁률	클릭대비 광고비
18	라라스윗저당초코바 B	아이스크림	쇼핑성 95%	81,892	36	아주좋음 0.00	165.9	아주좋음 0.22	아주좋음 0.42
24	롯데팥빙수 B	아이스크림	쇼핑성 96%	22,040	17	아주좋음 0.00	145.5	아주좋음 0.12	좋음 0.62
60	외쿠외쿠아이스크림	아이스크림	쇼핑성 76%	4,232	5	아주좋음 0.00	57.5	아주좋음 0.09	보통 1.22
150	와쿠와크	아이스크림	정보성 92%	6,032	2	아주좋음 0.00	11.2	아주좋음 0.18	아주나쁨 6.25
162	라라스윗멜론바 B	아이스크림	쇼핑성 98%	12,348	12	아주좋음 0.00	9.6	아주좋음 1.25	아주나쁨 7.32
246	라라스윗저당초코바말차 B	초콜릿	정보성 75%	3,320	3	아주좋음 0.00	2.0	아주좋음 1.50	아주나쁨 35.00
332	마루는강쥐아이스크림	아이스크림	정보성 95%	9,580	4	아주좋음 0.00	1.0	아주좋음 4.00	아주나쁨 70.00
380	더블비안코	아이스크림	쇼핑성 96%	25,868	27	아주좋음 0.00	0.7	나쁨 40.50	아주나쁨 105.00
1	라라스윗 B	아이스크림	쇼핑성 92%	496,500	1,266	아주좋음 0.01	1,289.5	아주좋음 0.98	아주좋음 0.07
17	스키니피그 B	원피스	정보성 87%	63,580	122	아주좋음 0.01	177.4	아주좋음 0.69	아주좋음 0.39
62	고디바아이스크림	아이스크림	쇼핑성 85%	22,108	35	아주좋음 0.01	55.6	아주좋음 0.63	보통 1.26

✚ 정렬된 목록의 오른쪽 위에 있는 ‹› 를 누르면 더 많은 종류의 기준을 확인할 수 있습니다.

✚ 데이터에서 알 수 있는 경쟁 강도는 '상품 수(네이버에 등록된 판매처 수) ÷ 검색 수(네이버에서 검색된 수)'로 산출된 수치입니다. 즉, 검색 수 대비 상품 수가 많거나 적은 정도를 알 수 있으며, '검색 수 대비 상품 수가 적을 경우 경쟁 강도가 낮다'고 보고 있습니다.

7 경쟁 강도에 따라 오름차순으로 정렬된 아이스크림 키워드를 확인할 수 있습니다.

키워드 697개

아이스크림 2024-05 - 2024-08

보기옵션 | 엑셀 다운로드

★	순위	키워드	대표 카테고리	키워드 분류	검색수	상품수	↑ 경쟁강도	평균 광고클릭수	광고 클릭 경쟁률	클릭대비 광고비
☆	18	라라스윗저당초코바 B	아이스크림	쇼핑성 95%	81,892	36	아주좋음 0.00	165.9	아주좋음 0.22	아주좋음 0.42
☆	24	롯데팥빙수 B	아이스크림	쇼핑성 96%	22,040	17	아주좋음 0.00	145.5	아주좋음 0.12	좋음 0.62
☆	60	와쿠와쿠아이스크림	아이스크림	쇼핑성 76%	4,232	5	아주좋음 0.00	57.5	아주좋음 0.09	보통 1.22
☆	150	와쿠와크	아이스크림	정보성 92%	6,032	2	아주좋음 0.00	11.2	아주좋음 0.18	아주나쁨 6.25
☆	162	라라스윗멜론바 B	아이스크림	쇼핑성 98%	12,348	12	아주좋음 0.00	9.6	아주좋음 1.25	아주나쁨 7.32
☆	246	라라스윗저당초코바말차 B	초콜릿	정보성 75%	3,320	3	아주좋음 0.00	2.0	아주좋음 1.50	아주나쁨 35.00
☆	332	마루는강쥐아이스크림	아이스크림	정보성 95%	9,580	4	아주좋음 0.00	1.0	아주좋음 4.00	아주나쁨 70.00
☆	380	더블비얀코	아이스크림	쇼핑성 96%	25,868	27	아주좋음 0.00	0.7	나쁨 40.50	아주나쁨 105.00

8 위와 같은 방법으로 원하는 카테고리, 시기, 기준에 따라 데이터를 살펴볼 수 있습니다.

▶ 최근 3개년 아이스크림 경쟁 정도 비교 분석하기

제이와 아빠는 다음과 같은 이유로, 최근 3개년의 데이터를 비교 분석하려고 합니다.

- **최근 시장 변화 반영**

  아이스크림 시장은 매년 소비 패턴이 달라질 수 있습니다. 신제품 출시, 마케팅 전략 변화, 기후 변화 등의 영향으로 검색량과 경쟁 강도가 달라질 수 있기 때문에, 최근 3년간의 데이터를 비교하면 가장 최신 트렌드를 반영할 수 있습니다.

- **일관된 패턴 확인 가능**

  특정 연도에만 나타난 일시적인 변화인지, 매년 반복되는 패턴인지 확인할 수 있습니다. 예를 들어, 매년 5월부터 경쟁이 치열해지는 패턴이 반복된다면, 이 시기를 전략적으로 활용해야 하는 것입니다.

- **시장 성장 또는 감소 분석**

  3년 전보다 경쟁 강도가 높아졌다면, 해당 아이스크림 시장이 성장하고 있으며, 신규 진입이 더 어렵다고 볼 수 있습니다. 3년 전보다 경쟁이 약해졌다면, 특정 브랜드의 영향력이 줄었거나, 소비자 관심이 다른 제품으로 이동했을 가능성이 있습니다. 따라서 한 해의 데이터만 확인하기보다는 여러 해를 보고 비교 분석하는 것이 좋습니다.

1 인기 키워드의 가독성을 높이기 위해 [보기옵션]을 눌러, [경쟁강도]가 아닌 항목의 체크박스는 모두 해제한 뒤, [저장]을 누릅니다.

2 〈체감온도가 높은 시기에 해당하는 아이스크림 검색 데이터 살펴보기〉에서 진행한 대로, 최근 3개년의 기간을 설정하여 데이터를 추출합니다.

✚ J마트는 2022년부터 2024년의 5월부터 8월에 해당하는 상위 20개 키워드를 활용했습니다.

2022년			2023년			2024년		
순위	키워드	경쟁강도	순위	키워드	경쟁강도	순위	키워드	경쟁강도
5	라라스윗모나카 B	아주좋음 0.00	29	스키니피그 B	아주좋음 0.00	18	라라스윗저당초코바 B	아주좋음 0.00
11	따옴아이스크림 B	아주좋음 0.00	98	라벨리생초코바 B	아주좋음 0.00	24	롯데팥빙수 B	아주좋음 0.00
18	초코비아이스크림	아주좋음 0.00	123	프로즌스모어	아주좋음 0.00	60	와쿠와쿠아이스크림	아주좋음 0.00
36	롯데팥빙수 B	아주좋음 0.00	126	롯데팥빙수 B	아주좋음 0.00	150	와쿠와크	아주좋음 0.00
45	바세츠아이스크림	아주좋음 0.00	162	모나카아이스크림홈쇼핑	아주좋음 0.00	162	라라스윗멜론바 B	아주좋음 0.00
46	석빙고아이스크림	아주좋음 0.00	173	깐돌이아이스크림	아주좋음 0.00	246	라라스윗저당초코바말차 B	아주좋음 0.00
93	불라아이스크림	아주좋음 0.00	196	끌레도르파르페 B	아주좋음 0.00	332	마루는강쥐아이스크림	아주좋음 0.00
196	깐돌이아이스크림	아주좋음 0.00	225	춘식이딸기빙수	아주좋음 0.00	380	더블비얀코	아주좋음 0.00
197	바나나초코칩아이스크림	아주좋음 0.00	247	와쿠와크	아주좋음 0.00	1	라라스윗 B	아주좋음 0.01
206	빽다방아이스크림	아주좋음 0.00	259	더블비얀코	아주좋음 0.00	17	스키니피그 B	아주좋음 0.01
267	백제신라고구마	아주좋음 0.00	625	멘붕어싸만코 B	아주좋음 0.00	62	고디바아이스크림	아주좋음 0.01
322	인간츄르	아주좋음 0.00	660	야쿠르트네고왕	아주좋음 0.00	143	저당멜론바	아주좋음 0.01
430	짱구모나카	아주좋음 0.00	664	네고왕야쿠르트	아주좋음 0.00	144	룩트젤라또 B	아주좋음 0.01
643	아이스크림깐돌이	아주좋음 0.00	9	라라스윗 B	아주좋음 0.01	149	라라스윗말차 B	아주좋음 0.01
3	라라스윗 B	아주좋음 0.01	54	파밀리아아이스크림	아주좋음 0.01	170	범산목장아이스크림 B	아주좋음 0.01
7	파인애플샤베트	아주좋음 0.01	95	라라스윗모나카 B	아주좋음 0.01	188	라라스윗말차초코바 B	아주좋음 0.01
12	스키니피그 B	아주좋음 0.01	146	나이스케키 B	아주좋음 0.01	196	수박바제로	아주좋음 0.01
22	파인샤베트	아주좋음 0.01	152	고디바아이스크림	아주좋음 0.01	201	깐돌이아이스크림	아주좋음 0.01
26	라라스윗아이스크림 B	아주좋음 0.01	163	라벨리인절미빙수 B	아주좋음 0.01	202	크리크리아이스크림	아주좋음 0.01
27	링키바 B	아주좋음 0.01	176	바라톨리노	아주좋음 0.01	235	하겐다즈샌드 B	아주좋음 0.01

③ 해당 키워드 중에서 공통적으로 해당하는 것을 찾습니다.

3년 연속 등장: 깐돌이아이스크림, 라라스윗, 롯데팥빙수, 스키니피그

2번 이상 등장: 고디바아이스크림, 더블비얀코, 라라스윗모나카, 와쿠와크

여러분도 직접 분류 기준에 따라 원하는 카테고리의 인기 키워드를 추출하고, 공통되는 부분을 찾아보시기를 바랍니다.

③ 문제 해결

▶ 체감온도 데이터와 아이스크림 검색 키워드 데이터 분석으로 J마트에 아이스크림 구매 시기와 종류 정하기

① 아이스크림 구매 시기 정하기

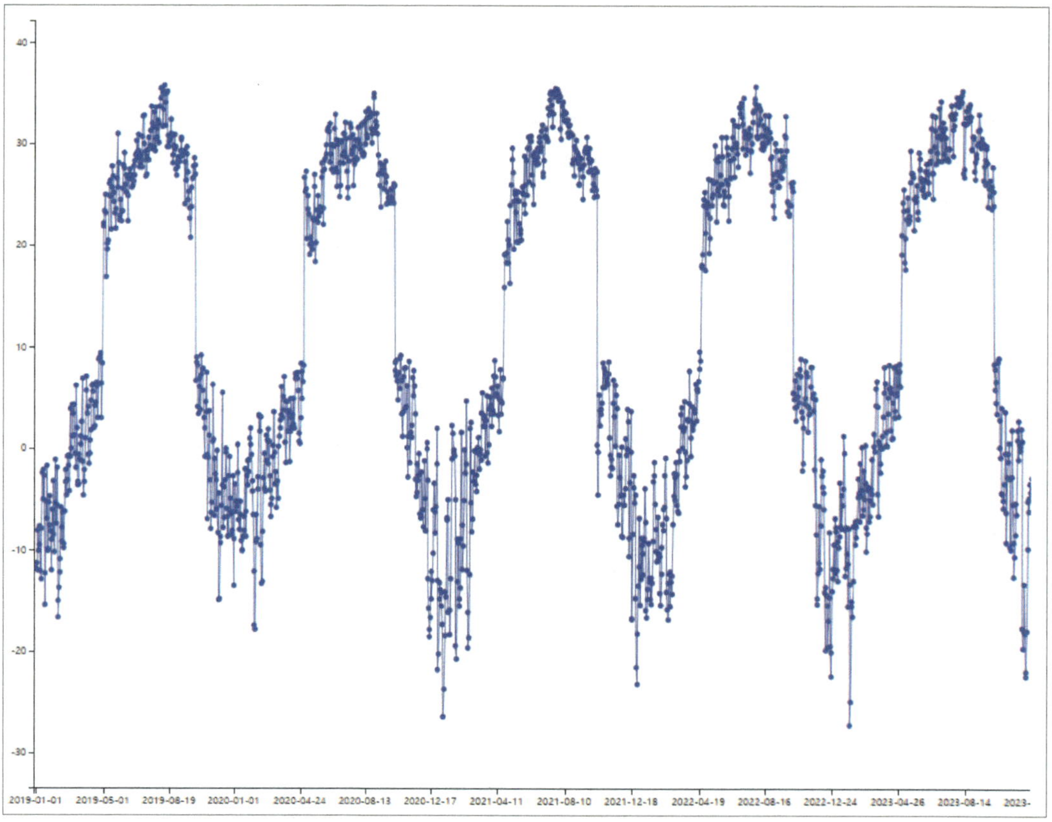

〈2019년 ~ 2023년의 체감온도 변화 그래프〉

"체감온도 데이터 분석 결과에 따라 아이스크림을 많이 찾는 시기를 5월부터 8월까지로 정했어요."

"손님들이 5월부터 살 수 있도록 5월 전까지 구매하면 좋겠구나."

2 아이스크림 종류 정하기

"우리가 아이스크림 검색 키워드 데이터를 분석해서 경쟁 강도가 낮은 아이스크림을 찾아보았지?"

"네. 깐돌이아이스크림, 라라스윗, 롯데팥빙수, 스키니피그! 이 네 가지 키워드는 최근 3년 동안 계속해서 등장한 검색 키워드에요. 매년 꾸준히 관심을 받고 있다고 볼 수 있어요."

"고디바아이스크림, 더블비얀코, 라라스윗모나카, 와쿠와크도 3년 중 2번 이상 등장한 키워드이니 주목할 만하겠구나."

"일시적인 유행이 아니라 일정한 검색 수요를 유지하는 제품일 가능성이 높아요."

요점 정리

◆ 빅데이터 분석을 통해 날씨, 교통, 쇼핑, 헬스 등에 대한 정보를 예측하고, 더 나은 결정을 내릴 수 있습니다. 제이와 아빠는 J마트의 경쟁력을 갖추기 위해 체감온도와 아이스크림 검색 키워드 데이터를 분석하였습니다.

◆ 데이터 분석 도구는 활용 목적에 따라 종류, 분석 기간, 분석 방법 등이 달라질 수 있습니다. 데이터를 활용할 때는 정확성과 신뢰성을 확인하는 것이 중요합니다. 잘못된 데이터나 편향된 정보가 포함되면 분석 결과도 틀릴 수 있습니다. 또한, 단순히 숫자만 보고 판단하는 것이 아니라 그 원인을 깊이 생각하는 것이 중요합니다. 마지막으로, 데이터를 활용할 때 개인정보 보호도 잊지 말고 반드시 준수해야 합니다.

퀴즈

Q 아이스크림 판매 전략을 세울 때, 검색 키워드를 분석하는 이유는 무엇일까요?

1. 재미로 보기 위해
2. 사람들이 무엇을 찾는지 알기 위해
3. 판매하는 상품 수를 줄이기 위해
4. 경쟁사를 따라 하기 위해

읽기자료

"경쟁 강도가 낮은 상품을 고르는 게 항상 좋을까요?"

"경쟁 강도가 낮다"는 것은 검색하는 사람은 많지만, 판매하는 사람이 적다는 뜻입니다. 그런데 판매자가 적은 이유가 '실제로 잘 팔리지 않는 상품'이기 때문이라면 어떨까요? 검색량이 많아도 실제 구매로 이어지지 않는 상품이라면, 경쟁이 낮다고 해서 무조건 좋은 선택이 되지는 않습니다. 예를 들어, 수제 고추장맛 아이스크림이 있다고 가정해 봅시다. 신기해서 검색하는 사람은 많지만, 실제로 구매하는 사람은 거의 없을 수도 있습니다. 이런 경우, 단순히 경쟁이 낮다는 이유로 상품을 선정하면 판매에 실패할 가능성이 높습니다.

"어떻게 보완할 수 있을까요?"

① 검색 수도 같이 확인하기

경쟁 강도가 낮아도 검색량이 너무 적다면, 사람들이 관심이 없는 상품일 가능성이 높습니다. 예를 들어, 특정 지역에서만 소비되는 전통 간식이라면 검색량 자체가 적을 수 있습니다. 그래서 경쟁 강도뿐만 아니라 검색수도 함께 확인하여, 실제로 많이 찾는 상품인지 분석해야 합니다.

② 실제 구매 데이터를 분석하기

하지만 검색량이 많다고 해서 반드시 잘 팔리는 것은 아닙니다. 단순한 관심으로 검색하는 경우도 많기 때문입니다. 따라서 검색량뿐만 아니라 실제 구매량, 리뷰 수, 판매율 등의 데이터를 함께 분석해야 합니다. 앞에서 이야기한 수제 고추장맛 아이스크림처럼, 검색량은 많지만 구매율이 낮은 상품도 있습니다. 이런 경우, 검색량만 보고 상품을 선정하면 판매에 실패할 가능성이 높습니다. 반면, 검색량이 많고 리뷰 수도 많다면 실제로 구매하는 소비자가 많다는 뜻이므로, 판매 가능성이 더 높겠죠.

③ 최근 트렌드 분석하기

사람들이 최근 많이 찾고 있는 인기 상품인지 확인해야 합니다. 예를 들어, 몇 년 전에는 민트초코 아이스크림이 유행하면서 '민초단 vs 반민초단' 논쟁이 벌어지기도 했습니다. 한편, 전통 디저트가 주목받으면서 인절미 아이스크림이 인기를 끈 적도 있었습니다. 이렇게 사람들의 취향과 유행은 계속 변하기 때문에, 최신 트렌드를 분석하는 것이 중요합니다. 그래야 앞으로 어떤 아이스크림이 잘 팔릴지 예측할 수 있습니다. 구글 트렌드에서 키워드 검색량 증가 여부를 확인하거나, 네이버 데이터랩에서 연령별 인기 상품을 분석하면 더욱 효과적인 의사결정을 할 수 있습니다.

Quest 09 J마트 이벤트 진행하기

오픈 한 달째, 정말 다행히도 J 마트에는 손님들이 끊이지 않았다. 제이 아빠는 J 마트를 찾아준 고객들에게 감사한 마음을 어떻게 전하면 좋을지 고민이 되었다.

"J 마트를 찾아주시는 고마운 손님들께 어떻게 감사한 마음을 전할까?"

그러던 중, 학교를 마치고 마트에 들른 제이가 아빠 옆으로 와 소리를 낮춰 말했다.

"아빠! 곧 엄마 생신이잖아요. 엄마가 모르는 문제도 잘 알려주시고, 맛있는 밥도 만들어주시고, 무엇보다…. 제 이름을 슈퍼킹왕자가 아니라 제이라고 지어주셨어요. 엄마한테 고마운 일이 엄청 많은데 이번 기회에 이벤트를 하는 거 어때요?"

"역시 우리 아들! 엄마를 생각하는 마음이 참 예쁘구나. 어떤 이벤트를 하면 좋을지 동생이랑 같이 이야기해 보자. 아니 잠깐만…. 고마운 마음을 이벤트로 전한다고…? 마트 손님들에게 고마운 마음을 어떻게 전할지 고민하고 있었는데 손님들께도 이벤트를 열면 좋겠구나!"

"집에서도 마트에서도 이벤트요?! 우와 신난다!!!" 제이가 폴짝폴짝 뛰면서 큰 목소리로 말했다.

그러자 아빠가 제이에게 말했다.

"쉿! 엄마한테 이벤트 준비하는 거 들키겠다! "

"네 조심할게요. 아빠!"

"그나저나 우리 마트에서는 어떤 이벤트를 열면 좋을까?"

이벤트로 물건의 가격을 대폭 할인하는 건 어떨까요?
그거 좋은 생각이구나! 물건을 10년 전 가격으로 팔면 좋겠어!
그런데 10년 전 가격을 어떻게 알 수 있을까요? 교수님께 여쭤봐야겠어요!
흠…
연도별 물가지수를 활용하면 10년 전 가격을 구할 수 있답니다!
그것은 바로!

STAGE 3

Quest 09 J마트 이벤트 진행하기

「이벤트는 J마트」

함께 알아볼까요? 소비자 물가지수 데이터와 현재 가격을 활용하여 물건의 10년 전 가격을 계산해 봅시다.

아빠는 J마트를 찾아주시는 손님들에게 감사의 마음을 전하고자 10년 전 가격으로 물건을 파는 이벤트를 열려고 합니다. 10년 전 가격을 알아보기 위해서는 소비자 물가지수 데이터를 활용해야 합니다.

이번 퀘스트에서는 소비자 물가지수 데이터에 대해 알아보고 데이터를 활용하여 10년 전 가격을 계산해 봅시다.

키워드

소비자 물가 지수 : 소비자가 구입하는 상품과 서비스의 물가 변화를 정리한 데이터

10년 전 가격 구하는 방법 : $\text{현재 가격} \times \dfrac{\text{10년 전 물가지수}}{\text{현재 물가지수}}$

데이터

소비자 물가 지수

	A	B	C	D
1	연도	감기약	김밥	냉장고
2	1975	16.01		120.684
3	1976	17.573		124.297
4	1977	18.897		116.148
5	1978	21.328		107.998
6	1979	29.842		108.118

출처: 엔트리(https://playentry.org/) 에서 제공하는 데이터 테이블

학습 흐름

문제 발견

물건의 10년 전 가격 계산하기

↓

문제 해결을 위한 데이터 탐색

10년 전 가격 계산을 위한 데이터 준비
물건의 현재 가격 데이터
소비자 물가 지수 데이터
(엔트리 플랫폼)

↓

문제 해결

데이터를 활용하여 10년 전 가격 계산하기

1 현재 가격 데이터 탐색

10년 전 가격은 다음과 같이 구할 수 있습니다.

$$\text{현재 가격} \times \frac{\text{10년 전 물가 지수}}{\text{현재 물가 지수}} = \text{10년 전 가격}$$

10년 전 가격을 계산하기 위해 현재 가격을 알아봅시다.

1. 한국소비자원 참가격 정보서비스(https://www.price.go.kr/)에 접속합니다.

2. 메뉴 중 '생필품가격정보–품목별 가격정보'로 들어갑니다.
3. 품목별 가격정보에서 알맞은 품목을 선택한 뒤 일자, 업태(사업의 형태), 지역, 품목 등을 설정한 후 조회합니다.

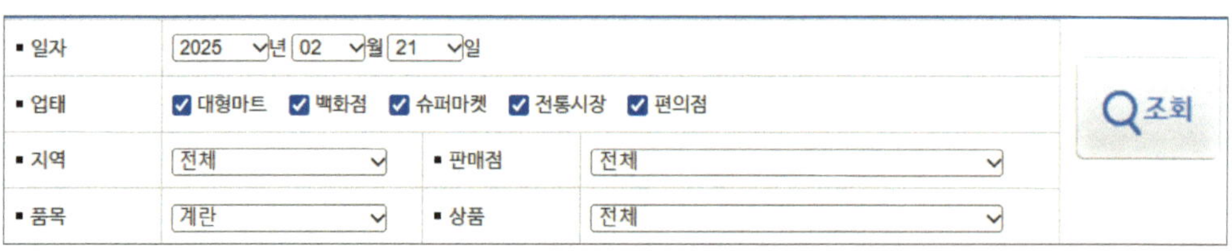

4. 선택한 품목의 평균 가격을 확인합니다.

2 물가지수 데이터 추가하기

1 물가지수를 확인하기 위해서는 소비자 물가지수 데이터를 확인해야 합니다.
데이터를 불러오기 위해 [데이터분석]의 [테이블 불러오기] 를 클릭합니다.
그리고 새로운 테이블 추가를 위해 [테이블 추가하기] 를 클릭합니다.

2 품목별 소비자물가지수 데이터를 선택하고 [추가하기]를 클릭합니다.

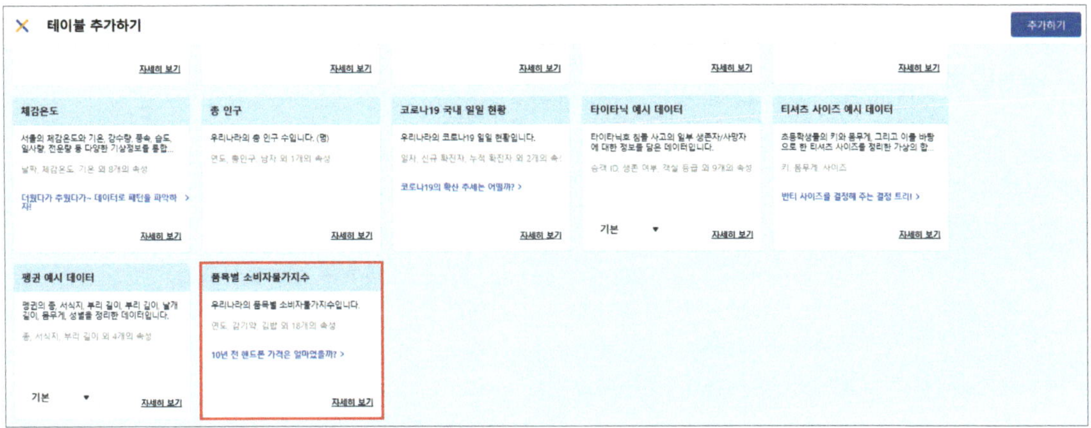

3 추가된 데이터의 모습을 확인합니다.

품목별 소비자물가지수

테이블 | 차트 | 정보

	A	B	C	D	E	F	G
1	연도	감기약	김밥	냉장고	달걀	돼지고기	딸기
2	1975	16.01		120.684	13.063	8.361	4.549
3	1976	17.573		124.297	13.458	10.893	6.164
4	1977	18.897		116.148	14.464	11.235	6.948
5	1978	21.328		107.998	16.614	15.103	8.331
6	1979	29.842		108.118	16.665	14.592	9.364
7	1980	36.807		116.581	19.371	17.116	11.299
8	1981	37.743		114.133	23.304	28.714	15.725
9	1982	31.922		124.001	26.044	28.845	15.781

❸ 문제 해결을 위한 데이터 탐색

10년 전 가격을 계산하기 위해서 현재의 물가지수와 10년 전 물가지수를 살펴봅시다. 2025년 1월 기준으로 데이터에서 확인할 수 있는 가장 최근 자료는 2021년 물가지수입니다. 따라서 2021년 물가지수를 현재 물가지수로, 2015년 물가지수를 10년 전 물가지수로 활용하여 자료를 정리해 봅시다.

❶ 먼저 달걀의 2015년 물가지수를 확인해 보겠습니다. 연도의 2015와 품목의 달걀이 만나는 곳의 숫자를 확인합니다.

	A	B	C	D	E
33	2006	66.22	51.166	94.298	60.18
34	2007	68.904	51.553	93.341	61.921
35	2008	76.148	60.266	91.932	75.471
36	2009	77.581	64.334	91.449	80.774
37	2010	77.927	66.073	90.899	77.218
38	2011	80.238	69.041	90.073	91.348
39	2012	82.291	70.466	91.595	86.193
40	2013	84.03	72.71	94.911	92.254
41	2014	85.52	75.365	103.473	99.78
42	2015	89.697	77.321	106.964	97.172
43	2016	92.235	80.979	105.058	88.886

❷ 같은 방법으로 달걀의 2021년 물가지수를 확인합니다.

❸ 지금까지 정리한 내용을 표로 작성합니다.

품목 (규격)	현재 가격 (2025년 2월 21일 기준)	2021년 물가지수	2015년 물가지수
달걀 (10개)	7,052원	141.29	97.172

❹ 위 내용을 참고하여 이벤트 할 품목의 현재 가격과 물가지수를 찾아봅시다.

품목(규격)	현재 가격	2021년 물가지수	2015년 물가지수

4 10년 전 가격 계산하기

$$\text{현재 가격} \times \frac{\text{10년 전 물가 지수}}{\text{현재 물가 지수}} = \text{10년 전 가격}$$

1 위 계산식을 활용하여 10년 전 가격을 구해보도록 합시다.

(현재 물가지수는 2021년 물가지수, 10년 전 물가지수는 2015년 물가지수를 활용합니다.)

품목 (규격)	현재 가격 (2025년 2월 21일 기준)	계산식	10년 전 가격
달걀 (10개)	7,052원	7,052원 × $\frac{97,172}{141,29}$	약 4,850원

2 계산한 내용을 바탕으로 J마트에서는 달걀의 10년 전 가격인 4,850원으로 할인 이벤트를 진행할 수 있습니다.

3 J마트에서 할인 이벤트를 진행하기 적절한 품목을 선정하고 가격을 계산해 봅시다.

품목	현재 가격	계산식	10년 전 가격

✚ 계산기를 활용하여 계산하여도 좋습니다.

요점 정리

- $\text{현재 가격} \times \dfrac{\text{10년 전 물가 지수}}{\text{현재 물가 지수}} = \text{10년 전 가격}$
- '한국소비자원 참가격' 등의 홈페이지를 활용하면 현재 가격과 같은 다양한 정보를 얻을 수 있습니다.
- 엔트리에서 제공하는 소비자 물가지수 데이터를 활용하여 연도별 물가지수를 확인할 수 있습니다.

퀴즈

Q 다음은 10년 전 가격을 계산하기 위해 데이터를 모으는 방법입니다. 잘못 설명한 것을 고르세요.

① 엔트리에서 제공하는 소비자 물가 지수 데이터를 활용하면 물가지수를 알 수 있다.

② 소비자 물가 지수 데이터에서는 연도별 물가지수를 알 수 있다.

③ 소비자 물가 지수 데이터에서는 품목별 물가지수를 알 수 있다.

④ 물품의 현재 가격은 데이터를 제공하는 홈페이지를 통해 얻을 수 있다.

⑤ 물품의 현재 가격 데이터는 직접 조사하는 방법으로만 알 수 있다.

읽기자료

이런 지수들도 있어요!

- **지능지수(IQ)**: 지능의 발달 정도를 나타내는 지수로, 정신연령 'MA'(Mental Age)를 실제의 생활연령 'CA'(Chronological Age)로 나눈 수치에 100을 곱한 것이다.

  [네이버 지식백과] 지능지수 (시사상식사전, pmg 지식엔진연구소)

- **감성지수(EQ)**: 인간의 정신작용을 정서적으로 파악한 지수이다. 자신은 물론 다른 사람의 감정을 이해하는 능력과 삶을 풍요롭게 하는 방향으로 감정을 통제할 줄 아는 능력인 감성지능의 수준을 보여주는 지표이다.

  [네이버 지식백과] 감성지수 [感性指數, Emotional Quotient] (HRD 용어사전)

- **도덕성 지수(MQ)**: MQ(Moral Quotient)는 도덕성을 판단하는 지수로, '도덕지수' 혹은 '도덕성 지수'라고도 한다. MQ는 옳고 그름을 판단하고 자신의 윤리적 가치에 따라 행동하는 능력을 수치화한 것이다.

  [네이버 지식백과] MQ [Moral Quotient] (두산백과 두피디아, 두산백과)

Quest 10 프랜차이즈 만들기 1

한창 J 마트를 바쁘게 운영하는 아빠에게 한 통의 전화가 걸려 왔다. 서울시 종로구에 살고 있는 아빠의 친한 친구였다. 오랜만에 연락한 친구는 제이 아빠에게 반갑게 이야기했다.

"오랜만이네. 요즘 별일 없지?"

그러자 제이 아빠가 이야기했다.

"요즘에는 J 마트 열심히 운영하고 있지."

그러자 아빠 친구는 기다렸다는 듯이 말했다.

"J 마트 운영이 잘되고 있다며? 안 그래도 J 마트 관련해서 물어볼 게 있어서 연락했어."

그러자 제이 아빠가 궁금하다는 표정으로 이야기했다.

"궁금한 것이 있다고? 뭔데?"

"나도 우리 지역에서 J 마트 비슷한 것을 한번 운영해 보려고 하는데 혹시 프랜차이즈 같은 것 할 생각이 없니?"

"프랜차이즈? 프랜차이즈 만드는 것은 좋은데 과연 잘 될까?"

그러자 제이 아빠의 친구는 웃으며 말했다.

"J 마트로 성공했으니까 여기서도 성공할 수 있지 않을까?"

"그러면 좋겠지만."

"내 생각에는 J 마트에서 성공한 방법을 바탕으로 여기도 비슷하게 하면 좋을 것 같아. 그나저나 J 마트의 성공 비결은 뭐야?"

J마트가 성공할 수 있었던 것은
상권에 특화된 상품을 개발해서
팔았기 때문이야.
아빠의 친한 친구
그럼 우리도
우리 지역에
특화된 J마트
프랜차이즈를
만들면 좋겠네.
그 지역에 특화된 J마트를 만들려면
어떻게 해야 할까?
그 지역에 사는 사람들의 특징을
살펴보면 지역에 특화된 프랜차이즈를
만들 수 있습니다.
지역 데이터의
활용이지요~

STAGE 3

Quest 10

프랜차이즈 만들기 1 「프랜차이즈도 J마트」

함께 알아볼까요? 지역에 특화된 J마트 프랜차이즈를 만들기 위해 지역에 사는 사람들을 조사해 봅시다.

제이는 해당 지역에 특화된 J마트 프랜차이즈를 만들어 운영하기 위해 해당 지역에 살고 있는 사람들에 대해 조사를 하려고 합니다.

이번 퀘스트에서는 특화된 J마트 프랜차이즈를 만들기 위해 그 지역에 사는 사람들에 대해 조사하는 방법을 살펴봅시다.

키워드

서울 열린데이터 광장(https://data.seoul.go.kr/) : 서울특별시의 여러 가지 공공데이터를 제공합니다. 이곳에서 사용자는 서울 특별시와 관련된 여러 가지 데이터를 탐색하고 활용할 수 있습니다. 서울특별시뿐만 아니라 다른 지역에서도 비슷한 방법으로 데이터를 제공하고 있습니다(경기 데이터 드림, 인천 데이터 포털 등).

데이터

서울시 세대원수별 세대수 동별 통계

동별(1)	동별(2)	2024				
		전체세대	1인세대	2인세대	3인세대	4인세대
종로구	혜화동	9,138	5,716	1,475	1,003	701

서울시 등록 인구 연령별 동별 통계

동별(1)	항목	2024 4/4				
		0~4세	5~9세	10~14세	15~19세	20~24세
종로구	계	2,449	3,497	4,644	5,595	12,174

출처: 서울 열린 데이터 광장 (https://data.seoul.go.kr/)

학습 흐름

문제 발견

J마트 프랜차이즈를 만들 지역의
인구 특성 확인하기

↓

문제 해결을 위한 데이터 탐색

인구 특성을 확인하기 위해
필요한 데이터 탐색하기

↓

데이터 수집하기

필요한 정보만 정제하여
데이터 수집하기

↓

데이터 분석하기

데이터를 분석하고 지역의 인구 특성
확인하기

1 문제 해결을 위한 데이터 탐색

다음은 서울시 종로구 혜화동의 모습입니다. 이 지역의 인구 특성을 확인하기 위해 필요한 데이터는 무엇이 있을지 살펴봅시다.

특화된 J마트 프랜차이즈를 만들기 위해 필요한 데이터는?

- 혜화동에 사는 인구의 가구 특성은? (가구 특화를 위한 데이터)
- 혜화동에 사는 인구의 성별 분포는? (성별 특화를 위한 데이터)
- 혜화동에 사는 인구의 연령 분포는? (연령 특화를 위한 데이터)

2 데이터 수집하기

1 특화된 J마트 프랜차이즈를 만들 지역의 인구 데이터를 수집해 봅시다. 먼저 서울 열린 데이터 광장(https://data.seoul.go.kr/)에 접속합니다.

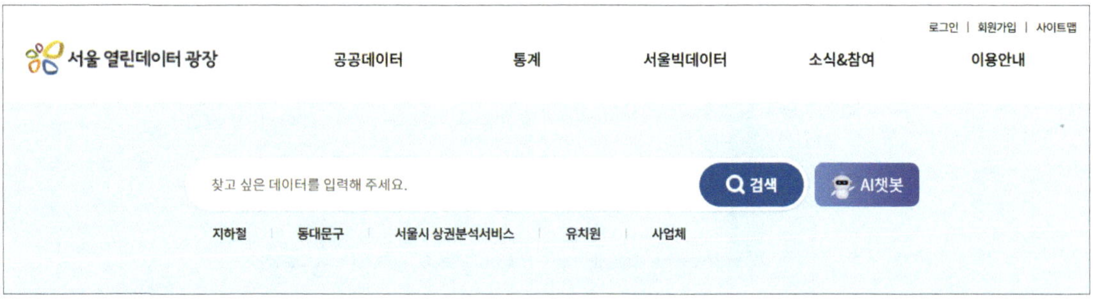

2 검색창에 아래 검색어를 입력하고 검색합니다.

- 서울시 세대원수별 세대수 (동별) 통계 (세대수 분포 데이터)
- 서울시 등록인구 (연령별/동별) 통계 (연령 분포 데이터)
- 서울시 등록인구 (동별) 통계 (성별 분포 데이터)

3 통계표조회 버튼을 클릭하여 통계표를 확인합니다.

4 통계표에 대한 차트를 보고 싶을 경우, 차트 를 클릭합니다.

동별(1)	동별(2)	2024 전체세대	1인세대	2인세대	3인세대	4인세대
	창신2동	3,910	2,009	950	523	320
	창신3동	2,731	927	745	571	367
	숭인1동	2,992	1,504	712	420	266
	숭인2동	6,911	5,035	1,034	486	283
	청운효자동	4,954	1,934	1,188	929	608
	혜화동	9,138	5,716	1,475	1,003	701
중구	소계	64,995	34,974	14,359	8,690	5,267
	소공동	1,243	749	241	151	84
	회현동	2,480	1,507	449	294	166
	명동	1,331	911	215	110	75

③ 데이터 정제하기

① 우리가 원하는 정보는 서울시 혜화동의 세대원수별 세대수입니다. 그러나 아래 차트와 같이 필요하지 않은 정보를 모두 표시한다면 나에게 필요한 정보를 얻지 못할 수 있습니다.

따라서 불필요한 정보를 없애고 필요한 정보만 남겨놓는 데이터 정제 과정이 필요합니다.

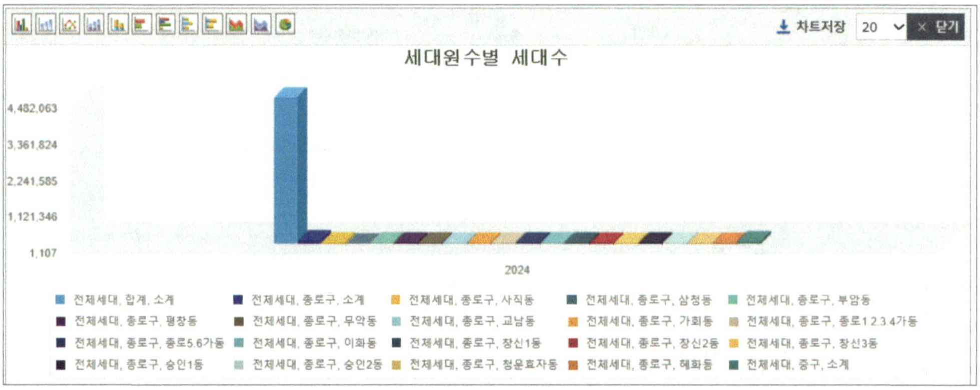

불필요한 정보들로 인해 우리가 원하는 정보를 얻을 수 없는 차트의 모습

② 처음에는 모든 항목이 다 선택되어 있습니다. 모두 선택 해제한 다음 필요한 정보만 선택하여 데이터를 정제합니다.

전체레벨2의 모든 항목을 해제합니다.

필요한 데이터만 선택합니다.

③ [통계표조회] 를 클릭하여 통계표를 확인한 뒤, [차트] 를 클릭하여 차트를 확인합니다.

④ 데이터 분석하기

다음은 서울시 종로구 혜화동의 인구 특성에 대한 데이터입니다.

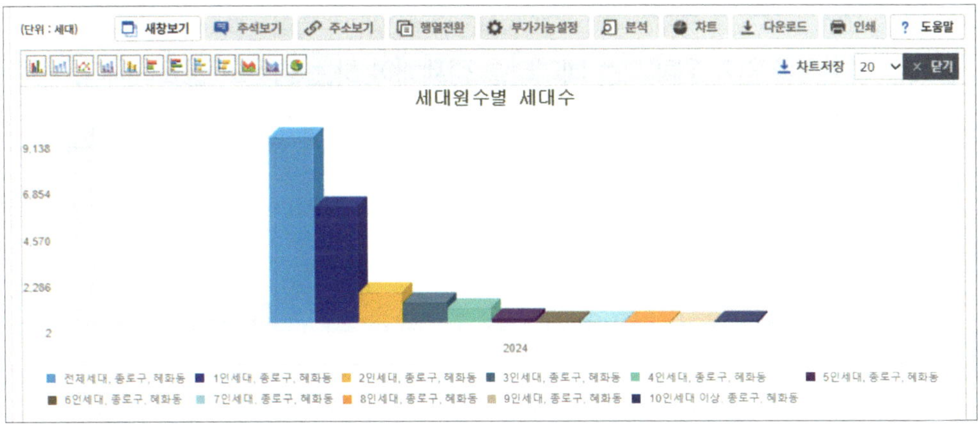

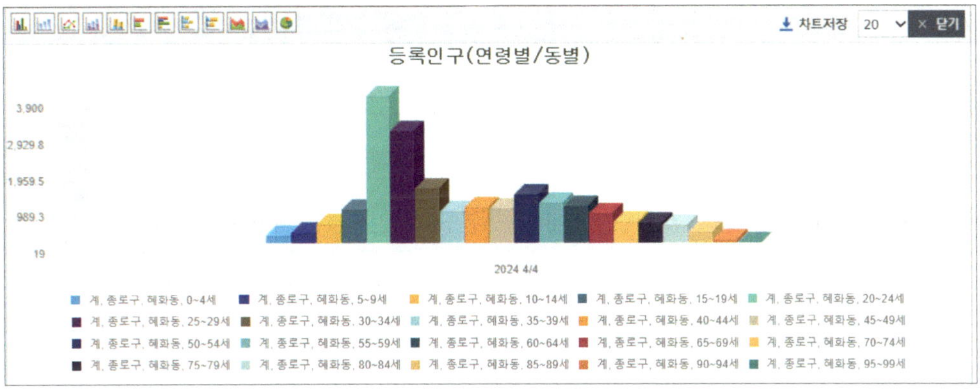

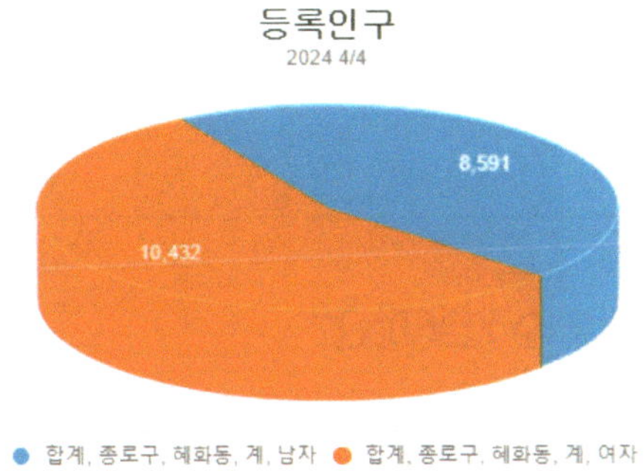

데이터를 통해 알 수 있는 이 지역의 특징은 무엇일까요?

1인 가구 세대가 많이 살고 있으며 20대 인구가 높다.

남자보다 여자가 약간 많으나 거의 비슷하다.

요점 정리

- 서울 열린 데이터 광장(https://data.seoul.go.kr/)과 같은 곳을 이용하면 다양한 공공데이터를 얻을 수 있습니다.
- 필요한 데이터를 얻기 위해서는 데이터를 정제해야 하는 경우도 필요합니다.
- 선 그래프나 원 그래프를 이용하면 항목들 사이의 차이를 확인할 수 있습니다.

퀴즈

Q 다음 중 공공데이터를 활용하는 방법으로 옳지 않은 것은 무엇인가요?

① 공공데이터는 공공기관이 만들어 내는 공적인 정보를 말합니다.

② 공공데이터는 누구나 함부로 사용할 수 없습니다.

③ 공공데이터는 통계표 조회를 통해 통계를 확인할 수 있습니다.

④ 공공데이터를 차트로 나타내면 다양한 내용을 쉽게 비교할 수 있습니다.

⑤ 공공데이터를 통해서 여러 가지 사실을 알아 낼 수 있습니다.

읽기자료

공공데이터는 어디서 얻을 수 있을까요?

공공데이터는 다양한 곳에서 얻을 수 있습니다. 다음은 여러 가지 공공데이터를 얻을 수 있는 곳입니다.

- **공공데이터 포털**: 국가에서 보유하고 있는 다양한 데이터를 '공공데이터의 제공 및 이용 활성화에 관한 법률(제11956호)'에 따라 개방하여 국민들이 보다 쉽고 용이하게 공유·활용할 수 있도록 공공데이터(Dataset)와 Open API로 제공하는 사이트입니다.

- **국가통계포털**: 코시스, 통계청이 제공하는 원스톱 통계 서비스, 국가승인통계, 국제통계, 북한통계, e-지방지표, 통계시각화콘텐츠, 온라인간행물 등 제공하는 사이트입니다.
- **기상 자료 개방 포털**: 기상청에서 제공하는 다양한 기상 자료를 제공하는 사이트입니다.

읽기자료

데이터로 여러 가지 사실을 탐색해 봅시다.

서울 열린데이터광장(https://data.seoul.go.kr/) 서울시 세대원수별 세대수 (동별) 통계를 활용하여 2024년 서울에서 1인 가구 비율이 가장 높은 곳을 찾아봅시다. 먼저 동별로 전체 세대와 1인 세대 수가 나타나도록 통계표를 설정하여 조회합니다. 조회한 통계표를 파일로 다운로드 합니다. 다운로드 받은 파일에서 동별 1인 세대의 비율은 다음과 같은 계산식으로 확인할 수 있습니다.

	A	B	C	D	E
1	동별(1)	동별(2)	2024		
2			전체세대	1인세대	1인세대 비율
3	종로구	사직동	4,557	2,321	=D3/C3
4		삼청동	1,107	547	
5		부암동	4,135	1,675	

계산 결과를 1인 세대 비율로 숫자 내림차순 정렬합니다. 정렬한 결과를 바탕으로 1인세대 비율이 가장 높은 동은 어디인지 살펴봅시다.

동별(2)	전체세대	1인세대	1인세대 비율
신림동	19,187	16,596	86.50%
화양동	18,011	14,938	82.94%
신촌동	15,027	12,119	80.65%
종로1.2.3.4가동	4,898	3,911	79.85%
가산동	18,421	14,518	78.81%
대학동	17,736	13,907	78.41%
영등포동	22,442	17,249	76.86%
남영동	4,804	3,691	76.83%
낙성대동	12,229	9,320	76.21%
사근동	8,192	6,190	75.56%

Quest 11 프랜차이즈 만들기 2

J 마트를 열 때부터 운영하는 것을 옆에서 지켜보고 있던 제이 아빠의 친구는 본격적으로 J 마트 프랜차이즈를 열기 위한 준비를 시작했다.

"어디 보자. 지난번에 살펴본 데이터로 우리 지역의 인구 특징을 분석했었지!"

제이 아빠의 친구는 지난번에 제이 아빠의 도움을 받아 J 마트 프랜차이즈를 만들 지역의 데이터를 활용하여 인구의 특징을 분석한 자료를 살펴보고 있었다.

"이 데이터면 이 지역에 살고 있는 인구의 특징을 확인할 수 있겠어!"

그런데 갑자기 제이 아빠의 친구는 걱정스러운 표정을 지었다. 한 가지 걱정이 생긴 것이다.

"J 마트 프랜차이즈를 만들 지역 인구의 특징은 알았지만 이걸 바탕으로 어떤 특화된 마트를 만들지?"

제이 아빠의 친구는 지난번에 살펴본 데이터만으로는 특화된 프랜차이즈를 만드는데 충분하지 않았다고 생각했다. 그 지역에 살고 있는 사람들을 대상으로 어떤 것을 특화해야 하는지 고민이 시작된 것이다.

"어떻게 특화할지 아이디어를 떠올리기 위해서는 다른 데이터를 더 찾아봐야 하는 것 아닐까?"

결국 제이 아빠의 친구는 제이 아빠에게 다시 도움을 얻기 위해 전화를 걸었다. 제이 아빠의 친구가 전화를 걸자 제이 아빠가 반갑게 받았다. 그리고 지난번 분석한 내용에 관하여 이야기하기 시작했다.

"지난번에 데이터를 활용하여 분석한 것 확인했지?

"그럼 잘 확인했지."

제이 아빠는 반가운 마음으로 이야기했지만 제이 아빠의 친구는 걱정스러운 표정으로 이야기했다.

데이터 분석을 바탕으로
그 지역에 살고 있는 인구의
특징을 알 수 있었어!
맞아. 그런데 지역의 인구 특성을
확인했지만, 그 인구 특성을 바탕으로
어떤 특화를 해야 할지 고민이네.
걱정
걱정
그러네... 해당 인구에
특화된 J마트를 만들려면
어떻게 해야 할까?
해당 인구의 여러 가지 어려움이나
요구 등을 데이터 분석을 통해 확인한다면
아이디어를 얻을 수 있습니다.
데이터 분석의 힘!

STAGE 3

Quest 11

프랜차이즈 만들기 2 「프랜차이즈도 J마트」

함께 알아볼까요? 지역에 특화된 J마트 프랜차이즈를 만들기 위해 지역에 사는 사람들을 조사해 봅시다.

제이의 아빠는 데이터 분석을 통해 종로구 혜화동의 인구 특성을 확인했습니다. 그래서 확인한 인구 특성을 바탕으로 특화된 J마트 프랜차이즈를 만들려고 합니다.

이번 퀘스트에서는 특화된 J마트 프랜차이즈를 만들기 위해 해당 인구의 어려움이나 요구를 데이터 분석을 통해 확인해 봅시다.

키워드

KOSIS 국가통계포털(https://kosis.kr/) : 국가통계포털 코시스는 통계청이 제공하는 원스톱 통계 서비스입니다. 국가승인통계, 국제통계, 북한통계, e-지방지표, 통계시각화콘텐츠, 온라인간행물 등 다양한 통계 관련 데이터를 제공합니다.

데이터

1인 가구의 어려움에 대한 동의 정도(2023)

특성별(1)	특성별(2)	2023 다른 사람들로부터 고립되어 있어 외롭다 전혀 그렇지 않다 (%)	별로 그렇지 않다 (%)	보통이다 (%)	대체로 그렇다 (%)	매우 그렇다 (%)
전체	소계	13.4	39.0	24.3	21.6	1.7
성별	남성	13.0	39.4	25.6	20.1	1.9
	여성	13.7	38.7	23.5	22.5	1.6

간편식(HMR) 구입 주기(2023)

특성별(1)	특성별(2)	2023 즉석 조리 식품 매일	주 2~3회	주 1회
전체	소계	0.1	1.2	19.6
거주지역별	수도권	0.0	2.0	21.0
	충청권	0.5	0.5	29.1
	호남권	0.0	0.0	11.8

출처: KOSIS 국가통계포털(https://kosis.kr/)

학습 흐름

문제 발견

해당 인구의 어려움 및 필요한 것 확인하기

문제 해결을 위한 데이터 탐색

해당 인구의 어려움이나 요구사항을 확인하기 위해 필요한 데이터 탐색하기

데이터 수집하기

필요한 정보만 정제하여 데이터 수집하기

데이터 분석하기

데이터를 분석하고 인구의 어려움 및 필요한 것 확인하기

1 문제 해결을 위한 데이터 탐색하기

① 해당 인구의 어려움 및 필요한 것을 찾기 위해 데이터를 수집해 봅시다.
'KOSIS 국가통계포털(https://kosis.kr/)'에 접속합니다.

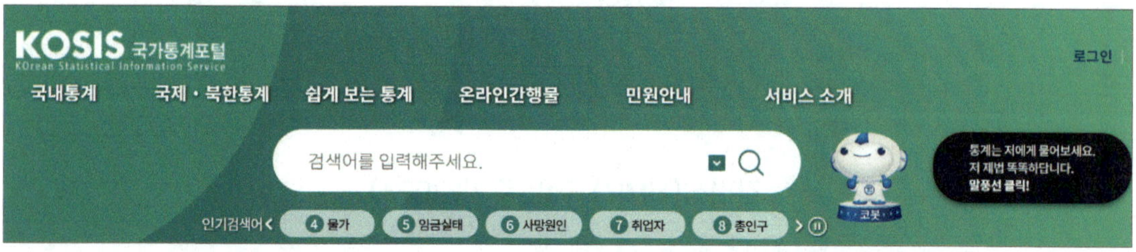

② 우리가 필요한 데이터는 30세 미만 1인 세대가 겪는 어려움과 관련된 통계입니다. 검색창에 '1인 가구의 어려움에 대한 동의 정도'를 검색합니다. 여기서는 2023년 통계를 활용합니다.

③ 우리에게 필요한 데이터를 얻기 위해 데이터를 정제해야 합니다. 통계표 화면의 오른쪽 상단에 있는 [조회설정]을 클릭합니다.

④ 초기에는 모든 값이 설정되어 있습니다. 먼저 [전체해제] 버튼을 활용하여 선택된 내용을 모두 해제하고 다시 필요한 내용만 선택합니다. 필요한 내용은 연령별 30세 미만입니다. 설정을 완료한 뒤 [조회]를 클릭합니다.

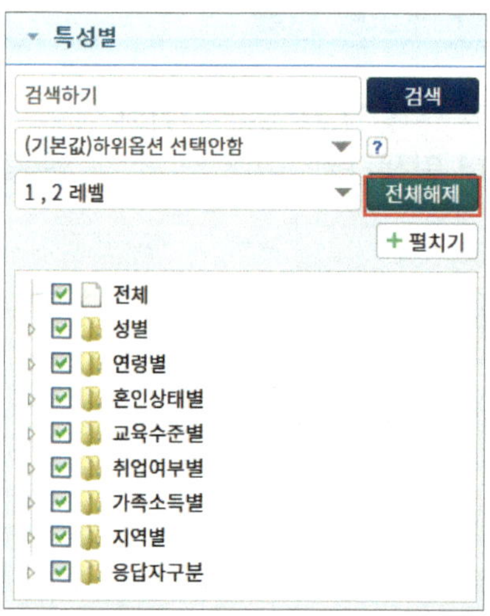

5 차트를 살펴보도록 하겠습니다. 통계표 화면 아래쪽의 ▲ **차트보기**를 클릭합니다.

6 다음은 30세 미만 1인 가구의 어려움에 대한 동의 정도를 차트로 나타낸 것입니다. 그런데 차트의 가로축 표시 가능 항목은 최대 20항목인데, 이 데이터의 경우 가로축 항목이 너무 많아서 차트로 모든 항목을 표시할 수 없습니다. 따라서 다른 방법으로 데이터를 정제합니다.

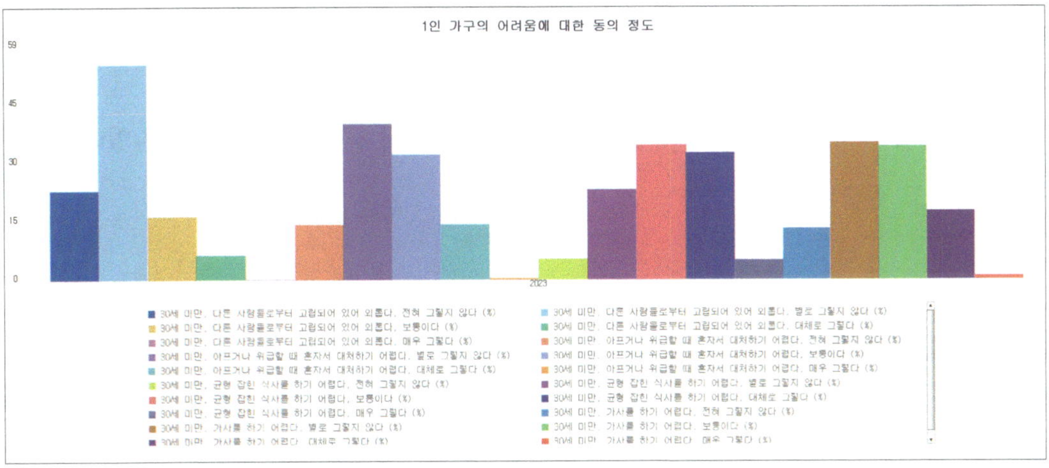

7 우리가 알고 싶은 데이터는 30세 미만 1인 가구가 겪는 어려움입니다. 이를 확인하기 위해서는 응답 중 긍정 답변(대체로 그렇다, 매우 그렇다)이 높은 항목은 무엇인지 살펴봐야 합니다. 따라서 응답 중 각 항목의 긍정 답변 비율을 정리하는 데이터 요약 방법으로 데이터를 정제해야 합니다.

2 데이터 정제하기

1 30세 미만 1인 가구의 어려움에 대한 동의 정도 통계를 각 항목의 긍정 답변 비율만 모아서 정리한 데이터는 다음과 같습니다.

구분	대체로 그렇다.	매우 그렇다.	긍정 답변 비율
다른 사람들로부터 고립되어 있어 외롭다.	6.3	0	6.3
아프거나 위급할 때 혼자서 대처하기 어렵다.	14.0	0.5	14.5
균형 잡힌 식사를 하기 어렵다.	32.3	5.0	37.3
가사를 하기 어렵다.	17.6	1.0	18.6
주거환경이 안전하지 않다.	7.8	0.3	8.1
범죄로부터 안전하지 않다.	6.1	0.6	6.7
나를 부양 해주는 가족이 없어 경제적으로 불안하다.	4.8	0.3	5.1
사회적으로 부정적인 시각이 있다.	3.2	0	3.2

❷ 이 데이터를 차트로 나타내 보도록 하겠습니다. 차트로 나타내는 방법은 다음과 같습니다.

1) 통계 사이트에서 차트로 나타내기 (퀘스트 10에서 활용한 방법입니다.)

이 방법은 간편하게 통계를 확인할 수 있다는 장점이 있지만 위와 같이 사용자가 정제한 데이터는 표현할 수 없다는 단점이 있습니다.

2) 엔트리-데이터 표현에서 차트로 나타내기

이 방법은 엔트리로 통계 파일을 불러와야 한다는 번거로움이 있지만 불러온 데이터를 인공지능 학습 및 블록 코딩에 활용할 수 있다는 장점이 있습니다.

3) 엑셀에서 차트로 나타내기

이 방법은 사용자가 정제한 데이터를 엑셀 파일에서 간단하게 표현할 수 있다는 장점을 가지고 있습니다.

❸ 데이터를 차트로 나타내기

❶ 앞에서 정제한 데이터를 한 눈에 살펴보기 위해 엑셀에서 차트로 표현해 봅시다. 먼저 위의 내용을 정리한 데이터 파일은 출판사 자료실에서 다운로드합니다. 파일이름은 "외부데이터-1인 가구의 어려움.xlsx"입니다.

❷ 다운로드 한 파일을 열고 통계 부분을 선택합니다. 삽입을 클릭하고 표현하고 싶은 차트의 형태를 선택합니다.

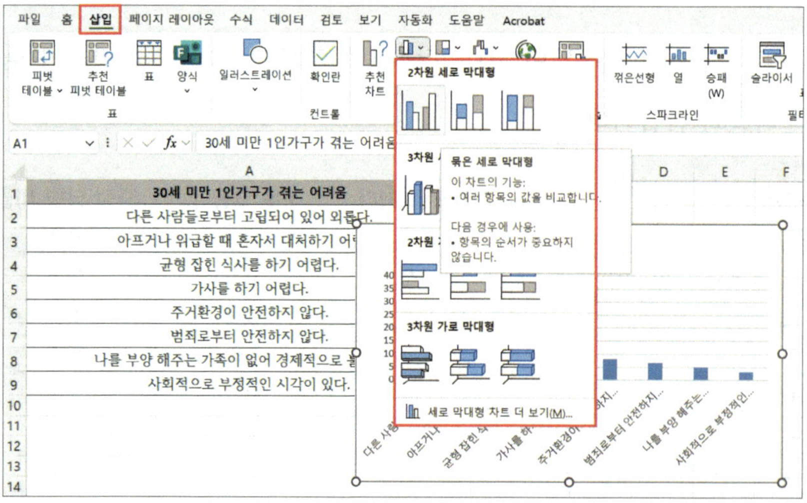

③ 차트를 통해 데이터를 분석합니다. 차트를 통해 알 수 있는 내용은 무엇일까요?

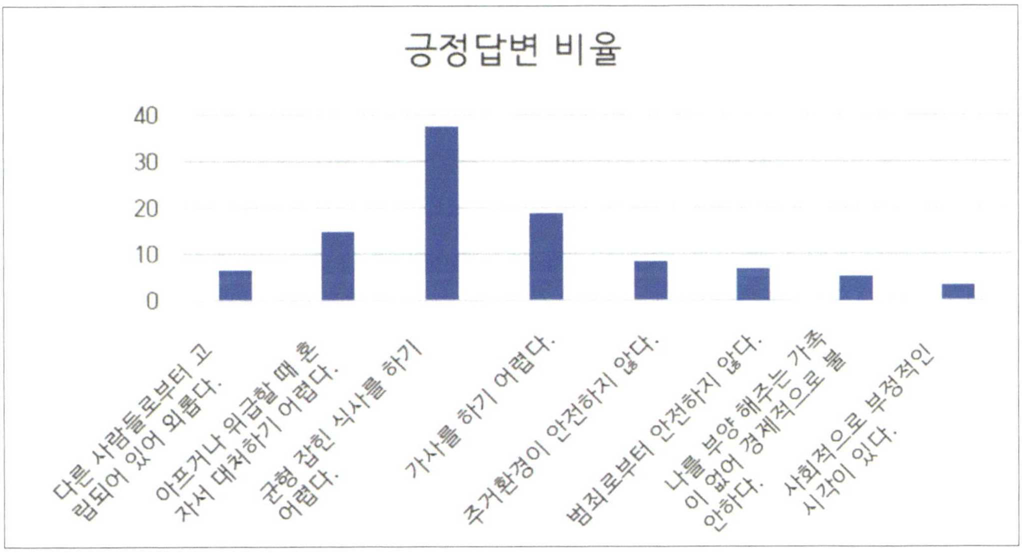

30세 미만 1인 세대의 경우 균형 잡힌 식사를 하는 데 어려움을 겪고 있다.

4 문제 해결을 위한 데이터 탐색하기

① 그렇다면 30세 미만이 주로 구입하는 식품은 무엇일까요?

30세 미만이 주로 구입 하는 식품이 무엇인지 확인하기 위해 'KOSIS 국가통계포털(https://kosis.kr/)'에서 '간편식(HMR) 구입 주기 데이터' 통계를 살펴봅시다.

1) 간편식(HMR) 구입 주기　「가공식품소비자태도조사」 농림축산식품부 (자료문의처: 044-201-2117)　통계설명자료

수록기간 : 년 2018 ~ 2023 / 자료갱신일: 2024-09-30 / 주석정보

시점 | 증감/증감률 | 행렬전환 | 열고정해제 | 새 탭 열기 | 화면복사 | 주소/출처 | 스크랩 | OPENAPI | 인쇄 | 다운로드 | 조회설정

(단위: %)

특성별(1)	특성별(2)	2023 즉석 조리 식품 매일	주 2~3회	주 1회	2주 1회	월 1회	월 1회 미만	구입하지 않음	즉석 매일
전체	소계	0.1	1.2	19.6	32.2	31.7	14.8	0.4	
거주지역별	수도권	0.0	2.0	21.0	31.8	33.2	11.9	0.2	
	충청권	0.5	0.5	29.1	41.1	19.3	9.5	0.0	
	호남권	0.0	0.0	11.8	31.2	31.7	23.4	2.0	

② 우리가 알고 싶은 정보는 "30세 미만이 다른 연령과 비교해서 간편식을 더 많이 구입할까?"입니다. 먼저 [조회설정]을 클릭합니다. 그리고 [전체해제]버튼으로 모두 해제한 뒤, 다음 조회 조건으로 검색해 봅시다.

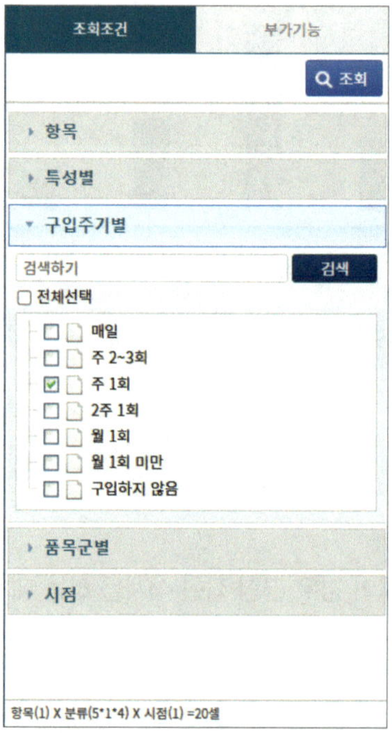

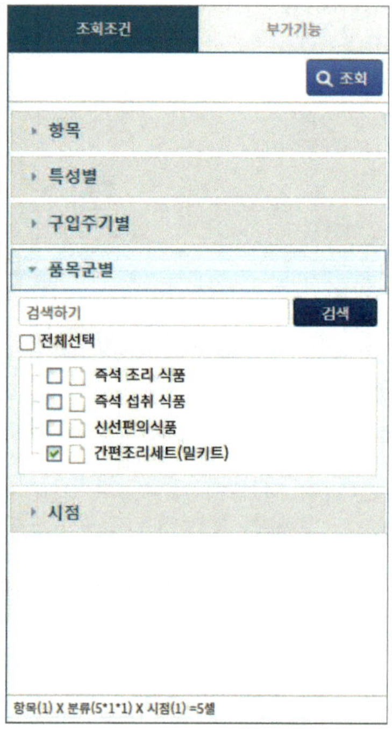

다른 연령과 비교하기 위해서 '가구주연령별'에 있는 20대부터 60대 이상까지 모두를 선택합니다.

'간편식 구입 주기' 통계에서 '매일'과 '주 2~3회'는 연령별로 큰 차이가 없습니다. 따라서 주 1회 구입 비율을 살펴봅니다.

비교하고 싶은 품목인 '간편조리세트(밀키트)'를 선택합니다.

③ [조회]를 클릭하여 통계표를 조회합니다.

특성별(1)	특성별(2)	2023 간편조리세트(밀키트) 주 1회
가구주연령별	20대	23.6
	30대	16.8
	40대	12.6
	50대	10.9
	60대 이상	6.5

4 ▲ **차트보기**를 클릭하여 차트를 확인합니다.

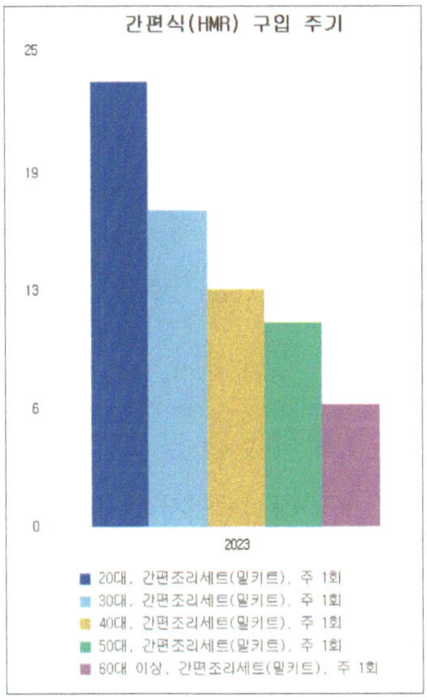

5 위 데이터를 통해 알 수 있는 것은 무엇일까요?

20대가 간편조리세트(밀키트)를 많이 구입한다.

6 지금까지의 데이터 분석을 바탕으로 이 지역의 J마트 프랜차이즈에서 특화할 수 있는 것은 무엇이 있을까요?

20대 1인 세대가 많이 거주하는 혜화동 J마트 프랜차이즈는 20대 1인 가구가 어려움을 겪고 있는 해결해 주기 위해서 균형 잡힌 식사 한 끼를 밀키트 패키지로 제작하여 특화 상품을 판매한다.

요점 정리

◆ KOSIS 국가통계포털(https://kosis.kr/)과 같은 곳을 이용하면 다양한 공공 데이터를 얻을 수 있습니다.

◆ 필요한 데이터를 얻기 위해서 다양한 방법으로 데이터를 정제합니다.

◆ 데이터 분석을 바탕으로 문제에 대한 해결책을 생각할 수 있습니다.

퀴즈

Q 다음 중 공공데이터 활용하는 것과 관련하여 틀린 것은 무엇일까요?

① KOSIS 국가통계포털(https://kosis.kr/)에서는 여러 가지 데이터를 얻을 수 있습니다.

② 차트를 활용하면 데이터를 한 눈에 살펴 볼 수 있습니다.

③ 필요한 정보를 살펴보기 위해서 데이터 정제를 해야 하는 경우가 있습니다.

④ 데이터를 활용하면 문제를 해결 하는데 도움을 받을 수 있습니다.

⑤ 데이터를 정제하는 방법은 한 가지입니다.

읽기자료

'국가통계포털(KOSIS)'에는 어떤 통계들이 있을까요?

국가통계포털(KOSIS, Korean Statistical Information Service)은 국내 · 국제 · 북한의 주요 통계를 한 곳에 모아 이용자가 원하는 통계를 한 번에 찾을 수 있도록 통계청이 제공하는 One-Stop 통계 서비스입니다. 현재 400여 개 기관이 작성하는 경제 · 사회 · 환경에 관한 모든 국가승인통계를 수록하고 있으며, 국제금융 · 경제에 관한 IMF, Worldbank, OECD 등의 최신 통계도 제공하고 있습니다.

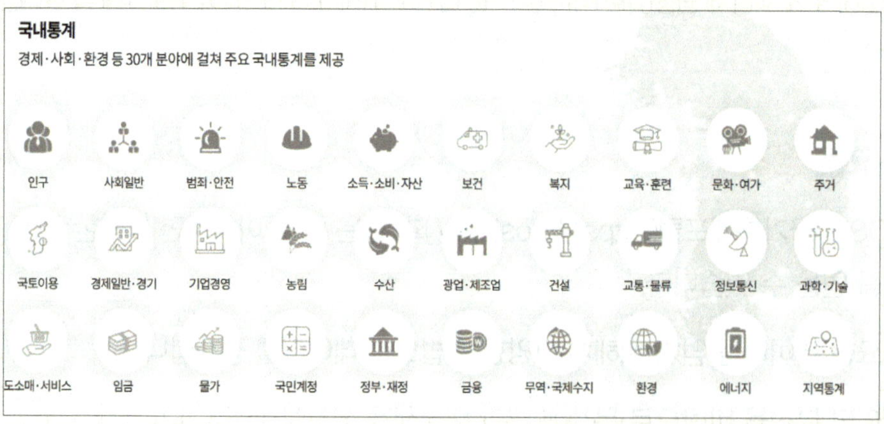

출처: KOSIS 국가통계포털(https://kosis.kr/)

읽기자료

데이터로 여러 가지 사실을 탐색해 봅시다.

연령별 식습관은 어떻게 다를까요?

KOSIS 국가통계포털(https://kosis.kr/)에서 식습관 유형 통계를 활용하여 세대별 식습관의 차이를 살펴봅시다. 먼저 조회 설정을 통해 만 18세부터 29세의 식습관 유형 데이터와 만 60세 식습관 유형 데이터를 분석해 봅시다.

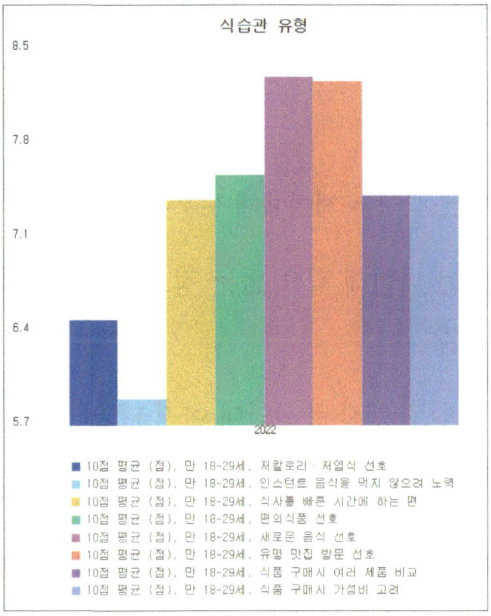

만 18세-29세 식습관 유형

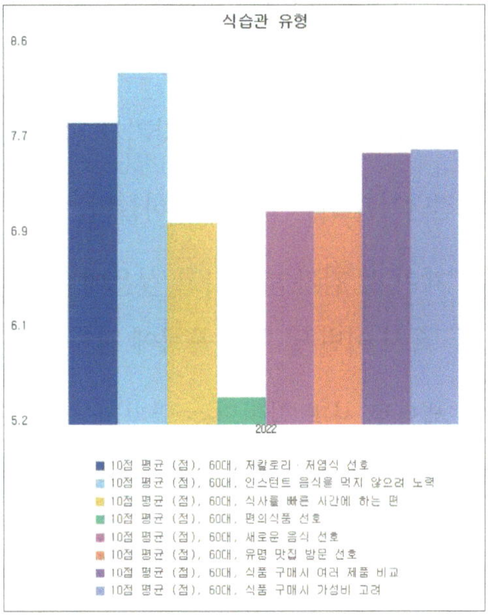

60대 식습관 유형

통계를 통해 알 수 있는 사실은 다음과 같습니다.

> 만 18세-29세는 새로운 음식이나 유명 맛집 방문을 선호하지만
> 60대는 인스턴트 음식을 먹지 않으려 노력하고, 저칼로리 저염식을
> 선호하는 것으로 나타났다.

Quest 12 J마트 고객 맞춤 정보 활용하기 1

제이의 친구 하늘이가 마트에 들렀다. 하늘이는 자신이 살 물건에 대한 정보를 얻기 위해 전단지를 살펴봤다.

"어디 보자, 감자칩에 대한 정보를 얻고 싶은데, 감자칩에 대한 정보가 어디 있지?"

하지만 전단지에는 여러 가지 다양한 정보가 담겨있어서 정작 하늘이가 찾고 있는 물건에 대한 정보를 찾기 힘들었다.

"감자칩에 대한 정보를 찾기가 힘드네."

전단지를 한참 살펴보던 하늘이는 결국 마트에 있는 제이에게 도움을 요청했다.

"제이야, 감자칩을 사고 싶은데 전단지에는 나한테 필요 없는 정보가 너무 많아. 혹시 이번 달 행사 품목에 감자칩도 있어?"

"세트로 사면 할인되는 과자가 있어. 감자칩도 행사 품목인데 아직 다 안 팔렸겠지? 같이 행사 코너로 가서 찾아보자."

"와, 여기 있다! 제이 덕분에 감자칩 세트를 저렴하게 살 수 있게 됐네. 고마워!"

"그런데 전단지에 행사 정보가 있었는데 왜 찾지 못했어?"

"아. 전단지를 보긴 했는데 그 안에 너무 많은 정보가 있어서 감자칩에 대한 정보는 찾지 못했어. 그래도 네 덕분에 행사 품목을 살 수 있어서 다행이었어."

제이의 도움으로 원하는 물품을 좋은 가격에 산 하늘이는 웃으며 집으로 돌아갔다. 하지만 제이는 하늘이가 돌아간 뒤 제이는 손님이 관심 있는 정보를 알맞게 제공할 방법은 없을지 고민하기 시작했다.

아빠,
손님들이 관심 있어 하는
물품에 대한 정보를
제공하는 방법은 없을까요?
제가 봐도 전단지가 너무 복잡해요
음... 손님들에 대한 데이터를 정리해서
활용하면 되지 않을까?
우리 아들이 좋은 아이디어를 냈구나
손님들의 어떤 데이터를
활용하면 될까요?
좋은 생각이에요!
손님들이 관심 있어 하는 물품을
데이터로 정리하여 활용하면
손님에게 필요한 정보를 제공할
확률이 높습니다.
↓이런 식으로요!
이름 라면 과자 아이스크림 과일
제이 1 2 3 4
하늘 4 1 2 3
민아 3 4 1 2
수정 2 3 4 1

STAGE 3 ③

Quest 12 J마트 고객 맞춤 정보 활용하기 1 「당신을 위한 맞춤 정보」

함께 알아볼까요? 사용자 입력 데이터를 작성하여 고객 맞춤 정보를 활용하는 프로그램을 만들어 봅시다.

제이는 전단지에서 관심 있는 물품의 정보를 찾는 하늘이의 모습을 보고 손님 맞춤 정보를 제공할 수 있는 프로그램을 만들면 좋겠다고 생각했습니다.

이번 퀘스트에서는 사용자 입력 데이터를 활용하여 고객 맞춤 정보 제공 프로그램을 만들어 봅시다.

키워드

사용자 입력 데이터 : 엔트리는 엔트리에서 자체적으로 제공하는 데이터뿐만 아니라 공공데이터와 같은 외부 데이터도 입력할 수 있습니다. 또한 사용자가 직접 입력하여 데이터를 활용할 수도 있는데 이러한 데이터를 사용자 입력 데이터라고 합니다.

데이터

사용자 입력 데이터(예시)

	A	B	C	D	E	F
1	번호	이름	라면	과자	아이스크림	과일
2	1	제이	1	2	3	4
3	2	하늘	4	1	2	3
4	3	민아	3	4	1	2
5	4	수정	2	3	4	1

✚ 예시의 데이터는 학습을 위해 임의로 만들어진 가상 데이터입니다.

학습 흐름

문제 발견

고객 정보를 바탕으로 맞춤 정보를
제공하는 프로그램 만들기

↓

문제 해결을 위한 데이터 탐색

고객 정보 조사하기
고객 정보 데이터 작성하기 (사용자 입력 데이터)

↓

나만의 블록 코딩

고객 정보 데이터를 활용하여
고객 맞춤 정보를 제공해 주는 블록 코딩 프로그램 제작

1 고객 정보 조사하기

1 고객 맞춤 정보를 제공하는 프로그램을 개발하기 위해서는 고객 정보가 필요합니다. 먼저 고객 정보를 조사하도록 하겠습니다.

2 고객 정보 조사를 위해 다음 설문지의 설문 문항을 활용합니다.
(설문조사 관련 내용이 기억이 나지 않을 경우 퀘스트 2를 참고합니다.)

우리 반 학생들의 소비 습관 조사 설문

이름 :

다음은 마트에서 판매하는 물품들입니다. 가장 관심이 있는 물품부터 순서대로 순위를 적어주세요. (가장 관심 있는 물품에 숫자 1이라고 적습니다.)

라면	과자	아이스크림	과일

3 설문 결과를 살펴보고 다음 표에 설문 결과를 정리해 봅시다.

우리 반 친구들의 마트 물품 관심 순위					
번호	이름	라면	과자	아이스크림	과일
1	제이	1	2	3	4
2					
3					
4					

2 고객 정보 데이터 작성하기

1 조사한 내용을 사용자 입력 데이터로 입력해 보겠습니다.

의 [테이블 불러오기]를 클릭한 뒤, [테이블 추가하기]를 클릭합니다.

2 [새로 만들기] 를 클릭한 뒤 [테이블 새로 만들기]를 클릭합니다.

3 테이블 제목을 입력합니다. 테이블 제목은 '고객 정보'로 합니다.

4 설문 결과를 정리한 내용을 테이블에 입력합니다. 다음은 고객 정보를 입력한 예시입니다.

고객 정보

테이블 | 차트 | 정보

	A	B	C	D	E	F
1	번호	이름	라면	과자	아이스크림	과일
2	1	제이	1	2	3	4
3	2	하늘	4	1	2	3
4	3	민아	3	4	1	2
5	4	수정	2	3	4	1

+ 예시의 데이터는 학습을 위해 임의로 만들어진 가상 데이터입니다.

5 입력이 완료되었다면 [저장하기] 와 [적용하기] 를 선택합니다.

3 블록코딩 프로그램 흐름도 살펴보기

❶ 고객 정보를 활용한 맞춤 정보 제공 프로그램 흐름도를 살펴보도록 합시다.

순서, 고객 번호 변수 초기화하기

↓

손님의 이름 입력 받기

↓

이름을 활용하여 고객 번호 찾기

↓

고객의 1순위 품목을 찾아 관련 정보 제공하기

❷ 1순위 품목에 따라 어떤 메시지를 안내할지 생각해 봅시다.

예시 자료

품목	1순위일 경우 안내할 메시지
라면	매콤한 짜장라면이 새로 나왔습니다. 한번 살펴보세요.
과자	지금 과자 세트 묶음이 할인 판매 중입니다. 참고해 주세요!
아이스크림	아이스크림 상시 할인 이벤트 중입니다. 아이스크림 판매하는 곳으로 와주세요.
과일	요즘 제철 과일인 딸기가 맛있습니다. 한번 둘러봐 주세요.

4 고객 맞춤 정보 제공 프로그램 만들기

위의 흐름도를 바탕으로 다음과 같이 블록 코딩을 해봅시다.

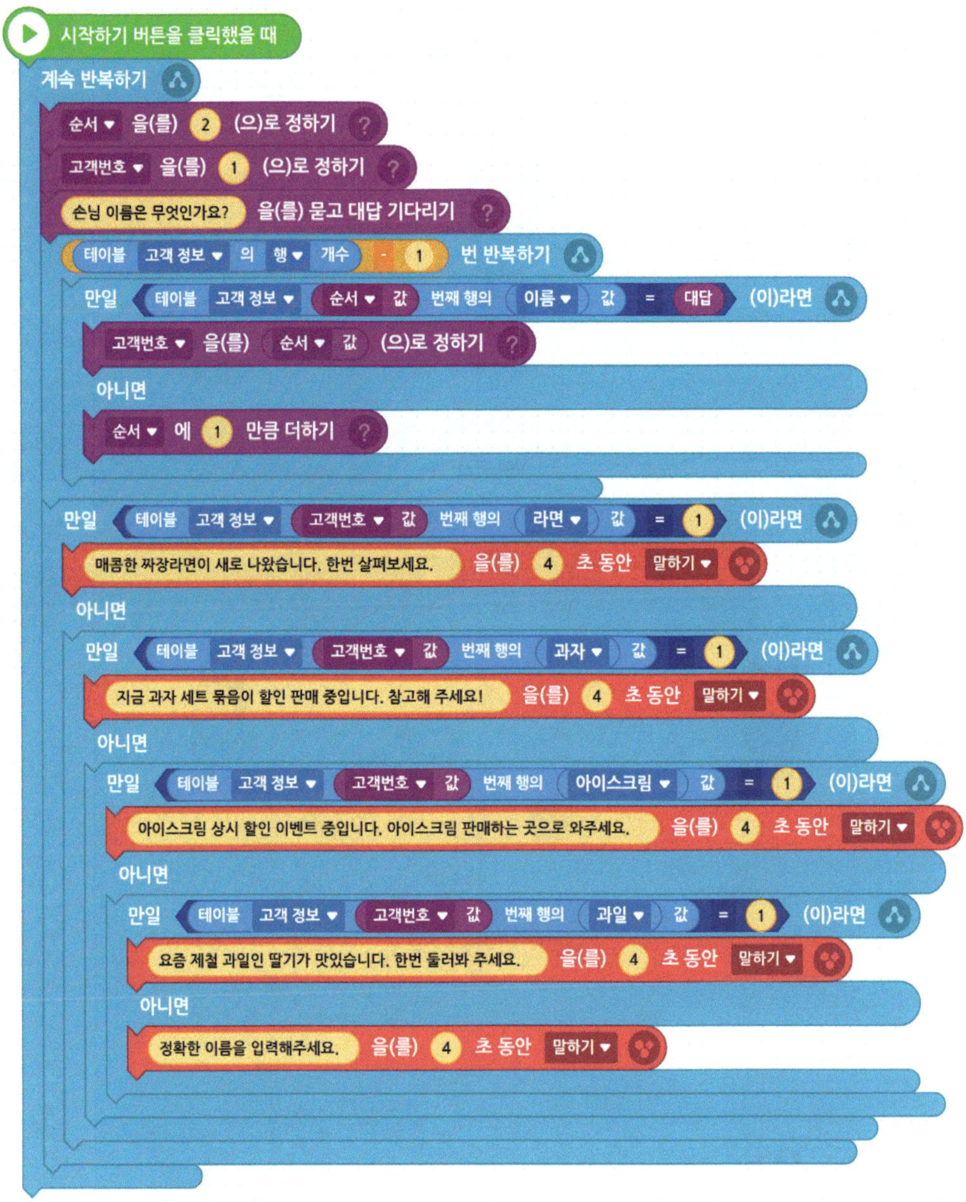

+ 예제 프로그램에서는 '이름'만 사용했으나 현실 세계에서는 '동명이인'이 있을 수 있으므로 '번호'와 '이름'을 동시에 사용해서 검색하는 것이 필요합니다.

5 실행 결과 살펴보기

고객 맞춤 정보 제공 프로그램을 실행시켜 봅시다.

첫 실행 화면

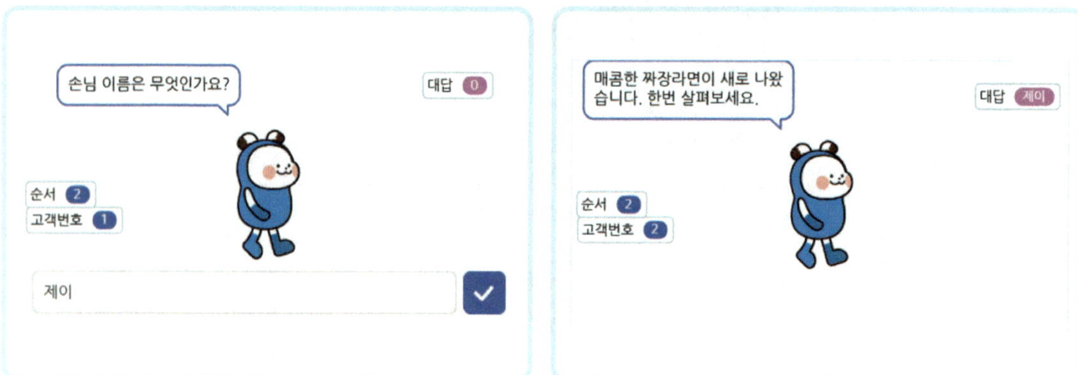

제이가 방문했을 경우

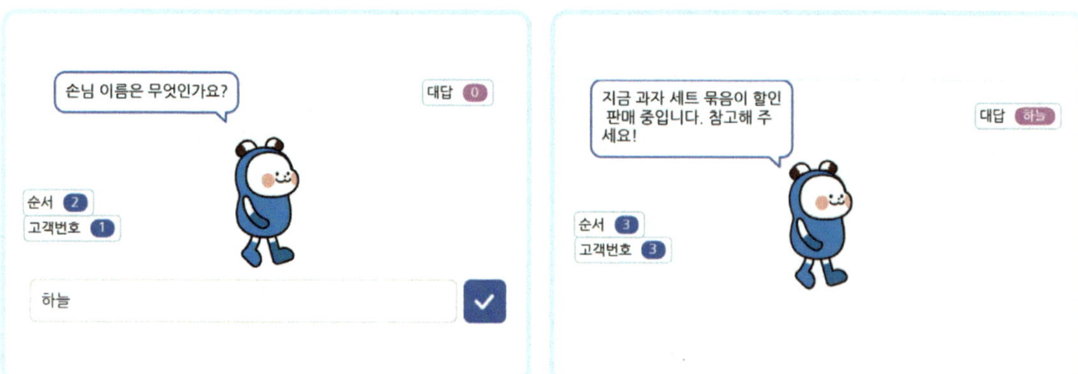

하늘이가 방문했을 경우

요점 정리

◆ 사용자는 다양한 유형의 데이터를 활용할 수 있습니다. 사용자가 활용할 수 있는 데이터는 엔트리에서 제공하는 데이터, 공공데이터와 같은 외부 데이터, 사용자가 직접 입력하는 사용자 입력 데이터 등이 있습니다.

◆ 고객 정보를 활용하면 고객들에게 필요한 맞춤 정보를 제공 해주는 프로그램을 만들 수 있습니다.

퀴즈

Q 다음은 엔트리에서 활용할 수 있는 데이터에 대한 설명입니다. 알맞지 않은 것은 무엇일까요?

① 엔트리에서는 다양한 형태의 데이터를 활용할 수 있다.
② 엔트리에서 자체적으로 제공하는 데이터가 있다.
③ 공공데이터를 제공하는 곳에서 받은 데이터도 활용할 수 있다.
④ 사용자가 직접 입력하여 작성한 데이터는 엔트리에서는 활용할 수 없다.
⑤ 외부에서 작성한 외부데이터도 작성하여 사용할 수 있다.

읽기자료

YouTube는 어떻게 내가 좋아하는 영상을 추천해줄까?

YouTube는 모든 사용자가 저마다 고유한 시청 습관이 있다는 사실을 토대로 삼았습니다. 시스템에서 유사한 사용자들의 시청 습관을 비교하고 이 정보를 사용해 시청하고 싶어 할 만한 콘텐츠를 추천합니다. 추천 시스템은 신호라고 부르는 정보를 매일 800억 개 이상 학습하며 계속 발전하고 있습니다. 기본 신호는 시청 기록, 검색 기록, 채널 구독, 좋아요, 싫어요, 관심 없음, 채널 추천 안함이 있습니다. 또한 시스템에서 시청 시간은 사용자의 만족도를 이해하는 데 도움이 됩니다.

YouTube 기능에 따라서 특정 추천 신호를 다른 신호보다 더 많이 활용합니다. 예를 들어 다음에 재생한 동영상은 추천할 때는 현재 보고 있는 동영상을 주된 신호로 사용합니다. 홈페이지에서 맞춤 동영상을 제공하기 위해서는 주로 사용자의 시청 기록을 활용합니다.

출처: 유튜브(https://www.youtube.com/)

Quest 13 J마트 고객 맞춤 정보 활용하기 2

학교에서 하교한 제이가 아빠의 마트에 들렀다.

"아빠, 저 왔어요!"

"어 그래, 제이 왔니?"

마트는 오늘도 많은 손님들로 붐비고 있었다. 왠지 기분이 좋아진 제이가 아빠에게 이야기했다.

"오늘도 마트에 손님이 많이 오셨네요!"

"그러게, 오늘도 마트에 손님들이 많이 오셨네."

제이가 반가운 표정으로 이야기했지만 어쩐지 제이의 아빠는 제이를 보고 걱정스러운 표정으로 인사했다. 걱정스러운 아빠의 표정을 본 제이가 물었다.

"아빠, 무슨 고민이 있으세요?"

그러자 아빠가 이야기했다.

"다름이 아니라 J 마트를 찾아주시는 감사한 손님들에게 각각 알맞은 혜택을 드리고 싶은데 고민이구나."

"알맞은 혜택이요? 혹시 맞춤형 쿠폰을 말씀하시는 건가요?"

그러자 아빠는 고개를 저으며 말했다.

"맞춤형 쿠폰은 특정 고객이 구매한 상품을 보고 좋아할 만한 쿠폰을 보내주는 것을 말하지. 아빠가 생각하고 있는 혜택은 충성도가 높은 단골 고객에게 VIP 쿠폰을 드리려고 하는 거야!"

제이 아빠의 말에 제이가 이해했다는 표정으로 고개를 끄덕이며 말했다.

그럼 단골 고객에게 알맞은 쿠폰을 드리고 싶다는 말씀이신가요?
그렇지! J마트를 이용하는 단골 고객에게 알맞은 쿠폰을 제공하고 싶구나.
그럼 손님이 한 달에 마트를 방문한 횟수나 구매 금액을 정리한 데이터가 필요할 것 같아요!
맞습니다! 고객 데이터를 이용하여 인공지능 분류 모델을 학습한다면 단골 고객을 위한 쿠폰을 제공하는 프로그램을 만들 수 있습니다.
인공지능 분류 모델을 설계해보세요.

STAGE 3 ④

Quest 13 J마트 고객 맞춤 정보 활용하기 2 「J마트 VIP 쿠폰」

함께 알아볼까요? 인공지능을 활용하여 고객에게 알맞은 혜택을 제공하는 프로그램을 만들어 봅시다.

제이는 아빠가 고객에게 알맞은 혜택을 주고 싶다는 말을 듣고 고객의 정보에 따라 알맞은 혜택을 제공할 수 있는 프로그램을 만들면 좋겠다고 생각했습니다.
이번 퀘스트에서는 외부 데이터와 인공지능을 활용하여 고객들에게 알맞은 혜택을 제공할 수 있는 프로그램을 만들어 봅시다.

키워드

분류: 숫자(kNN) 인공지능 모델 : 분류: 숫자(kNN) 인공지능 모델은 학습한 데이터를 바탕으로 숫자를 분류하는 인공지능 모델입니다. 이 인공지능은 테이블의 숫자 데이터에서 가까운 이웃을 기준으로 묶어 클래스로 분류합니다. 이렇게 학습한 내용을 바탕으로 새로 입력된 데이터를 알맞은 클래스로 분류하는 인공지능입니다.

데이터

외부 데이터 – 고객 정보

휴대전화 뒷자리	이름	한 달 총 방문 횟수	한 달 총 구입 금액	쿠폰
2373	아인	13	1220000	플래티넘
4451	영은	10	1200000	플래티넘
1867	규현	9	1150000	플래티넘
9741	수정	11	1120000	플래티넘
7818	철수	3	1100000	플래티넘
7564	아리	5	1020000	플래티넘
3662	재준	15	880000	골드
2535	하영	12	770000	골드
2577	민준	11	710000	골드
1854	은하	4	640000	골드
3726	민아	8	600000	골드
6907	미영	9	570000	골드

✚ 예시의 데이터는 학습을 위해 임의로 만들어진 가상 데이터입니다.

학습 흐름

문제 발견

고객 정보를 바탕으로 알맞은 쿠폰을 제공하는 프로그램 만들기

문제 해결을 위한 데이터 탐색

인공지능이 학습할 데이터 준비 고객 정보
(외부 데이터)

인공지능 모델 학습 – 분류: 숫자(kNN)

분류: 숫자(kNN) 인공지능 학습
인공지능 학습 모듈 제작
알맞은 쿠폰 제공 인공지능 모델

나만의 블록 코딩

고객 정보 데이터를 활용하여
고객에게 알맞은 쿠폰을 제공해 주는
블록 코딩 프로그램 제작

1 검색어(Key) 종류 탐색

먼저 검색어 데이터 구축을 위해 검색어(Key)의 종류를 살펴보도록 합시다.

❶ 가입한 날짜와 고유번호 방식

2025년 2월 25일에 첫 번째로 가입한 손님에게 '2502250001'과 같이 고유한 번호를 부여하는 방식입니다. 이 경우 겹칠 염려가 없는 고유번호이기 때문에 바로 검색이 가능하다는 장점이 있지만 기억하기 어렵다는 단점이 있습니다.

❷ 개인정보 방식(이름, 생년월일, 휴대폰 번호, 주소 등)

손님의 이름, 생년월일, 휴대폰 번호와 같은 개인정보를 활용하여 부여하는 방식입니다. 이 경우. 본인은 물론 가족들까지 공유가 가능하며, 기억하고 활용하기 쉽다는 장점이 있으나 동명이인 등 검색했을 때 겹칠 수가 있고 도용당할 수도 있다는 단점이 있습니다.

❸ 고유한 개인정보 방식(주민등록번호 등)

손님의 주민등록번호 등 고유한 개인정보를 활용하여 부여하는 방식입니다. 이 경우, 기억하기 쉽고, 고유번호이기 때문에 바로 검색이 가능하다는 장점이 있으나 민감한 개인정보이기 때문에 도용의 위험이 크다는 단점이 있습니다.

검색어 데이터 구축

휴대폰 뒷번호	이름
4839	제이
1984	하늘
3726	민아
9741	수정

↓

고객의 상품 구매 데이터베이스 구축 (원시 데이터)

방문일자	휴대전화 뒷번호	이름	품목	금액	개수	구입금액
2025.02.08	4839	제이	제로콜라	2000	1	2000
			매운라면	1500	5	7500
			달콤한과자	1500	3	4500
			우산	7000	1	7000
	1984	하늘	물티슈	2500	2	5000
			생수	1000	2	2000

↓

고객별 월 단위 구매 데이터 구축 (가공 데이터)

휴대전화 뒷자리	이름	한 달 총 방문 횟수	한 달 총 구입 금액
1218	진주	14	400000
1223	인영	3	120000
1636	미리	6	350000
1837	진수	5	350000

2 문제 해결을 위한 데이터 탐색

1 외부데이터-고객정보.xlsx 파일을 열어봅시다. 이 데이터는 J마트를 방문한 고객들의 한 달간 방문한 횟수와 사용한 금액을 정리한 데이터입니다.

2 다음과 같이 고객들에게 쿠폰을 증정하려고 합니다. 구입 금액이 높은 고객에게는 더욱 충성도를 높이기 위해 플래티넘 쿠폰과 골드 쿠폰을 증정합니다. 실버 고객 중 많은 방문을 통해 추가 구매가 유력한 고객들에게는 방문 쿠폰을 증정하고 효과가 있을 경우, 쿠폰의 범위를 확대합니다.

- **사용 금액 상위 25% 이상 고객:** 플래티넘 쿠폰(1만원 마트 상품권)
- **사용 금액 상위 50% 이상 – 25% 미만:** 골드 쿠폰(5천원 마트 상품권)
- **사용 금액 하위 50% 미만 고객:** 실버 쿠폰(1천원 마트 상품권)
- **사용 금액 하위 50% 미만 고객 중 방문 횟수 상위 50% 고객:** 방문 쿠폰(3천원 마트 상품권)

3 데이터 정렬을 위해 필터를 처리하도록 하겠습니다. 1행을 선택한 뒤, [홈]-[정렬 및 필터]-[필터]를 선택합니다.

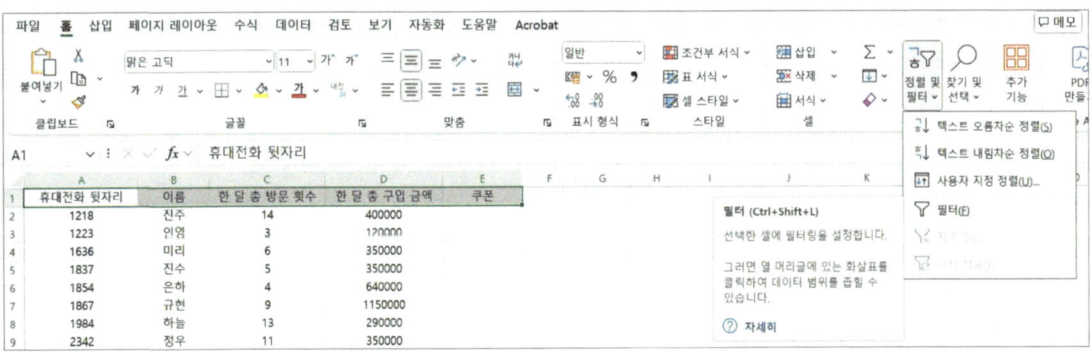

❹ 먼저 한 달 총 구입금액을 숫자 내림차순으로 정렬합니다. 전체 24명 중 상위 25%인 6명에게 플래티넘 쿠폰을 줍니다. (상위 25%, 구입금액 1,020,000원 이상)

휴대전화 뒷자리	이름	한 달 총 방문 횟수	한 달 총 구입 금액	쿠폰
2373	아인	13	1220000	플래티넘
4451	영은	10	1200000	플래티넘
1867	규현	9	1150000	플래티넘
9741	수정	11	1120000	플래티넘
7818	철수	3	1100000	플래티넘
7564	아리	5	1020000	플래티넘
3662	재준	15	880000	

❺ 다음으로 전체 24명 중 상위 50%인 12명에게 골드 쿠폰을 줍니다.
(상위 50% 이상 25%미만, 57만 원 이상 102만원 미만)

휴대전화 뒷자리	이름	한 달 총 방문 횟수	한 달 총 구입 금액	쿠폰
2373	아인	13	1220000	플래티넘
4451	영은	10	1200000	플래티넘
1867	규현	9	1150000	플래티넘
9741	수정	11	1120000	플래티넘
7818	철수	3	1100000	플래티넘
7564	아리	5	1020000	플래티넘
3662	재준	15	880000	골드
2535	하영	12	770000	골드
2577	민준	11	710000	골드
1854	은하	4	640000	골드
3726	민아	8	600000	골드
6907	미영	9	570000	골드

❻ 다음으로 나머지 12명에게 실버 쿠폰을 줍니다. (하위 50%, 57만 원 미만)

1854	은하	4	640000	골드
3726	민아	8	600000	골드
6907	미영	9	570000	골드
8643	범준	4	450000	실버
2381	민정	16	440000	실버
1218	진주	14	400000	실버
1636	미리	6	350000	실버
1837	진수	5	350000	실버
2342	정우	11	350000	실버
4839	제이	4	300000	실버
8754	남준	12	300000	실버
1984	하늘	13	290000	실버
6573	민수	15	270000	실버
2888	영희	7	250000	실버
1223	인영	3	120000	실버

7 한 달 총 방문 횟수를 숫자 내림차순으로 정렬합니다. 실버 쿠폰을 가지고 있는 고객들 중 방문 횟수 상위 50%이상은 방문 쿠폰으로 변경합니다. (방문 횟수 상위 50%, 10회 이상)

휴대전화 뒷자리	이름	한 달 총 방문 횟	한 달 총 구입 금	쿠폰
2381	민정	16	440000	방문
3662	재준	15	880000	골드
6573	민수	15	270000	방문
1218	진주	14	400000	방문
2373	아인	13	1220000	플래티넘
1984	하늘	13	290000	방문
2535	하영	12	770000	골드
8754	남준	12	300000	방문
9741	수정	11	1120000	플래티넘
2577	민준	11	710000	골드
2342	정우	11	350000	방문
4451	영은	10	1200000	플래티넘
1867	규현	9	1150000	플래티넘
6907	미영	9	570000	골드

8 휴대전화 뒷자리 숫자 오름차순으로 정렬하고 저장합니다.

휴대전화 뒷자리	이름	한 달 총 방문 횟	한 달 총 구입 금	쿠폰
1218	진주	14	400000	방문
1223	인영	3	120000	실버
1636	미리	6	350000	실버
1837	진수	5	350000	실버
1854	은하	4	640000	골드
1867	규현	9	1150000	플래티넘
1984	하늘	13	290000	방문
2342	정우	11	350000	방문
2373	아인	13	1220000	플래티넘
2381	민정	16	440000	방문
2535	하영	12	770000	골드
2577	민준	11	710000	골드
2888	영희	7	250000	실버
3662	재준	15	880000	골드
3726	민아	8	600000	골드
4451	영은	10	1200000	플래티넘
4839	제이	4	300000	실버
6573	민수	15	270000	방문
6907	미영	9	570000	골드
7564	아리	5	1020000	플래티넘
7818	철수	3	1100000	플래티넘
8643	범준	4	450000	실버
8754	남준	12	300000	방문
9741	수정	11	1120000	플래티넘

3 데이터 불러오기

1 고객 정보를 바탕으로 맞춤형 쿠폰을 제공하기 위해서는 입력된 고객 정보를 바탕으로 새로운 고객을 분류하는 인공지능이 필요합니다. 따라서 인공지능에게 고객들의 방문 횟수와 구입 금액을 바탕으로 쿠폰을 정리한 데이터를 학습시키도록 하겠습니다.

2 인공지능이 학습할 데이터는 외부 데이터입니다. 데이터는 출판사 사이트에서 다운로드 받을 수 있습니다. 파일이름은 외부데이터-고객 정보.xlsx입니다. 먼저 데이터를 다운로드 받습니다.

3 다운로드 받은 데이터를 불러오도록 하겠습니다. 데이터를 불러오기 위해서 [데이터분석]의 [테이블 불러오기]를 클릭합니다. 그리고 새로운 테이블 추가를 위해 [테이블 추가하기]를 클릭합니다.

4 [파일 올리기], [파일 선택]로 다운로드 한 파일을 선택하고 [추가하기] 로 추가합니다.

5 추가된 데이터의 모습을 확인합니다.

	A	B	C	D	E
1	휴대전화 뒷자리	이름	한 달 총 방문 횟	한 달 총 구입 금	쿠폰
2	1218	진주	14	400000	방문
3	1223	인영	3	120000	실버
4	1636	미리	6	350000	실버
5	1837	진수	5	350000	실버
6	1854	은하	4	640000	골드
7	1867	규현	9	1150000	플래티넘
8	1984	하늘	13	290000	방문
9	2342	정우	11	350000	방문
10	2373	아인	13	1220000	플래티넘
11	2381	민정	16	440000	방문

4 차트 확인하기

1 데이터를 차트를 통해 확인해보도록 하겠습니다. 차트, +, 점 산점도를 차례로 선택합니다.

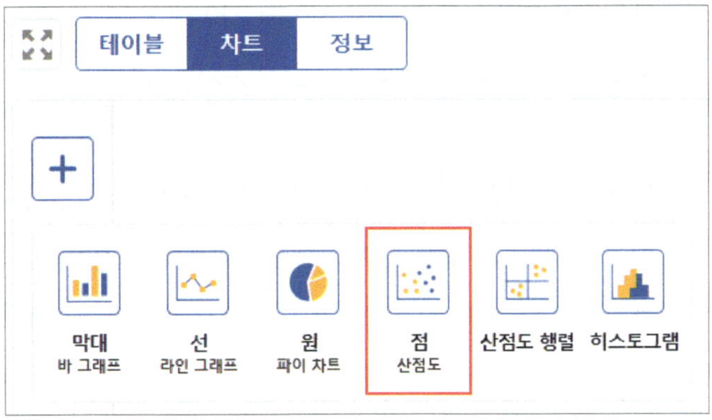

2 가로축은 한 달 총 방문 횟수, 세로축은 한 달 총 구입 금액, 계열은 쿠폰을 선택합니다.

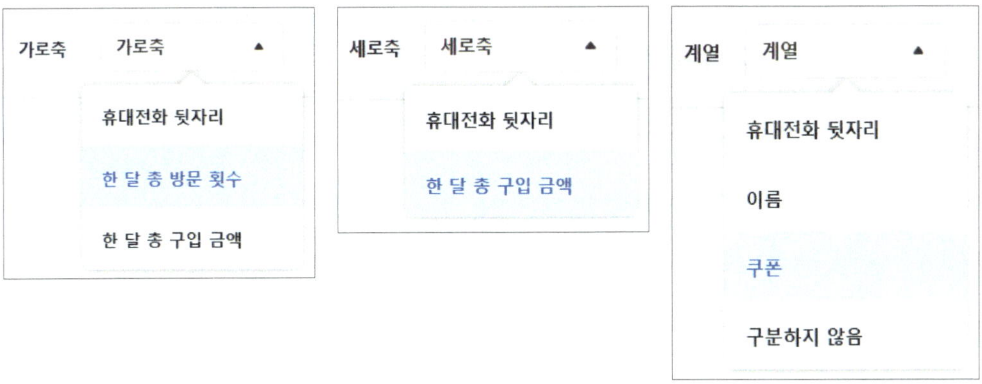

3 차트를 통해 데이터를 확인합니다.

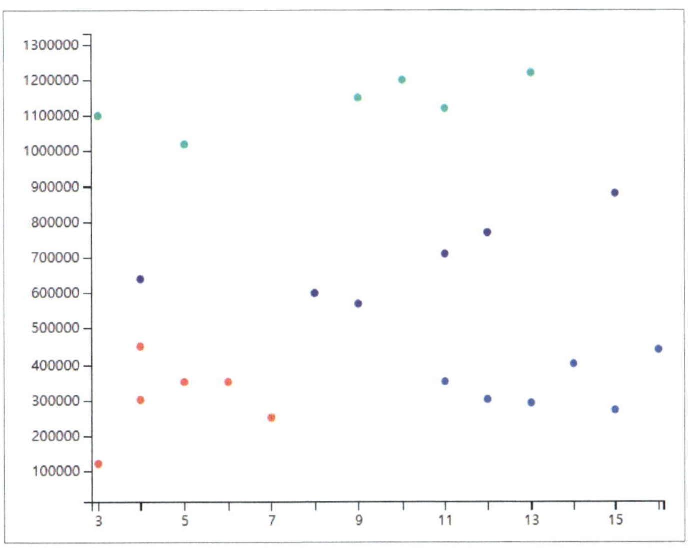

5 분류: 숫자(kNN)를 활용한 인공지능 모델 학습

1 데이터를 학습하고 학습한 데이터 사이에 있는 새로운 고객들을 알맞은 등급으로 분류하는 인공지능을 만들려고 합니다. 학습할 인공지능 모델은 분류: 숫자(kNN)입니다.

2 모델명은 '알맞은 쿠폰 제공 인공지능'으로 입력합니다. 학습할 데이터는 '외부 데이터-고객정보..xlsx'입니다. 방문 횟수와 구입 금액을 입력 받아 알맞은 쿠폰을 예측하는 인공지능이기 때문에 핵심 속성은 '방문 횟수', '구입 금액'으로 설정하고 예측 속성은 '쿠폰'으로 설정합니다.

3 학습 조건을 설정하고 학습하기 를 클릭합니다. 이웃 개수는 가장 가까운 데이터 몇 개까지 이웃으로 삼을지 정하는 값입니다.

4 테스트를 통해 결과를 확인합니다.

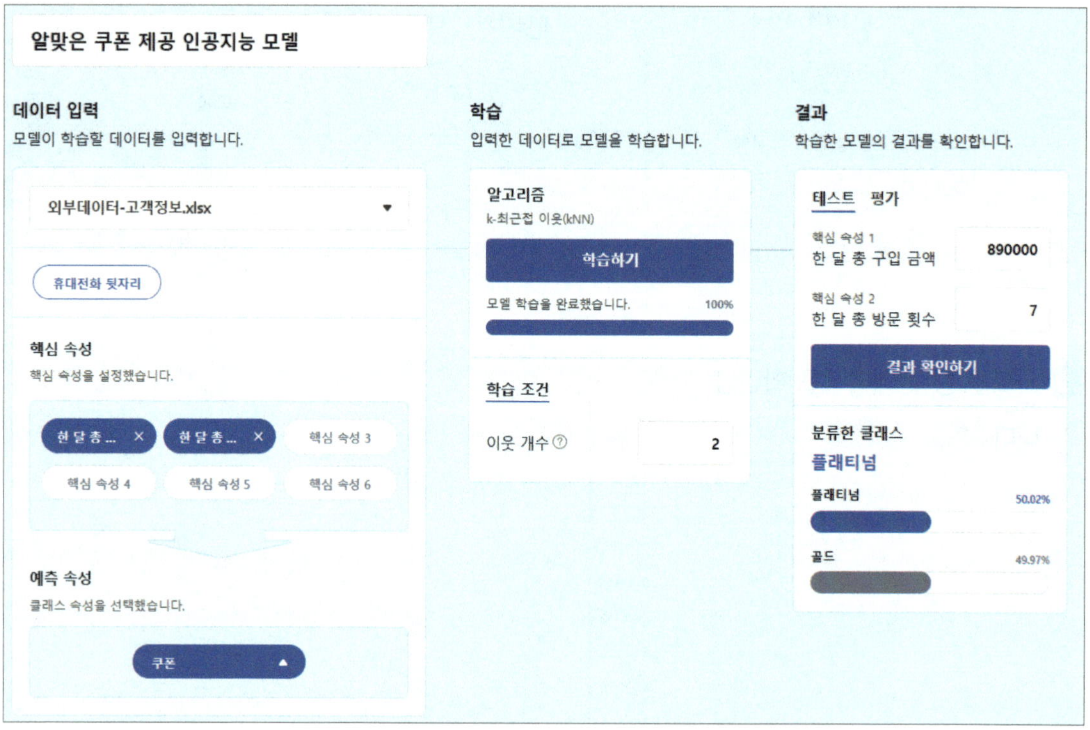

6 블록코딩 프로그램 흐름도 살펴보기

1 고객 정보를 활용한 알맞은 쿠폰 제공 프로그램의 흐름도를 살펴보도록 합시다.

변수 만들기
(방문 횟수, 구입 금액, 맞춤 쿠폰)

↓

방문 횟수, 구입 금액 입력 받기

↓

제공할 알맞은 쿠폰 결정하기
(알맞은 쿠폰 제공 인공지능 모델 활용)

↓

사용자에게 알맞은 쿠폰 종류 안내하기

2 흐름도에 따라 다음과 같이 코딩해 봅시다.

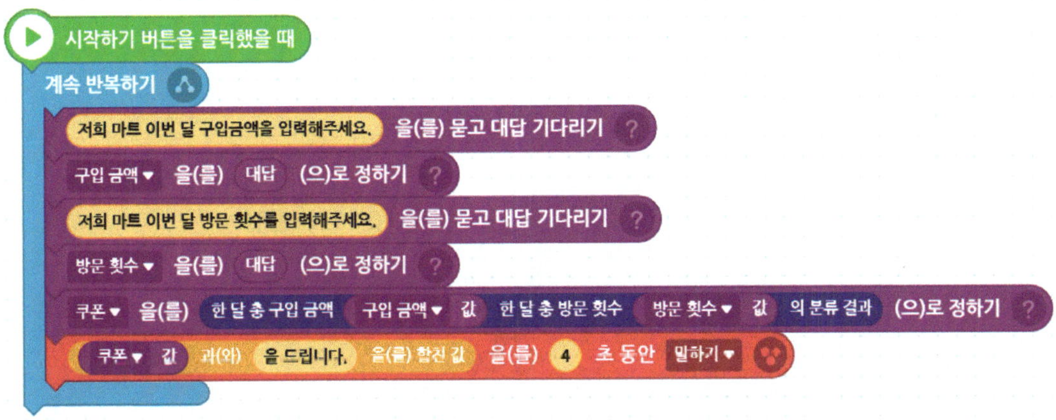

7 실행 결과 살펴보기

고객에게 알맞은 쿠폰을 제공하는 프로그램을 실행시켜 봅시다. 다음은 인공지능을 활용하여 정해진 범위에 정확하게 소속되지 않는 고객에 대한 등급을 추천하는 프로그램입니다.

첫 실행 화면

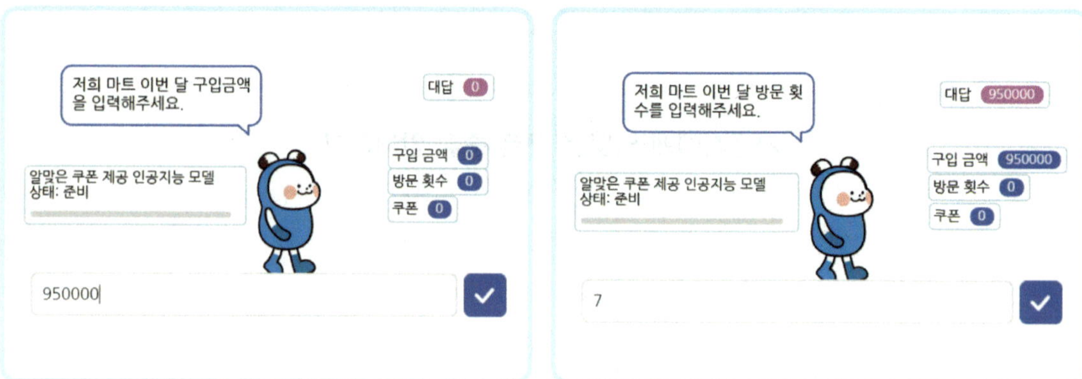

사용자 정보 입력 화면

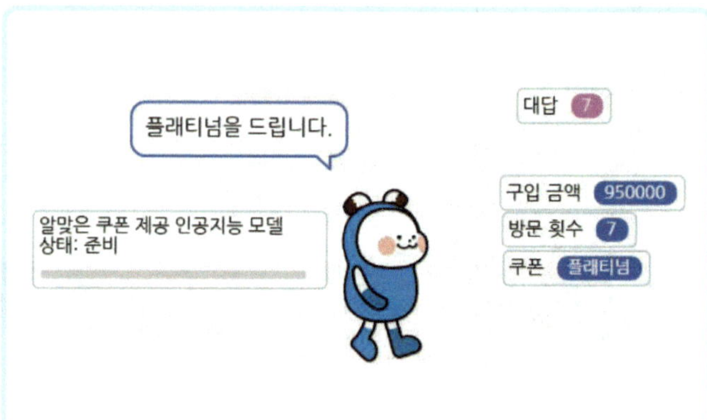

결과 화면

요점 정리

◆ **분류**: 숫자(kNN) 인공지능 모델은 학습한 데이터를 바탕으로 숫자를 분류하는 인공지능 모델입니다. 이 인공지능은 테이블의 숫자 데이터에서 가까운 이웃을 기준으로 묶어 클래스로 분류합니다. 이렇게 학습한 내용을 바탕으로 새로 입력된 데이터를 알맞은 클래스로 분류하는 인공지능입니다.

◆ 고객 정보를 활용하면 고객들에게 알맞은 쿠폰을 제공하는 프로그램을 만들 수 있습니다.

퀴즈

Q 다음은 분류 : 숫자(kNN) 인공지능에 대한 설명입니다. 알맞지 않은 것은 무엇일까요?

① 학습한 데이터를 바탕으로 숫자를 분류하는 인공지능 모델입니다.

② 테이블의 숫자 데이터에서 가까운 이웃을 기준으로 묶어 클래스로 분류합니다

③ 학습한 데이터를 바탕으로 새로운 데이터를 분류할 때 적합합니다.

④ 학습 조건으로 이웃한 데이터의 개수를 설정할 수 있습니다.

⑤ 학습 조건은 데이터 학습에 영향을 주지 않습니다.

읽기자료

스마트 쓰레기통(AI 재활용 폐기물 선별 시스템)이란?

요즘 포장재와 일회용품 사용이 세계적으로 많아지면서 각 국가에서는 재활용이 가능한 폐기물을 분리수거 하는 것에 대해 관심이 높아지고 있습니다. 지금도 쓰레기 재활용률을 높이기 위해서 각 국가에서는 많은 노력을 하고 있습니다.

그 중 하나가 바로 인공지능을 활용한 재활용품 선별 시스템입니다. 이 시스템은 딥러닝 기반 이미지 인식 기술을 활용하여 쓰레기가 투입되면 투입된 쓰레기가 일반 쓰레기인지 재활용품인지 판단하고 분류합니다. 이러한 방식으로 쓰레기 분리 배출에도 인공지능이 활용되고 있습니다.

출처: 수도권매립지관리공사 '쓰레기 문제 해결에 사용되는 AI'(https://blog.naver.com/slcdream/223664757783)

Quest 14 J마트 의류 판매하기

제이는 주말을 맞아 아빠의 일을 도와드리러 마트에 갔다.

"아빠, 저 왔어요!"

"어 그래. 제이 왔니?"

바쁘게 일하고 있는 아빠의 모습이 눈에 들어왔다.

"주말이라 손님이 많구나. 어서 아빠를 도와드려야겠어!"

그때 어디선가 제이를 부르는 목소리가 들렸다.

"제이야!"

"응? 누구지?"

제이는 주위를 두리번거리다가 반갑게 손을 흔들고 있는 하늘이를 발견했다.

"어, 하늘아! 학교에서도 매일 보는데 주말에까지 만나네. 뭐 사러 온 거야?"

"내일이 친구 생일이라 생일 선물 사러 왔어."

"생일 선물? 그렇구나. 그러면 친구 생일 선물로 무엇을 살지는 정했어?"

"응. 티셔츠 사려고! 여기 마트에 예쁜 티셔츠가 엄청 많더라."

"우리 아빠가 하시는 마트인데 당연하지! 천천히 둘러봐!"

하지만 티셔츠가 있는 곳을 천천히 둘러보던 하늘이가 갑자기 당황하며 말했다.

"앗 잠깐만…. 제이야 문제가 생겼어."

"뭔데?"

친구 선물을 사야 하는데
사이즈를 모르겠네!
흠…
친구의 키랑 몸무게는
알고 있는데…
키와 몸무게로
티셔츠 사이즈를 추천해주는
프로그램은 없을까?
데이터와 인공지능을 활용하면
티셔츠 사이즈 추천 프로그램을
만들 수 있답니다.

STAGE 4 · 4

Quest 14 J마트 의류 판매하기 「티셔츠는 J마트」

함께 알아볼까요? 결정 트리를 활용한 인공지능으로 J마트 티셔츠 추천 프로그램을 만들어 봅시다.

제이는 마트에서 선물을 사려고 하는데 사이즈를 잘 모르는 손님들을 위해 키와 몸무게를 입력하면 사이즈를 추천 해주는 프로그램을 만들려고 합니다.

이번 퀘스트에서는 결정 트리를 활용한 인공지능으로 J마트 티셔츠 추천 프로그램을 만들어 봅시다.

키워드

결정 트리 : 한 단계 이상의 복잡한 조건으로 구성된 문제를 해결하기 위하여 각 조건과 해결 방안을 선택적 구조로 나타낸 트리입니다.

노드 : 데이터 통신망에서 데이터를 전송하는 통로에 접속되는 하나 이상의 기능 단위를 말합니다. 주로 통신망의 분기점이나 단말기의 접속점을 뜻합니다.

단말 노드 : 자료 구조 트리에 존재하는 모든 노드 가운데 자식을 가지지 않는 노드를 통틀어 이르는 말입니다.

데이터

티셔츠 사이즈 예시 데이터

	A	B	C
1	키	몸무게	사이즈
2	142.1	35.7	XS
3	182.5	77.4	XL
4	149.6	54.5	S
5	141	37.7	XS
6	164.1	55.6	M

출처: 엔트리(https://playentry.org/)에서 제공하는 데이터 테이블

학습 흐름

문제 발견

키와 몸무게를 바탕으로 티셔츠 사이즈를 추천 해주는 프로그램 만들기

문제 해결을 위한 데이터 탐색

인공지능이 학습할 데이터 준비
티셔츠 사이즈 예시 데이터(엔트리 플랫폼)

인공지능 모델 학습 - 결정 트리

결정 트리를 활용한 인공지능 학습
인공지능 학습 모듈 제작
(티셔츠 사이즈 결정 인공지능 모델)

나만의 블록 코딩

티셔츠 사이즈 결정 인공지능을 활용하여
입력받은 키와 몸무게를 바탕으로 티셔츠 사이즈를
추천해 주는 블록 코딩 프로그램 제작

1 문제 해결을 위한 데이터 탐색

1 키와 몸무게를 바탕으로 사이즈를 추천해 주는 인공지능 모듈을 제작하기 위해서는 입력받은 키와 몸무게를 특정 사이즈로 분류하는 인공지능이 필요합니다. 따라서 인공지능에게 키와 몸무게를 바탕으로 사이즈를 정리한 데이터를 학습시키도록 하겠습니다.

2 데이터를 불러오기 위해서 [데이터분석] 의 [테이블 불러오기] 를 클릭합니다.
그리고 새로운 테이블 추가를 위해 [테이블 추가하기] 를 클릭합니다.

3 티셔츠 사이즈 예시 데이터를 선택하고 [추가하기] 를 클릭합니다. 이 데이터를 인공지능이 학습합니다.

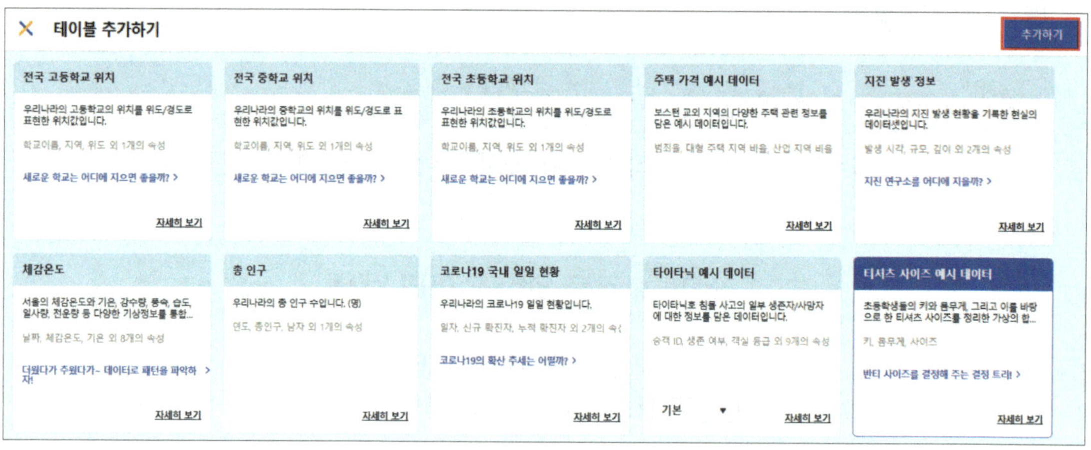

4 추가된 데이터의 모습을 확인합니다.

	A	B	C
1	키	몸무게	사이즈
2	142.1	35.7	XS
3	182.5	77.4	XL
4	149.6	54.5	S
5	141	37.7	XS
6	164.1	55.6	M

출처: 엔트리(https://playentry.org/)에서 제공하는 데이터 테이블

2 결정 트리를 활용한 인공지능 모델 학습

1. 필요한 인공지능은 입력받은 키와 몸무게를 결정 트리를 활용하여 알맞은 티셔츠 사이즈로 분류하는 인공지능입니다. 따라서 학습할 인공지능 모델인 분류: 숫자(결정 트리)를 선택합니다.

2. 모델명은 '티셔츠 사이즈 결정 인공지능 모델'로 입력합니다. 학습할 데이터는 티셔츠 사이즈 예시 데이터입니다. 키와 몸무게를 입력받아 사이즈를 예측하는 인공지능이기 때문에 핵심 속성은 '키', '몸무게'로 설정하고 예측 속성은 '사이즈'로 설정합니다.

3. 트리의 최대 깊이와 노드의 최소 데이터 수를 설정한 후 학습하기를 누릅니다.

✚ '트리의 최대 깊이'는 가장 마지막 노드까지의 깊이를, '노드의 최소 데이터 수'는 단말 노드에 포함되는 최소의 데이터 수를 의미합니다.
만약 트리의 최대 깊이가 너무 깊거나 노드의 최소 데이터 수가 너무 적으면 새로 입력된 데이터를 제대로 분류하지 못할 수도 있습니다.

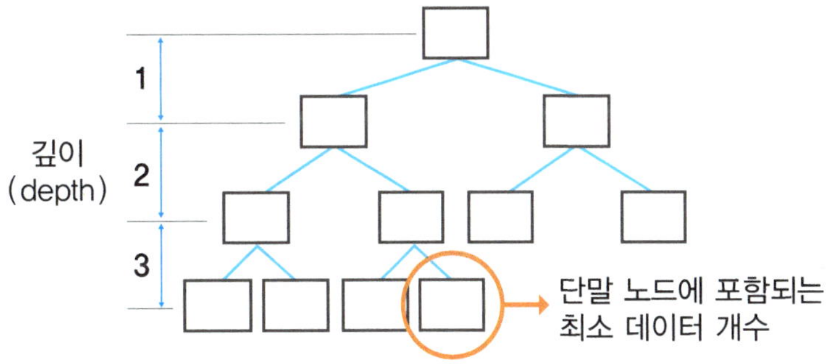

4. 트리 보기를 통해 학습한 결과를 확인합니다.
트리의 최대 깊이와 노드의 최소 데이터 수를 변경하며 학습하고 트리를 확인해 봅시다.

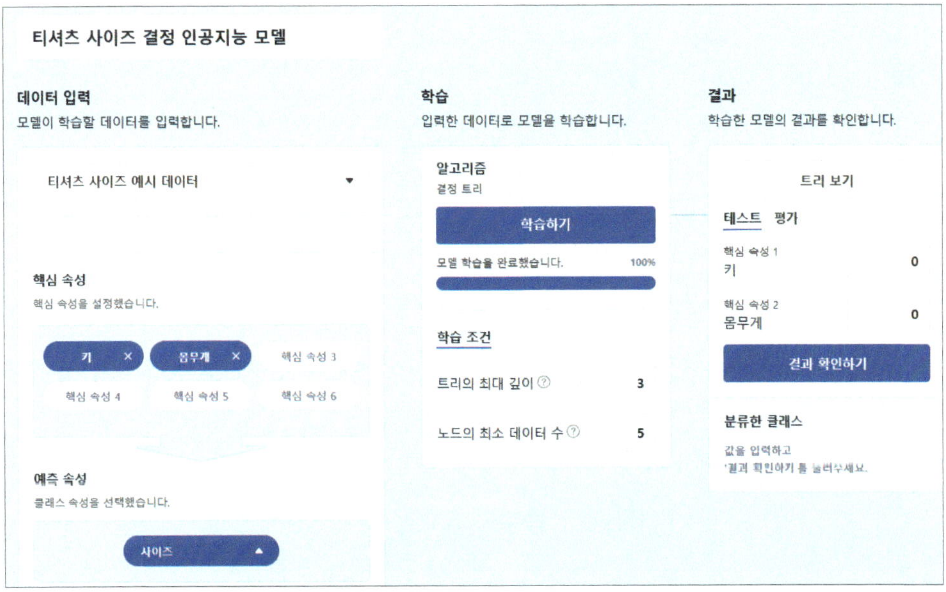

③ 결정 트리로 데이터 분류하기

다음에 제시된 키와 몸무게를 입력받았을 때 결정 트리를 활용하여 어떻게 사이즈가 분류되는지 살펴봅시다.

키: 170cm 몸무게 70kg

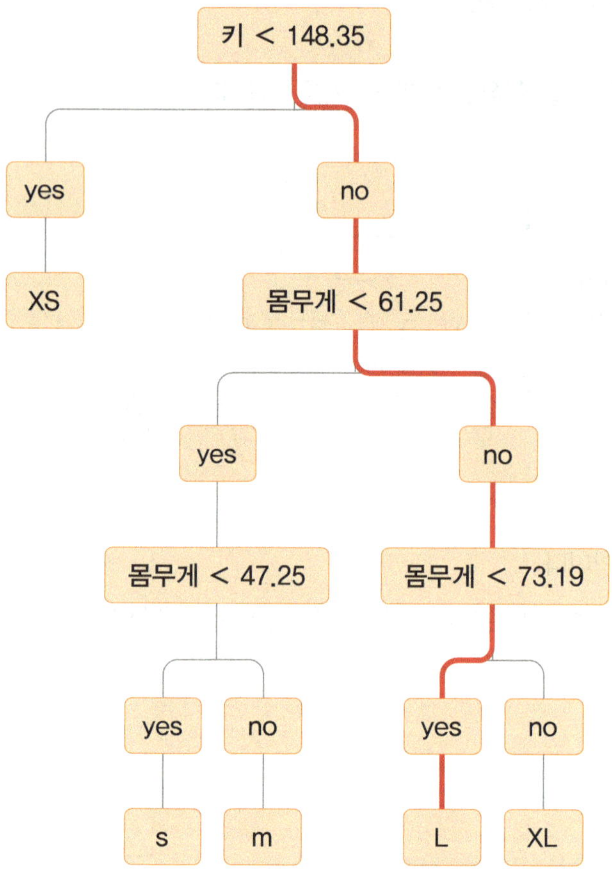

❶ **키가 148.35cm보다 작은가요?**

170cm이므로 no

❷ **몸무게가 61.25kg보다 작은가요?**

70kg이므로 no

❸ **몸무게가 73.19kg보다 작은가요?**

70kg이므로 yes

❹ **티셔츠 사이즈는 L입니다.**

만약 다음과 같은 키와 몸무게를 입력받았다면 티셔츠 사이즈는 어떻게 분류되는지 살펴봅시다.

키: 155cm 몸무게 55kg

4 티셔츠 사이즈 추천 프로그램 만들기

① 키와 몸무게를 입력받고 입력받은 키와 몸무게를 바탕으로 티셔츠 사이즈 결정 인공지능의 도움을 받아 사이즈를 분류하는 프로그램을 만들어봅시다.

키 입력받기

↓

몸무게 입력받기

↓

키와 몸무게를 이용하여 사이즈 결정하기
(티셔츠 사이즈를 결정 인공지능 모델 활용)

↓

사용자에게 티셔츠 사이즈 안내하기

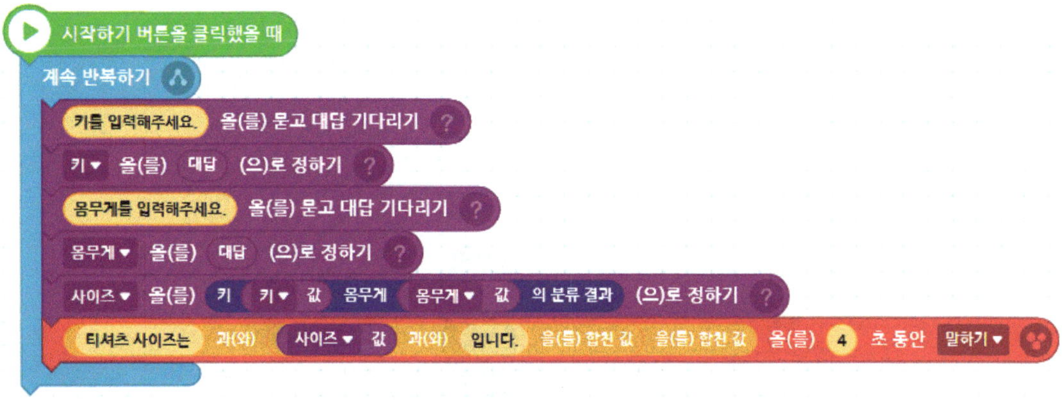

❷ 프로그램을 실행하고 키와 몸무게를 입력한 뒤 티셔츠 사이즈를 알맞게 추천하는지 확인해 봅시다. 다음은 학습한 데이터에 없는 키와 몸무게 데이터를 입력받고, 인공지능을 활용하여 입력받은 데이터에 알맞은 티셔츠 사이즈를 추천해 주는 프로그램의 실행화면입니다.

요점 정리

- ◆ 결정 트리란 한 단계 이상의 복잡한 조건으로 구성된 문제를 해결하기 위하여 각 조건과 해결 방안을 선택적 구조로 나타낸 트리입니다.
- ◆ 결정 트리를 활용하면 다양한 데이터를 분류할 수 있습니다.
- ◆ 노드는 데이터 통신망에서 데이터를 전송하는 통로에 접속되는 하나 이상의 기능 단위를 말합니다.
- ◆ 단말 노드는 자료 구조 트리에 존재하는 모든 노드 가운데 자식을 가지지 않는 노드입니다.

퀴즈

Q 다음은 결정트리에 관한 설명입니다. 결정트리에 대한 설명으로 알맞지 않은 것은 무엇일까요?

1. 결정 트리를 활용하면 데이터를 분류할 수 있습니다.
2. 결정 트리는 선택적 구조로 나타낸 자료구조입니다.
3. 트리의 최대 깊이 등 학습 조건은 트리 모양과는 관련이 없습니다.
4. 단말 노드는 노드 가운데 자식을 가지지 않는 노드입니다.
5. 티셔츠 사이즈를 추천하는 프로그램 등에 활용할 수 있습니다.

읽기자료

의사결정트리를 활용한 스무고개 게임 Akinator

Akinator는 의사결정트리를 활용한 스무고개 게임입니다. 사용자는 먼저 인물을 떠올립니다. 그리고 Akinator가 질문하면 사용자는 그 인물에 해당하는 답을 해 나갑니다. 사용자가 계속 답을 하면 Akinator가 사용자가 생각하고 있는 인물이 누구인지 맞힙니다. Akinator는 축적된 데이터를 바탕으로 결정트리를 활용하여 사용자가 생각한 인물을 맞히는 방법을 활용합니다.

그림 출처: https://kr.akinator.com/

Quest 15 J마트 방충용품 판매하기

오늘도 하굣길에 제이는 아빠의 마트에 들렀다. 마트에 도착하자 바쁘게 물건을 준비하는 아빠의 모습이 눈에 들어왔다.

"아빠! 저 왔어요."

"제이 왔니? 어서 와라!"

"그런데 뭐 하고 계셨어요?"

"이번에 새로 들어온 물건들이 있어서 정리하고 있었어."

"그러셨구나. 아참. 아빠 오늘 학교에서 어떤 일이 있었는지 아세요?"

제이는 아빠에게 오늘 학교에서 있었던 일을 종알종알 풀어놓기 시작했다.

"오늘 가람이가 눈이 엄청나게 부은 채로 학교에 온 거예요. 웃으면 안 되는 거 아는데 무슨 만화에 나오는 캐릭터 같아서 가람이 얼굴을 보자마자 반 친구들 다 엄청나게 웃었어요. 왜 그렇게 부었냐고 물어보니까 모기에게 물렸다는 거예요! 아직 그렇게 덥지 않은 것 같은데 벌써 모기가 나오나 봐요."

제이의 이야기를 들은 아빠가 물건을 옮기며 말했다.

"안 그래도 모기약을 들여놓으려고 하던 참이란다."

"모기약이요?"

"그래. 그나저나 벌써 모기에게 물려서 고생하는 친구가 있다니 올해는 모기가 더 많으려나? 곧 모기가 많이 생기는 계절이라 모기약을 들여놓긴 해야 하는데 참 고민이구나."

무슨 고민인데요?
음...
손님들이 모기약을 얼마나 구매할지 몰라서 마트에 모기약을 얼마나 준비해 둬야 할지도 모르겠어.
모기가 얼마나 많은지에 따라 모기약 판매량이 달라지지 않을까요?
모기가 얼마나 많은지 살펴보고 모기약 재고량을 정해볼까요?

STAGE 4

Quest 15

J마트 방충용품 판매하기 「모기 박멸도 J마트」

함께 알아볼까요? 선형 회귀를 활용한 인공지능으로 모기 활동 지수 예측 프로그램을 만들어 봅시다.

제이는 모기약을 얼마나 준비해야 하는지 고민하는 아빠를 보고 모기 활동을 예측할 수 있는 프로그램을 만들면 좋겠다고 생각했습니다.

이번 퀘스트에서는 선형 회귀를 활용한 인공지능으로 모기활동지수 예측 프로그램을 만들어 봅시다.

키워드

선형 회귀: 알려진 데이터를 활용하여 알 수 없는 데이터를 예측하는 것입니다. 만약 키와 몸무게 사이의 관계를 학습한다면 키를 활용하여 몸무게를 예측할 수 있습니다. 이러한 선형회귀는 선형 방정식을 활용한 수학적 모델링 방법을 사용합니다.

선형 방정식: 데이터 변수 x와 y를 선 그래프 식으로 나타낸 것을 의미합니다.
간단한 선형식으로 $y = c * x + m$가 있습니다.

데이터

서울시 모기 활동 지수

	A	B	C	D	E
1	일자	평균 모기 활동	수변부 모기 활	주거지 모기 활	공원 모기 활동
2	2020-02-17	17.7	60.4	25	36.1
3	2020-02-18	13.8	33.7	14	20.1
4	2020-02-19	19.1	26.7	11	15.9
5	2020-03-04	19.1	36.5	15.1	21.8
6	2020-03-08	19.1	36.7	15.2	21.9

출처: 엔트리(https://playentry.org/)에서 제공하는 데이터 테이블

학습 흐름

문제 발견

최고기온을 바탕으로 모기 활동 지수를 예측하는 프로그램 만들기

문제 해결을 위한 데이터 탐색

인공지능이 학습할 데이터 준비
서울시 모기 활동 지수 (엔트리 플랫폼)
준비 데이터의 완결성, 무결성 검증

인공지능 모델 학습 – 선형회귀

선형회귀를 활용한 인공지능 학습
인공지능 학습 모듈 제작
(모기 활동 지수 예측 인공지능 모델)

나만의 블록 코딩

모기 활동 지수 예측 인공지능을 활용하여 입력받은 최고기온을
바탕으로 모기 지수를 예측하는 블록 코딩 프로그램 제작

1 문제 해결을 위한 데이터 탐색

1. 최고기온을 바탕으로 모기지수를 예측해 주는 인공지능 모듈을 제작하기 위해서는 최고기온과 모기지수 사이의 관계를 찾아내는 인공지능이 필요합니다. 따라서 인공지능에게 최고기온과 모기지수를 정리한 데이터를 학습시키도록 하겠습니다.

2. 데이터를 불러오기 위해서 의 테이블 불러오기 를 클릭합니다.
그리고 새로운 테이블 추가를 위해 테이블 추가하기 를 클릭합니다.

3. 서울시 모기 활동 지수 데이터를 선택하고 추가하기 를 클릭합니다. 이 데이터는 모기 활동 지수와 기상정보를 통합한 현실 데이터입니다. 이 데이터를 인공지능이 학습합니다.

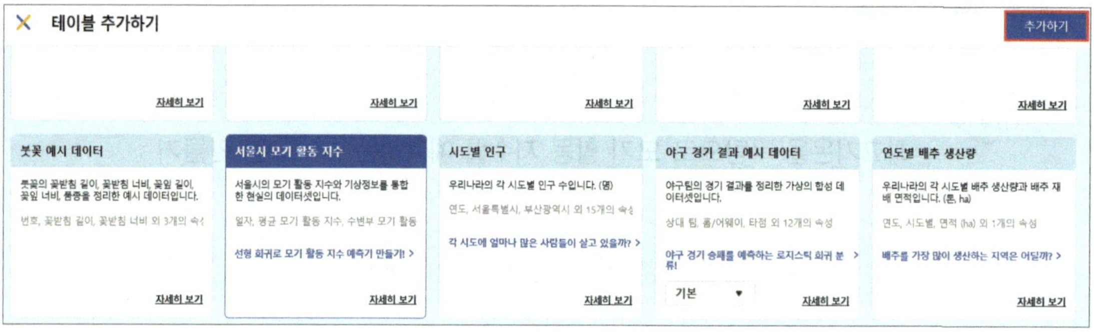

4. 추가된 데이터의 모습을 확인합니다.

	A	B	C	D	E
1	일자	평균 모기 활동	수변부 모기 활	주거지 모기 활	공원 모기 활동
2	2020-02-17	17.7	60.4	25	36.1
3	2020-02-18	13.8	33.7	14	20.1
4	2020-02-19	19.1	26.7	11	15.9
5	2020-03-04	19.1	36.5	15.1	21.8
6	2020-03-08	19.1	36.7	15.2	21.9
7	2020-04-25	29.5	54.7	22.7	32.7
8	2020-04-26	32.9	60.7	25.1	36.2
9	2020-04-27	39.3	71.7	29.7	42.8
10	2020-04-28	37.6	68.8	28.5	41.1

2 차트 확인하기

1 데이터를 차트를 통해 확인해보도록 하겠습니다. 차트, +, 를 차례로 선택합니다.

2 가로축은 일자, 계열은 주거지 모기 활동 지수와 최고기온을 선택합니다.

3 그런데 아래의 표시된 분을 살펴보면 최고기온이 변하지만, 주거지 모기 활동 지수는 변하지 않는 것을 알 수 있습니다. 이러한 잘못된 데이터가 입력되면 인공지능은 정확한 예측을 할 수 없습니다.

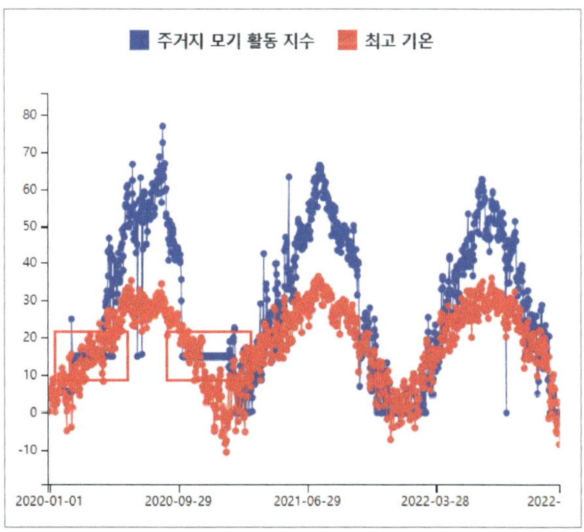

③ 데이터 정제하기

① 정확하지 않은 데이터를 정리해 봅시다. 먼저 데이터를 살펴보면 주거지 모기 활동 지수 중 정확하지 않은 데이터의 데이터 값은 5.5 또는 15이라는 것을 확인할 수 있습니다. 이렇게 정확하지 않은 데이터가 입력되는 이유는 다양하지만, 대표적인 원인은 다음과 같습니다.

1) 최솟값과 최댓값이 정해져 있어서 측정값이 정해진 값을 넘으면 자동으로 조정되는 경우

2) 데이터를 확인한 결과 입력된 측정값에 문제가 있어서 수집자가 개입하여 특정 값으로 통일시킨 경우

출처: 선형 회귀로 모기 활동 지수 예측기 만들기!(https://blog.naver.com/entrylabs/223257945943)

	A	B	C	D
1	일자	평균 모기 활동	수변부 모기 활	주거지 모기 활
2	2020-01-01	5.5	5.5	5.5
3	2020-01-02	5.5	5.5	5.5
4	2020-01-03	5.5	5.5	5.5
5	2020-01-04	5.5	5.5	5.5
6	2020-01-05	5.5	5.5	5.5
7	2020-01-06	5.5	5.5	5.5
8	2020-01-07	5.5	5.5	5.5

74	2020-03-13	19.1	36.3	15
75	2020-03-14	19.1	36.3	15
76	2020-03-15	19.1	36.3	15
77	2020-03-16	19.1	36.3	15
78	2020-03-17	19.1	36.3	15
79	2020-03-18	19.1	36.3	15
80	2020-03-19	19.1	36.3	15
81	2020-03-20	19.1	36.3	15
82	2020-03-21	19.1	36.3	15
83	2020-03-22	19.1	36.3	15

② 이렇게 정확하지 않은 데이터가 입력된 데이터를 인공지능이 학습할 경우 예측의 정확도가 떨어지게 됩니다. 따라서 정확하지 않은 데이터를 제거하는 데이터 정제 과정을 거쳐야 합니다.

③ 다음과 같이 코드를 작성하고 실행합니다.

그리고 엔트리봇 오브젝트를 클릭하면 데이터 처리를 시작합니다.

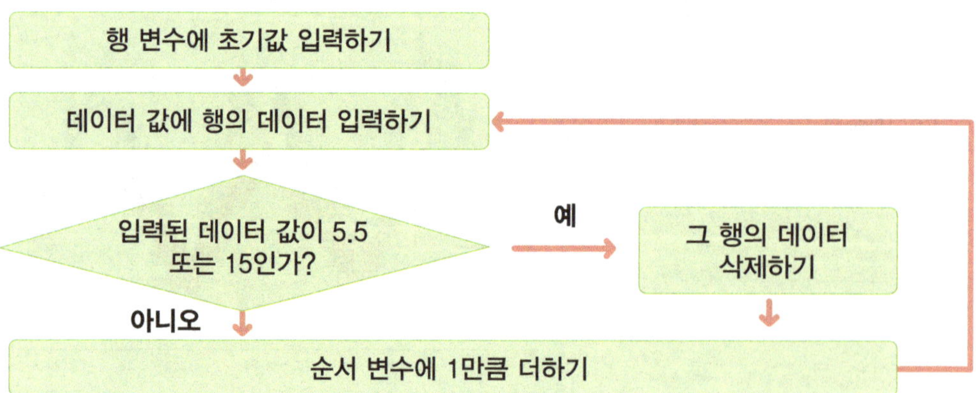

4 데이터가 처리된 후 차트를 비교해 봅시다.

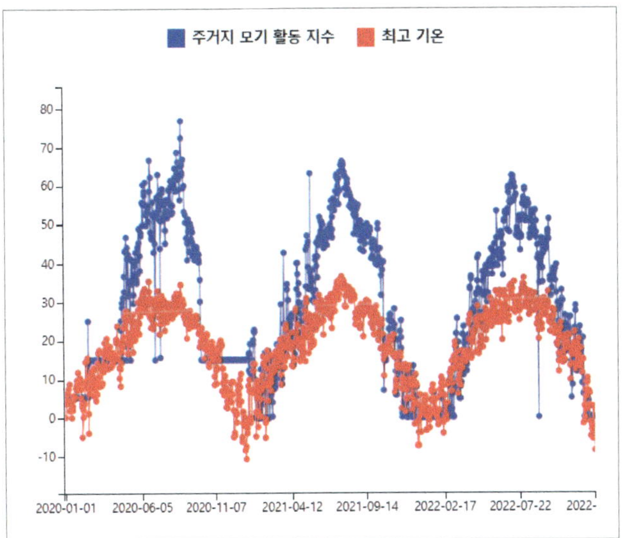

데이터 처리 전

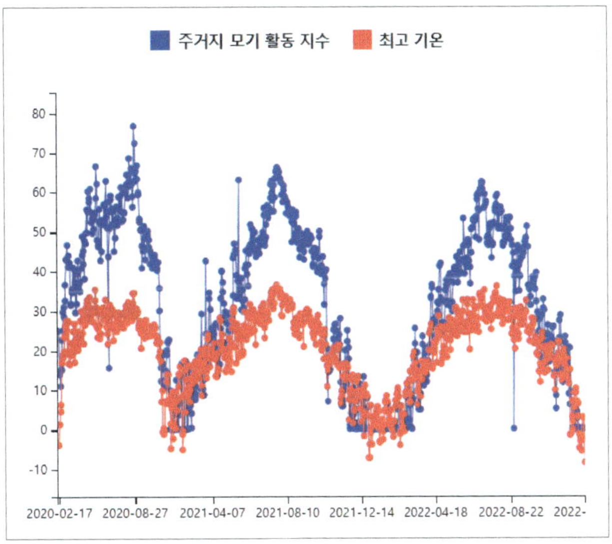

데이터 처리 후

4 선형 회귀를 활용한 인공지능 모델 학습

❶ 최고 기온과 모기 활동 지수는 연속적인 숫자 데이터입니다. 우리는 이러한 데이터 사이의 관계를 학습하고 이를 바탕으로 알 수 없는 데이터를 예측하는 인공지능이 필요합니다. 따라서 학습할 인공지능 모델로 '예측: 숫자(선형 회귀)'를 선택합니다.

❷ 모델명은 '서울시 모기 활동 지수 예측 인공지능'으로 입력합니다. 학습할 데이터는 서울시 모기 활동 지수입니다. 핵심 속성은 '최고기온'으로 설정하고 예측 속성은 '주거지 모기 활동 지수'로 설정합니다.

❸ 학습 조건을 설정하고 학습하기를 누릅니다.

- **에포크**: 입력한 데이터 전체를 몇 번 반복하여 학습할지 정하는 것
- **배치 크기**: 입력한 데이터 전체를 얼마나 작은 부분으로 나눠서 학습할지 정하는 것
- **학습률**: 데이터를 얼마나 세세하게 학습할지 정하는 것
- **검증 데이터 비율**: 입력한 데이터 중 어느 정도의 비율을 모델 검증에 사용할지 정하는 것

❹ 학습 결과를 확인하고 적용하기를 누릅니다. 학습 결과를 살펴보면 최고기온과 모기 활동 지수가 x,y 평면에 점으로 찍히는 것을 확인할 수 있습니다. 또한 점이 모여서 직선을 이루는데 이 직선을 나타내는 식을 회귀식이라고 합니다.

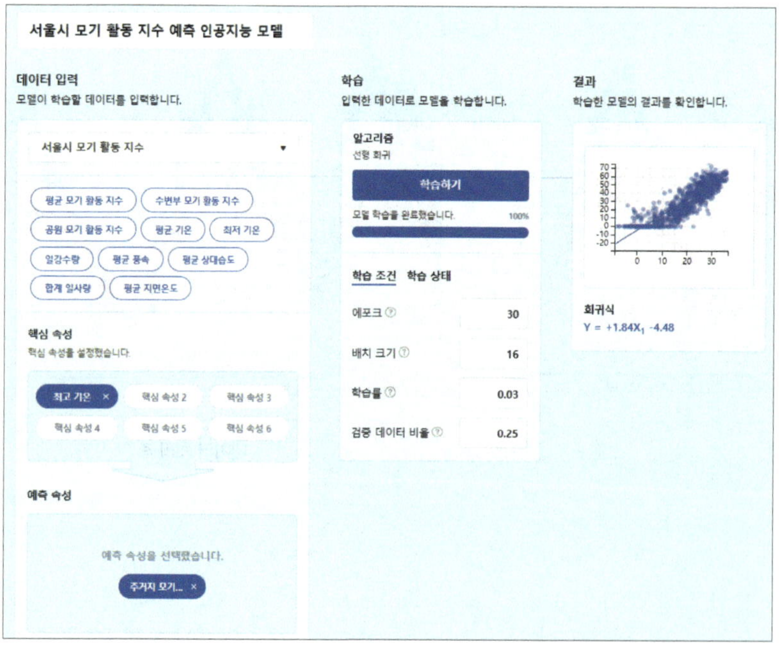

5 모기 활동 지수 예측 프로그램 만들기

1 최고기온을 입력 받아 모기활동 지수를 예측하는 프로그램을 만들어봅시다. 먼저 오브젝트 추가하기를 통해 새로운 오브젝트를 추가합니다. 오브젝트는 어떤 것이든 좋습니다.

2 다음과 같이 코딩을 해봅시다.

최고기온 입력

↓

입력한 데이터를 바탕으로 모기지수 예측
(서울시 모기 활동 지수 예측 인공지능 모델 활용)

↓

사용자에게 모기 활동 지수 안내하기

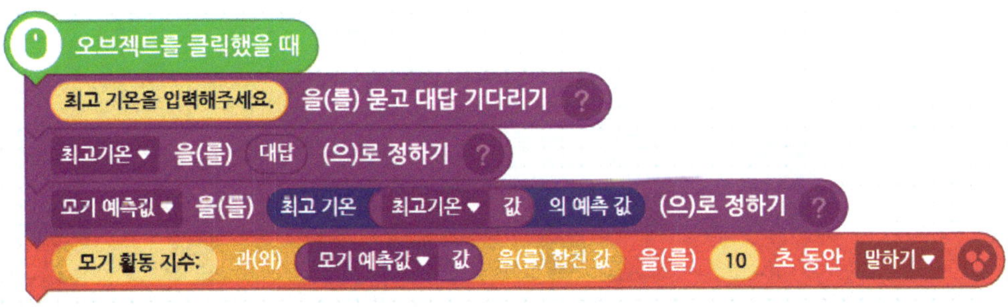

6 내가 만든 인공지능 모델의 성능 확인하기

1 프로그램이 잘 실행되는지 확인해 봅시다. 먼저 확인할 자료를 찾아봅시다.
기상자료 개방포털(https://data.kma.go.kr/)의 [데이터] – [기상관측] – [지상] – [종관기상 관측(ASOS)] 메뉴로 들어갑니다.

2 먼저 기상정보를 확인할 날짜와 시간을 입력합니다. 날짜는 2024년 5월 1일부터 10월 31일 사이의 날짜로 설정하고 시간은 기온이 가장 높을 때인 14시로 설정합니다.
지점은 서울로 선택하고 자료는 기온을 선택합니다.

▪ 자료보기 CSV Excel

※조회 결과는 10건만 표출 됩니다. 상세결과는 파일 다운로드를 이용해주세요

지점	시간	기온(℃)
서울(108)	2024-08-28 14:00	32.5

3 위에서 얻은 자료로 예측값을 살펴봅시다.

4 '서울 열린데이터 광장(https://data.seoul.go.kr/)' 에서 서울시 모기예보제 정보 데이터를 검색해 봅시다.

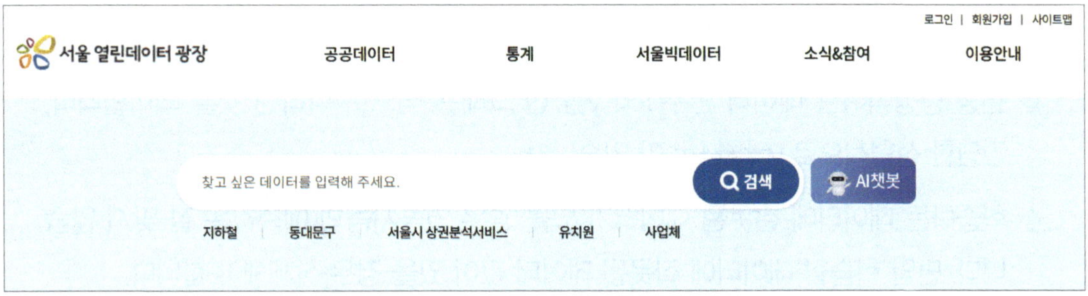

5 위에서 예측한 날짜의 실제 모기 지수를 확인합니다.

모기지수 발생일	모기지수(수변부)	모기지수(주거지)	
2024-09-01	100.0	55.1	42.0
2024-08-31	100.0	53.0	41.1
2024-08-30	81.9	51.0	41.9
2024-08-29	94.0	54.6	49.9
2024-08-28	93.4	60.0	54.7
2024-08-27	90.8	58.6	53.2
2024-08-26	95.9	59.8	50.4
2024-08-25	68.5	61.4	50.6
2024-08-24	73.2	60.7	50.8
2024-08-23	71.5	56.7	47.7
2024-08-22	73.0	53.8	46.4

6 엔트리에서 예측한 모기 지수와 실제 모기 지수가 비슷한지 확인합니다.

7 모기 활동 지수 예측 프로그램을 활용하면 J마트가 있는 지역의 모기 활동 지수도 예측할 수 있습니다.

요점 정리

◆ 선형 회귀란 알려진 데이터를 활용하여 알 수 없는 데이터를 예측하는 것입니다. 선형회귀는 선형 방정식을 활용한 수학적 모델링 방법을 사용합니다.

◆ 선형 방정식이란 데이터 변수 x와 y를 선 그래프 식으로 나타낸 것을 의미합니다. 간단한 선형식으로 y=c*x+m 가 있습니다.

◆ 학습하는 데이터에 잘못된 데이터가 있을 경우 인공지능의 예측값은 잘 맞지 않습니다. 만약 학습할 데이터에 잘못된 데이터 값이 있을 경우 삭제해야 합니다.

퀴즈

Q 선형회귀를 활용하여 데이터 값을 예측하려고 합니다. 알맞지 않은 것은 무엇일까요?

① 선형회귀는 알려진 데이터를 활용해 알 수 없는 데이터를 예측하는 것입니다.
② 선형회귀는 선형 방정식을 활용한 수학적 모델링 방법을 사용합니다.
③ 선형 방정식이란 데이터 변수 x와 y를 선 그래프 식으로 나타낸 것을 의미합니다.
④ 학습할 데이터 안에 있는 잘못된 데이터는 데이터 예측값에 영향을 주지 않습니다.
⑤ 간단한 선형식으로 y=c*x+m 가 있습니다.

읽기자료

서울시 모기예보제 정보란?

서울시 모기예보제 정보는 '서울열린데이터광장(https://data.seoul.go.kr/)'에서 제공하는 공공데이터입니다. 이 데이터는 서울 지역의 모기발생 상황을 지수화하여 모기발생 단계별 시민행동요령을 알려주는 일일 모기발생 예보서비스입니다. 이 데이터는 2016년부터 제공하기 시작하였으며 모기 활동 지수는 5월1일부터 10월 31일까지만 측정합니다. 또한 2020년 4월 14일 이후로 모기지수의 값이 모기지수(수변부), 모기지수(주거지), 모기지수(공원)으로 변경되어 제공됩니다. 모기발생 단계와 시민행동요령에 대한 자세한 사항은 모기예보제 관련 페이지를 참고하세요. (http://news.seoul.go.kr/welfare/mosquito)

출처: 서울 열린 데이터 광장(https://data.seoul.go.kr/)

Epilogue 제이의 꿈!

금요일 오후 학교가 끝나고 제이와 동생은 혹시 마트에 도울 일이 없을까 해서 집으로 가지 않고 마트로 들어갔다. 들어가니 계산대에 엄마가 계셨고, 아빠는 전화 통화를 하고 계셨다. 전화를 하시던 아빠가 함박웃음을 지으며 웃으시길래 가족들은 무슨 일인가 해서 쳐다보았다. 전화를 끊으신 아빠가 가족들을 보며 말씀하셨다.

아빠가 그런 제이를 바라보면 어깨 위에 손을 올리고 말씀하셨다. “우리 아들도 반드시 꿈을 이룰 수 있을 거야?”

옆에서 듣던 동생이 입꼬리 한 쪽을 올리며 비웃는 표정으로 말했다, “오빠는 어른이 되도 게임이나 하고 있을 걸? 크크크”

“뭐! 너 죽을래!” 동망가는 동생을 쫓아가면서 제이는 생각했다.

‘게임? 게임 만드는 거도 좋겠는데!“

퀴즈 정답

1. ④	2. ②	3. ④	4. ⑤	5. ②
6. ②	7. ③	8. ②	9. ⑤	10. ②
11. ⑤	12. ④	13. ⑤	14. ③	15. ④

메모

메모